# Vorwort zur 19. Auflage.

Auch die vorliegende Auflage des „Grundrisses" mußte entsprechend dem ständig wachsenden Bau der Funktechnik gründlich umgearbeitet werden.

Durch die Entwicklung überholte Kapitel wurden gekürzt; neue Abschnitte über Netzanschluß, Siebketten und Gleichrichter, Gegentaktverstärker, Kristallsteuerung der Sender, die neuen Lautsprechersysteme u. a. wurden mit entsprechenden Abbildungen eingefügt.

Neben dem systematischen Inhaltsverzeichnis wurde einem allgemeinen Wunsche entsprechend ein alphabetisches Sachverzeichnis beigegeben.

München im Juli 1929

Franz Fuchs

# Inhalt.

# Zeichenerklärung.

| | |
|---|---|
| Gleichstrommaschine. | Fester Ohmscher Widerstand. |
| Galvanisches Element. | Veränderlicher Widerstand. |
| Wechselstrommaschine. | Feste Selbstinduktionsspule. |
| Unterbrecher. | Stetig veränderliche Selbstinduktionsspule |
| Gewöhnliche Funkenstrecke. | Drosselspule. |
| Löschfunkenstrecke. | Strommesser, Spannungsmesser. |
| Lichtbogen. | Galvanometer. |
| Fester Kondensator. | Thermodetektor. |
| Drehkondensator. | Telephon. |
| | Kathodenröhre. |

# A. Der Gleichstrom und seine Wirkungen.

Stellt man Zink und Kohle in eine Salzlösung, so wird das Zink negativ, die Kohle positiv elektrisch. Beide Platten zeigen einen bestimmten Unterschied in der elektrischen Spannung, dessen Größe nur von der Natur der eingetauchten Platten und der Flüssigkeit abhängt. Dieser Spannungsunterschied wird durch die an den Berührungsflächen der Platten und der Flüssigkeit wirkende elektromotorische Kraft (E.M.K.) hervorgerufen. Der Spannungsunterschied des Zink-Kohleelementes beträgt je nach der verwendeten Flüssigkeit 1—1,5 Volt.

In der Funkentelegraphie werden vielfach sog. Trockenelemente verwendet, die aus einem Zinkmantel und einem Kohlebeutel mit dazwischenliegender angefeuchteter Füllmasse (z. B. Gallertmasse mit Salmiak) bestehen; ein frisches Element gibt 1,5 Volt Spannung.

Verbindet man die Enden der beiden Platten, die sog. Pole des Elementes, durch einen Metalldraht, so fließt infolge des Spannungsunterschiedes ein dauernder Strom von Elektrizität, ein sog. Gleichstrom, durch den Draht. Die Richtung des Stromes geht vom positiven Pol durch den Draht zum negativen Pol. Die Stärke des Stromes ist die Menge Elektrizität, die in der Sekunde durch den Draht fließt.

In einem Gleichstromkreis ist die Stromstärke an jeder Stelle die gleiche. Die durchfließende Elektrizitätsmenge läßt sich beim Durchgang des Stromes durch eine Salzlösung direkt bestimmen, indem nämlich mit der Elektrizität stets eine ganz bestimmte Stoffmenge des durch den Strom zersetzten Salzes wandert

1. Spannungsunterschied des offenen Elementes.
Maßeinheit: Volt (V).
1 Millivolt (mV) = 0,001 V.

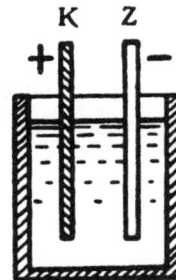

2. Stromstärke des geschlossenen Elementes.
Maßeinheit: Ampere (A).
1 Milliampere (mA) = 0,001 A.

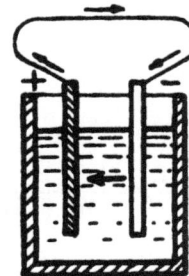

und ausgeschieden wird. So scheidet z. B. ein Strom von 1 Ampere in der Minute aus einer Kupfervitriollösung 19,8 mg Kupfer, aus einer Silberlösung 67 mg Silber aus.

### 3. Elektrischer Leitungswiderstand. Maßeinheit: Ohm ($\Omega$). 1 Million $\Omega$ = 1 Megohm ($M\Omega$)

Jeder Schließungsdraht setzt dem Durchfließen des Stromes einen Widerstand entgegen, der in Ohm gemessen wird. Ein Ohm ist gleich dem Widerstand eines 106,3 cm langen Quecksilberfadens von 1 qmm Querschnitt. Ist die Länge eines Drahtes 1 m, der Querschnitt q qmm, die Materialkonstante (d. i. der Widerstand eines Drahtstückes von 1 m Länge und 1 qmm Querschnitt) = s, so ist der Widerstand W des Drahtes . . . .

$$W = s \times \frac{1}{q} \text{ Ohm.}$$

(s ist für Silber 0,016, Kupfer 0,017, Aluminium 0,029, Eisen 0,09—0,15, Konstantan 0,49, Manganin und Nickelin 0,42, Kohle 50.)

Flüssigkeiten bieten dem Strom einen bedeutend größeren Widerstand. Wir beziehen den spezifischen Widerstand (s'), um auf bequeme Zahlen zu kommen, auf 1 cm Länge und 1 qcm Querschnitt. Für verdünnte Schwefelsäure ergeben sich für s' je nach der Konzentration die Werte:

| | | |
|---|---|---|
| bei | 5% . . . . . . . | 4,80 |
| „ | 10% . . . . . . . | 2,55 |
| „ | 15% . . . . . . . | 1,84 |
| „ | 20% . . . . . . . | 1,53 |

### 4. Ohmsches Gesetz.

Die Stromstärke J im Schließungsdrahte eines Elementes ist um so größer:

a) je größer die elektromotorische Kraft E des Elementes ist;

b) je kleiner der Widerstand W der gesamten Strombahn (im Schließungsdraht $W_a$ und im Innern des Elementes $W_i$) ist.

Die Beziehungen (a) und (b) faßt man zusammen in der Gleichung:

$$J = \frac{E}{W} = \frac{E}{W_i + W_a}$$

$$\text{Stromstärke} = \frac{\text{Elektromotorische Kraft (Volt)}}{\text{Gesamtwiderstand (Ohm)}}$$
(Ampere)

### 5. Schaltung von Elementen.

a) Hintereinanderschaltung ist die Verbindung des negativen Poles des ersten Elementes mit dem positiven des zweiten, des negativen

Poles des zweiten mit dem positiven des dritten Elementes usw. Die Spannungen der einzelnen Elemente addieren sich, jedoch vergrößert sich auch der innere Widerstand des Stromkreises. (Vorteilhaft, wenn äußerer Widerstand groß ist.)

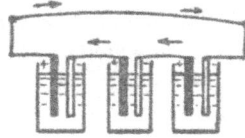

b) Parallelschaltung ist die Verbindung aller positiven Pole einerseits und aller negativen Pole andererseits. Sie läßt den Spannungsunterschied auf der Höhe eines Elementes, verkleinert aber den inneren Widerstand. (Vorteilhaft, wenn größere Stromstärke benötigt wird.)

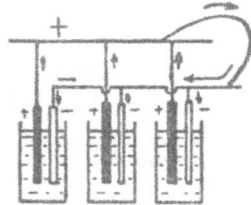

a) Eine Akkumulatorenbatterie von 2 Zellen (Spannung E = 4 Volt, innerer Widerstand $W_i$ = 0,04 Ohm) wird an eine Drahtspule $W_a$ = 7,96 Ohm angeschlossen. Die in der Spule fließende Stromstärke $J_1$ ist dann:

b) Die Akkumulatorenbatterie ($W_i$ = 0,06 Ohm) wird versehentlich durch einen dicken Kupferdraht von $W_a$ = 0,04 Ohm „kurzgeschlossen", es entsteht die Stromstärke $J_2$. Durch die bei Kurzschluß entstehenden hohen Stromstärken werden die Akkumulatorenplatten zerstört, weshalb „Kurzschluß" streng zu vermeiden ist.

c) An einen Verbrauchsapparat von 10 $\Omega$ Widerstand ist der obige Akkumulator (4 V) angeschlossen.

Wieviel Widerstand ($W_1$) muß man vorschalten, damit 0,1 Ampere durch den Verbrauchsapparat fließt? Man berechnet zunächst den Gesamtwiderstand (W) des Stromkreises; dieser ist: . . . . . . . . . . . . .

d) Von einer aus drei Zellen bestehenden Akkumulatorenbatterie (6 Volt) sollen 4 Volt an einen Verbrauchsapparat (z. B. an eine Glühkathodenröhre) angeschlossen werden. Man soll die zur Vernichtung von 2 Volt erforderlichen Vorschaltwiderstände ($W_2$ und $W_3$) bei einer Stromentnahme von 0,5 bzw. 0,05 Ampere berechnen.

Da der Verbrauchsapparat selbst 4 Volt verbraucht, so ist dessen Widerstand 8 bzw. 80 $\Omega$.

## 6. Rechenbeispiele zum Ohmschen Gesetz.

$$J_1 = \frac{E}{W} = \frac{4 \text{ Volt}}{8 \text{ Ohm}} = 0,5 \text{ A.}$$

$$J_2 = \frac{E}{W} = \frac{4 \text{ Volt}}{0,1} = 40 \text{ A.}$$

$$W = \frac{E}{J} = \frac{4 \text{ Volt}}{0,1 \text{ A}} = 40 \; \Omega.$$
$$W_1 = 40 - 10 = 30 \; \Omega.$$

$$W_2 = \frac{E}{J} = \frac{2 \text{ V}}{0,5 \text{ A}} = 4 \; \Omega.$$

$$W_3 = \frac{2 \text{ V}}{0,05 \text{ A}} = 40 \; \Omega.$$

1*

$$E_1 = JW = 0,2 \text{ A} \times 20 \, \Omega$$
$$= 4 \text{ Volt.}$$

$$E_2 = JW =$$
$$100000 \, \Omega \cdot \frac{0,02}{1000} \text{ A} = 2 \text{ Volt.}$$

### 7. Gesetz der Stromverzweigung (G. Kirchhoff).

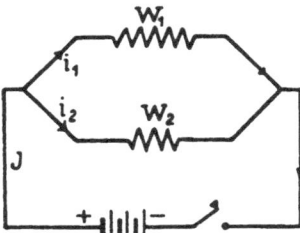

Es ist: $J = i_1 + i_2$

$$\frac{i_1}{i_2} = \frac{W_2}{W_1}.$$

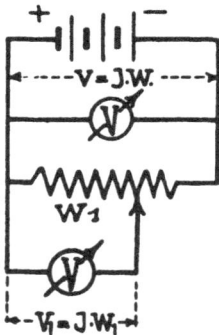

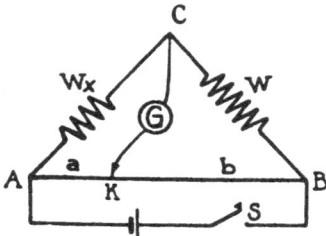

$$\frac{W_x}{W} = \frac{a}{b}$$

$$W_x = W \cdot \frac{a}{b}.$$

e) Welche Spannung ($E_1$) darf an einen Glühfaden von W = 20 Ohm angelegt werden, damit ein Strom von höchstens J = 0,2 Ampere durch den Faden geht? Es ist:

f) Durch einen Widerstand ($W_a$ = 100000 Ohm) fließt ein Strom von J = 0,02 Milliampere. Wie groß ist der Spannungsunterschied ($E_2$) am Anfang und am Ende des Widerstandes?

An jedem Verzweigungspunkt ist die Summe der zufließenden Stromstärken gleich der Summe der abfließenden. In parallel geschalteten Zweigen verhalten sich die Stromstärken umgekehrt wie die Widerstände. Anwendungen:

a) Spannungsteiler. Die Pole eines Elementes werden durch einen hohen mit Gleitkontakt versehenen Widerstand (ca. 200—600 $\Omega$) verbunden; es fließt dann dauernd ein schwacher Strom von einigen Milliampere. Die Spannung des Elementes verteilt sich auf den gesamten Widerstand. Schließt man an zwei Punkten des Widerstandes, z. B. an das eine Ende desselben und an den Gleitkontakt an, so ist die abgetastete Spannung um so kleiner, je kleiner der zwischen den Abzweigpunkten liegende Widerstand $W_1$ ist. Auf diese Weise kann man Spannungen äußerst fein einregulieren. Der Spannungsteiler wird besonders bei den Röhrenschaltungen vielfach angewandt.

b) Die Wheatstonesche Brückenschaltung dient zur genauen Vergleichung und Messung von Widerständen. Der Strom eines Elementes E kann sowohl über einen dünnen Meßdraht AB wie auch über die zusammengeschalteten Widerstände $W_a$ und W fließen. Von dem Anschlußpunkte C zwischen den beiden Widerständen läuft nach einem auf dem Meßdraht gleitenden Kontakt K der sog. Brückendraht, der ein Galvanometer G enthält. Bei der Messung verschiebt man den Kontakt solange, bis die Brücke stromlos ist. Dann folgt aus dem Kirchhoffschen Gesetz:

In vielen Fällen, z. B. bei der Messung von Flüssigkeitswiderständen, muß man statt Gleichstrom Wechselstrom, den z. B. ein Summer liefert, zuführen, dann wird in die Brücke statt des Galvanometers ein Telephon eingeschaltet.

c) Schaltung von Widerständen. Schaltet man zwei Widerstände ($W_1$ und $W_2$) hintereinander, so ist der Gesamtwiderstand:

$$W = W_1 + W_2.$$

Ist $W_1$ sehr groß, $W_2$ sehr klein, so kommt bei Hintereinanderschaltung hauptsächlich der größere Widerstand in Betracht. Wenn man aber die Widerstände parallel schaltet, dann berechnet sich der Gesamtwiderstand in folgender Weise:

Wenn jetzt $W_1$ sehr groß und $W_2$ sehr klein ist, so ist für den Gesamtwiderstand der kleine Widerstand ausschlaggebend.

$$\frac{1}{W} = \frac{1}{W_1} + \frac{1}{W_2}.$$
$$W = \frac{W_1 \cdot W_2}{W_1 + W_2}.$$

Beispiel: $W_1 = 100\,\Omega$, $W_2 = 1\,\Omega$, $W = 0{,}99\,\Omega$.

Anwendung: Berechnung von Nebenschlußschaltungen oder Shunts für Meßinstrumente.

Der elektrische Strom ruft an jedem Punkte seiner Bahn Wärme hervor. Die in der Sekunde erzeugte Wärmemenge A wächst mit dem Quadrat der Stromstärke $J^2$ und dem Widerstand W der betreffenden Leitungsstelle . . .

Anwendung: Glühlampe, Bleisicherung und

## 8. Wärmewirkung und Hitzdrahtamperemeter.

$$A = J^2 \times W$$

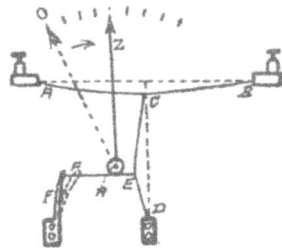

Hitzdrahtamperemeter. Der dünne Hitzdraht AB wird beim Durchgehen des Stromes erwärmt und ausgedehnt. Die Ausdehnung überträgt sich über den Brückendraht CD und den Faden EF auf die Rolle R, wobei der an der Rolle befestigte Zeiger Z nach rechts ausschlägt. Das ganze Drahtsystem ist durch die Feder F gespannt. Da die Erwärmung des Drahtes von der Stromrichtung unabhängig ist, so kann das Hitzdrahtinstrument auch für Wechselstrom und insbesondere auch für Hochfrequenz verwendet werden.

Schickt man den elektrischen Strom durch eine Salzlösung (z. B. Kupfervitriol), so findet an den Zuleitungsdrähten (Elektroden) eine chemische Zersetzung der betreffenden Lösung

## 9. Chemische Wirkung. (Elektrolyse.)

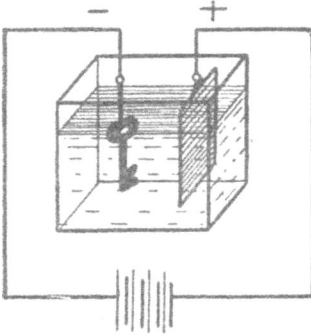

statt. Dabei scheidet sich an der **negativen Elektrode** das Metall (z. B. Kupfer), an der positiven Elektrode der Säurerest des Salzes ab.

Taucht man die zwei Zuleitungsdrähte eines Elementes in Brunnenwasser, so zeigt sich am negativen Pole eine lebhafte Gasentwicklung (Wasserstoff), während am positiven Pole nur geringe Gasbildung (Sauerstoff) zu beobachten ist. Dies ist ein Mittel, um die Pole einer Stromquelle, z. B. der Netzleitung, zu ermitteln.

Anwendungen: galvanische Vernickelung, Versilberung usw., Akkumulator, elektrolytischer Detektor, Polreagenzpapier.

**10. Theorie der Jonen.** Der Stromdurchgang durch Flüssigkeiten geht dadurch vor sich, daß beim Durchfließen des Stromes der eine Teil der zersetzten Substanz nach dem positiven, der andere nach dem negativen Pole wandert. Hierbei zeigt es sich, daß die wandernden Stoffmengen nur von der Menge der durchgehenden Elektrizität abhängen.

Zur Erklärung dieses Verhaltens dachte sich Faraday, daß die Elektrizität sich auf gleichwertige Atome oder Atomgruppen gleichmäßig verteile, und daß die einzelnen, mit positiver und negativer Elektrizität beladenen Atome, die sog. Jonen, in der Flüssigkeit langsam nach den entgegengesetzten Polen (Elektroden) hinwandern und so den Transport der Elektrizität bewirken. An den Elektroden geben sie dann ihre Ladungen ab und regen damit den Strom im äußeren Kreise an. Nach Verlust der Ladung gehen die Jonen wieder in chemische Moleküle über und treten als ausgeschiedene Substanz an den Elektroden sichtbar auf.

Da der Elektrizitätsdurchgang durch Flüssigkeiten beim Anlegen der geringsten Spannungen erfolgt, so müssen in der Lösung die Moleküle schon vorher zum Teil in Jonen gespalten sein (Dissoziationstheorie von Arrhenius).

**11. Akkumulator.** a) Der Bleiakkumulator besteht aus zwei in verdünnte Schwefelsäure getauchten Bleiplatten (A u. B), die sich mit einer dünnen

Schicht von Bleisulfat überziehen. Schickt man den Strom einer Batterie (E) von der Platte (A) durch die Schwefelsäure zur Platte (B), so verwandelt sich durch die Zersetzung der Schwefelsäure das Bleisulfat an der positiven Platte A in braunes Bleisuperoxyd, an der negativen Platte B in graues, schwammiges Blei. Nach Abschalten des Ladestromes und starker Gasentwicklung zeigen beide Platten einen Spannungsunterschied von ca. 2,5 Volt. Verbindet man nunmehr die beiden Platten durch einen Schließungsdraht S, so fließt in demselben ein Strom von der Platte A zur Platte B. Dieser Entladungsstrom ist von entgegengesetzter Richtung wie der Ladestrom und bildet das Bleisuperoxyd und das Blei wieder in Bleisulfat zurück. Die Spannung stellt sich im Betrieb auf 2 Volt ein; sinkt sie auf 1,8 Volt so muß der Akkumulator frisch geladen werden.

b) Beim Nickel-Eisenakkumulator stehen zwei dünne Stahlblechgitter, von denen das eine mit Eisenoxyd, das andere mit Nickeloxyd gefüllt ist, in Kalilauge. Beim Laden bildet sich Nickelsuperoxyd und Eisen, es entsteht ein Spannungsunterschied von 1,2 Volt.

c) Das Laden eines Akkumulators erfolgt am einfachsten durch Anschluß an die Lichtleitung (Gleichstrom) unter Vorschaltung von Widerständen oder Glühlampen. Die Ladestromstärke steht meist auf einem Zettel, der innen am Deckel des Akkumulators oder außen angeklebt ist. Zur Berechnung des geeigneten Lampenwiderstandes beachte man, daß bei 220 Volt eine Kohlenfadenlampe 25, 40, 60, 75 und 100 Watt bzw. 0,11, 0,18, 0,27, 0,34 und 0,45 Ampere braucht. Bei 110 Volt Spannung wird der doppelte Strom gebraucht.

Der elektrische Strom leistet bei Erwärmung eines Drahtes, bei der chemischen Zersetzung von Salzen, beim Antreiben von Elektromotoren usw. Arbeit. Die in der Sekunde geleistete Arbeit oder die Leistung des elektrischen Stromes ist

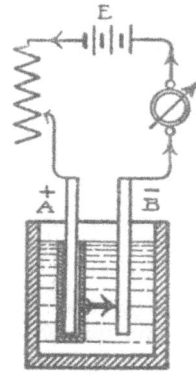

Ladung.

Anode:
$$Pb\,SO_4 + SO_4 + 2\,H_2O = Pb\,O + 2\,H_2SO_4$$

Kathode:
$$Pb\,SO_4 + H_2 = Pb + H_2SO_4$$

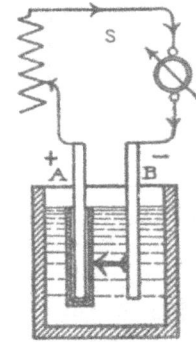

Entladung.

Anode:
$$Pb\,O_2 + H_2SO_4 + H_2 = Pb\,SO_4 + 2\,H_2O$$

Kathode:
$$Pb + SO_4 = Pb\,SO_4$$

12. Leistung des elektrischen Stromes.
Maßeinheit: Watt.
736 Watt = 1 PS (Pferdestärke)
1000 Watt = 1 Kilowatt (KW.)

um so größer, je größer die in der Sekunde durchfließende Elektrizitätsmenge (d. i. die Ampere-
zahl), und je größer die an den Verbrauchsapparat angelegte Spannung (d. i. die Voltzahl)
ist. Die Stromleistung ist danach gleich dem
Produkte Volt × Ampere und wird Watt
genannt. Die Arbeit des Stromes in Watt-
stunden ergibt sich, indem man die Wattzahl
mit der Zeit (Stunden) multipliziert.

Zur direkten Messung des Wattverbrauches
dient das Wattmeter, zur Zählung der Watt-
stunden der Elektrizitätszähler.

An die Gleichstrommaschine (M) von 110 Volt
sind zwei Glühlampen angeschlossen; es soll die
Spannung, die durchgehende Stromstärke und der
Wattverbrauch der Lampen gemessen werden.

Das Amperemeter A ist in den Hauptstromkreis geschaltet, das Voltmeter V mit seinem
hohen Widerstand befindet sich im Nebenschluß,
das Wattmeter liegt mit seiner festen Strom-
spule a b im Hauptstromkreis, mit seiner beweglichen Spannungsspule c d im Nebenschluß. Zeigt
das Voltmeter 110 Volt, das Amperemeter
0,5 Amp. an, so steht das Wattmeter auf 55 Watt.

Kostet die Kilowattstunde 50 Pf., so kostet
das zehnstündige Brennen der beiden Lampen:

$$\frac{55 \cdot 10 \cdot 50}{1000} = 27,5 \text{ Pfennig.}$$

**13. Schaltung von Volt-,
Ampere- und Wattmeter.**

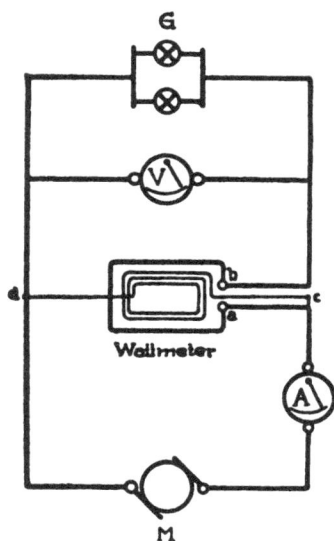

**14. Magnetische Kraftlinien
und magnetische Verteilung.**

Bedeckt man einen Magneten mit einem
Blatt Papier und streut Eisenfeilspäne darauf,
so ordnen sich die regellos auffallenden Späne
in Richtung der magnetischen Kraftlinien an.
Beim Stabmagneten treten die Kraftlinien
vom Nordpol aus und gehen in krummen
Linien zum Südpol über. Am dichtesten sind
die Kraftlinien an den Polen, wo auch die
Stärke des Feldes am größten ist.

Bringt man ein Stück weiches Eisen vor
die Pole eines Hufeisenmagneten, so wird es
durch Verteilung selbst magnetisch. Dem Nordpol gegenüber bildet sich ein Südpol, dem Südpol gegenüber ein Nordpol aus. Die magneti-

fierten Enden des Ankers strecken dem Magneten neue Kraftlinien entgegen und verstärken das magnetische Kraftfeld. Die Kraftlinien werden um so dichter, je näher das Eisen dem Magneten gebracht wird. Liegt der Anker unmittelbar auf den Polen, so gehen fast alle Kraftlinien innerhalb des Ankers über, wir erhalten einen geschlossenen Magneten.

Jeder von einem Strom durchflossene Draht erzeugt ein magnetisches Feld, in welchem sich eine Magnetnadel immer senkrecht zu der Stromrichtung zu stellen sucht. Die magnetischen Kraftlinien sind danach Kreise senkrecht zur Strombahn. Je stärker das magnetische Feld ist, um so dichter sind die Kraftlinien verteilt.

Führt man einen stromdurchflossenen Draht parallel über eine Magnetnadel hinweg, so wird die Nadel um so mehr abgelenkt, je größer die Stärke des Stromes ist. Man kann daher aus dem Ablenkungswinkel die Stromstärke messen. (Tangentenbussole.)

Der Sinn der Ablenkung ergibt sich aus der Ampereschen Schwimmerregel: Für eine mit dem Strome schwimmende Figur, welche die Magnetnadel ansieht, schlägt der Nordpol nach der linken Seite aus.

Die magnetischen Kraftlinien einer Stromspirale verlaufen genau so wie die Kraftlinien eines Stabmagneten. An den beiden Enden der Spirale liegen die Pole (N u. S). Der Nordpol liegt an dem Ende der Spule, an welchem der Strom für den Beschauer gegen den Uhrzeiger fließt. Die magnetische Feldstärke und die mit ihr proportionale Zahl der Kraftlinien (Z) (im Innern der Stromspirale) pro qcm ist um so größer, je größer die Stärke des Stromes (J) und die Zahl der Windungen $\left(\frac{N}{l}\right)$ pro cm Länge ist.

Nebenstehende Formel gilt nur für das Innere von Spulen, deren Länge etwa 20 mal so groß wie der Durchmesser der Spule ist.

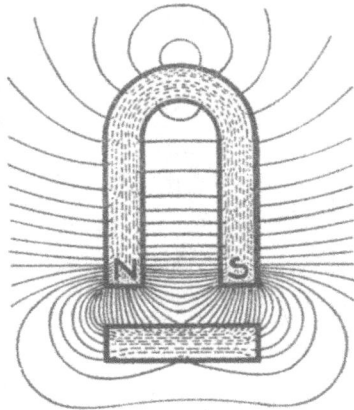

15. Das Magnetfeld des elektrischen Stromes.

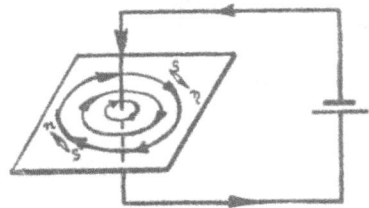

16. Die Ablenkung der Magnetnadel.

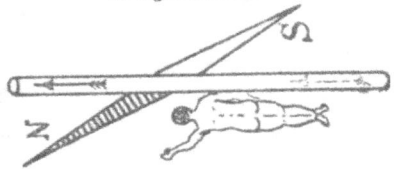

17. Die Stromspirale.

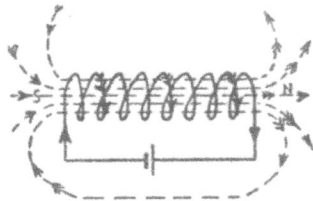

$$Z = 5\frac{J \cdot N}{l}.$$

**18. Elektromagnet und Selbstunterbrecher.**

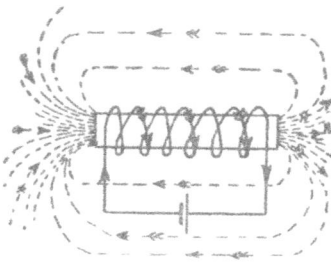

**19. Elektromagnetische Meß-instrumente.**

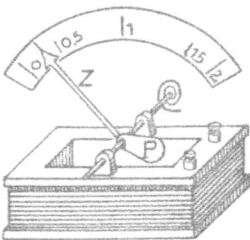

Bringt man in das Innere einer Strom-spirale einen Weicheisenkern, so wird dieser selbst magnetisch und sendet etwa zehnmal soviel Kraftlinien aus. (Elektromagnet.)

Schließt man die Pole des Elektromagneten durch einen Weicheisenanker, so gehen bis zu 2000mal soviel Kraftlinien durch den Eisenkern, als bei gleicher Stromstärke durch die leere Spule.

Anwendungen: elektrische Klingel, Selbst-unterbrecher, Morseschreiber, Relais.

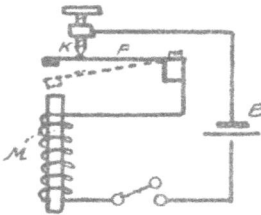

Der Selbstunterbrecher oder Summer dient dazu, den Strom selbsttätig in raschem Wechsel zu schließen und zu öffnen. Der Strom des Elementes E geht über den Kontakt K durch den federnden Hammer F um den Eisenkern M herum zum Element zurück. Der Kern wird magnetisch, zieht den Hammer an und unter-bricht den Strom; im selben Augenblick wird der Kern wieder unmagnetisch, der Hammer federt zurück und gibt von neuem Kontakt, worauf sich der Vorgang wiederholt.

Diese beruhen auf der Drehung einer Magnetnadel, eines Weicheisenstückchens oder einer Drahtspule unter dem Einfluß der von der Stromstärke abhängigen elektromagnetischen Kräfte. Durch die Drehung wird eine Gegen-kraft erzeugt, indem entweder ein Gewicht ge-hoben, ein Faden gedrillt oder eine Spiral-feder gespannt wird. Die Einstellung des Sy-stems kommt zustande, wenn sich die ablenkende Kraft und die Gegenkraft gerade ausgleichen. Die Größe der Drehung wird gewöhnlich mit Zeiger über einer Skala, bei empfindlichen Galvanometern mit Spiegel und Fernrohrskala abgelesen. Die Eichung dieser Meßinstrumente geschieht durch Vergleich mit einem Präzisions-amperemeter. Gebräuchlich sind nachstehende Typen:

a) Weicheiseninstrumente. Innerhalb einer Drahtspule befindet sich ein drehbares, mit Zeiger Z versehenes Weicheisenplättchen P, das

um so mehr in den Hohlraum der Spule hineingezogen wird, je stärker der durchfließende Strom
ist. Die Teilung dieser Instrumente ist ungleich-
mäßig; der Einfluß äußerer Magnetfelder gering, die Empfindlichkeit nicht sehr groß. Sie
können auch zur Messung von Wechselstrom bis
zu 500 Perioden verwendet werden, da bei einem
Stromwechsel das Feld der Spule und der induzierte Magnetismus im Eisen gleichzeitig ihre
Richtung wechseln.

b) Das Galvanoskop besteht aus einem
mit Draht bewickelten Rahmen, in dessen Hohlraum sich eine meist horizontal drehbare Magnetnadel befindet. Das Instrument dient lediglich
dazu, das Vorhandensein und die Richtung des
Stromes festzustellen. Schaltet man ein derartiges Instrument mit einem Element hintereinander, so hat man ein bequemes Mittel, um
Leitungen zu prüfen. Verbindet man den einen
Pol des Elementes und das freie Ende des
Galvanometers mit irgendeinem Apparat (Spule,
Telephon, Kondensator usw.) und schlägt dabei
das Galvanoskop aus, so ist die Verbindung gut,
bleibt es in Ruhe, so ist die Leitung unterbrochen.

c) Das Galvanometer ist zusammengesetzt
aus zwei parallel stehenden Drahtspulen, zwischen
denen ein kleines Magnetchen an einem dünnen
Faden hängt. Zur genauen Messung der meist
sehr geringen Ablenkung des Magnetchens ist
an dem Faden ein Spiegelchen befestigt. Dem
Spiegel gegenüber stellt man in größerem Ab-
stande eine Skala auf und beobachtet das Spiegel-
bild der Skala im Fernrohr.

d) Drehspuleninstrumente. Diese beruhen darauf, daß eine stromdurchflossene Drahtspule sich innerhalb eines Magnetfeldes senkrecht
zu den Kraftlinien zu stellen sucht. Danach enthält das Instrument als wesentlichen Bestand-
teil eine Drahtspule D, die zwischen den Polen
eines Stahlmagneten leicht drehbar gelagert und
mit einem Zeiger Z verbunden ist. Die Zu- und
Ableitung des Stromes erfolgt durch je eine

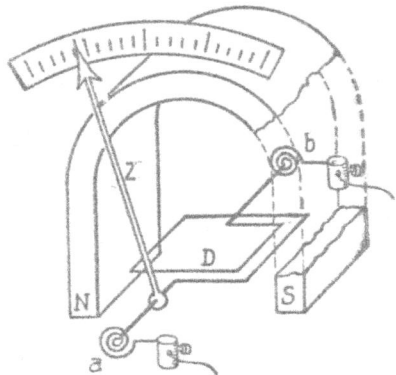

feine Spiralfeder (a u. b). Diese Instrumente sind von äußeren Kräften nicht merklich beeinflußbar, ihre Teilung ist gleichmäßig; ihre Empfindlichkeit bis zu $\frac{1}{100000}$ Milliampere. Sie eignen sich nur zur Messung von Gleichstrom. In der Funkpraxis sind vor allem die Drehspulen-Milliamperemeter mit einem Meßbereich von 0 bis 10 Milliampere zum Messen des Anodenstromes der Empfangsröhren unentbehrlich.

e) Das Voltmeter stimmt konstruktiv mit dem Amperemeter überein, es enthält jedoch einen hohen Vorschaltwiderstand. Die Eichung des Instrumentes erfolgt ferner nicht nach Ampere, sondern es wird die mit dem Widerstand (W) des Instrumentes multiplizierte Stromstärke als Volt angeschrieben.

Ist z. B. W = 200 $\Omega$ und geht bei einer bestimmten Zeigerstellung 0,05 Ampere durch das Instrument, so wird an den betreffenden Punkt der Skala 200 · 0,05 = 10 Volt angeschrieben. Die Voltmeter werden mit hohem Widerstand gebaut, damit sie nur wenig Strom durchlassen; man schaltet sie daher auch nicht wie das Amperemeter in den Hauptstromkreis, sondern in einen zum Verbrauchsapparat parallel gelegten Nebenschluß. (Vgl. S. 8.)

Zwischen den Polen N und S eines Magneten hängt ein bewegliches Metallband B, dessen Enden an die Pole des Elementes E angeschlossen sind. Sowie der Strom durch Drücken der Taste T geschlossen wird, erfährt das Band einen Bewegungsantrieb senkrecht zur Richtung der Kraftlinien. Die Richtung des Bewegungsantriebes bestimmt man aus der Richtung der Kraftlinien und des Stromes nach der linken Handregel. Hält man den Zeigefinger der linken Hand in Richtung der magnetischen Kraftlinien, den Mittelfinger in Richtung des Stromes, so gibt der ausgespreizte Daumen die Richtung an, nach welcher das stromdurchflossene Drahtstück abgelenkt wird.

20. Beweglicher Stromleiter im Magnetfeld.

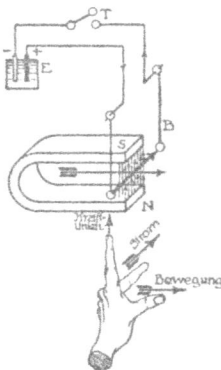

— 13 —

Anwendung: Saitengalvanometer, Bänd-
chen-Lautsprecher. (Vgl. S. 180.)

Man schaltet das Element in Versuch 20
aus und schließt die Enden des Bandes an ein
Galvanometer an. Bewegt man das Band
senkrecht zu den Kraftlinien aus dem Magnetfeld heraus, so zeigt das Galvanometer einen
Stromstoß, den sog. Induktionsstrom, an. Wird
das Band wieder in das Magnetfeld hineinbewegt,
so entsteht ein entgegengesetzter Stromstoß.

Anwendung: Bändchen-Mikrophon. Vgl.
S. 177.

Die Richtung des Induktionsstromes bestimmt man aus der Richtung der Kraftlinien
und der Bewegung nach der rechten Handregel. Hält man den Zeigefinger der rechten
Hand in Richtung der magnetischen Kraftlinien, den ausgespreizten Daumen in Richtung
der Bewegung des Drahtstückes, so gibt der
zur Handfläche senkrecht stehende Mittelfinger
die Richtung des erzeugten Induktionsstromes an.

Die E.M.K. des Induktionsstromes ist
um so größer, je stärker das Magnetfeld ist
und je schneller man die Leiterschleife durch das
Feld bewegt, d. h. je größer die Zahl N der
in der Sek. geschnittenen Kraftlinien ist.
Werden in der Sek. $10^8$ = 100 Millionen Kraftlinien geschnitten, so entsteht an den Enden des
Drahtes gerade 1 Volt Spannungsunterschied.
Beispiel: im Felde eines Elektromagneten, in
welchem 50 000 Kraftlinien durch 1 qcm des Luft-
spaltes treten, legt ein Drahtstück von 10 cm Länge
in 0,05 Sekunden einen Weg von 5 cm senkrecht
zu den Kraftlinien zurück. Die an den Enden
auftretende Spannung (E) ist dann: . . . .

Die Induktionsspannung läßt sich bedeutend
steigern, wenn man statt einer mehrere
Windungen im Magnetfeld bewegt. Die in
den einzelnen hintereinander liegenden Windungen induzierten Spannungen summieren sich
ähnlich den Spannungen hintereinander geschalteter Elemente.

**21. Grundversuch der In-
duktion.**

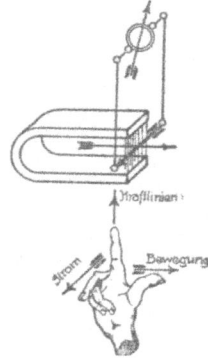

$$E = \frac{50000 \cdot 10 \cdot 5}{10^8 \cdot 0,05} = \frac{1}{2} \text{ Volt.}$$

**22. Weitere Induktions-versuche.**

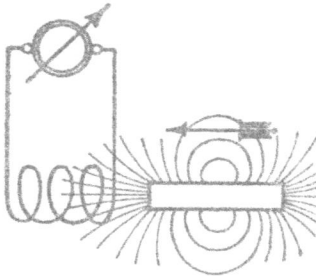

**23. Telephon.**
Reis 1863, Bell 1876.

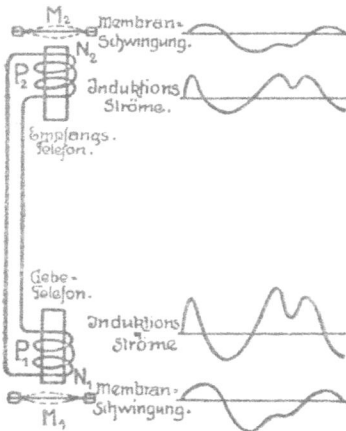

a) Nähert man einer ruhenden Drahtspule rasch einen Magneten, so entsteht ein Induktionsstrom. Beim raschen Entfernen entsteht ein Induktionsstrom von entgegengesetzter Richtung.

b) Der in der Spule ruhende Magnet ruft keinerlei Induktionswirkung hervor; nähert man jedoch dem Magneten ein Stück weiches Eisen oder entfernt es von ihm, so entsteht ein Induktionsstrom (Prinzip des Telephons).

c) Befinden sich neben- oder ineinander zwei ruhende Drahtspulen, so wird beim Ein- oder Ausschalten eines Stromes in der ersten (primären) Spule, ein Induktionsstrom in der zweiten (sekundären) Spule erzeugt.

Dicht vor den Polen $N_1$ und $N_2$ der beiden Stahlmagnete befindet sich je eine dünne biegsame Platte ($M_1$ und $M_2$) aus weichem Eisen. Die Nordpole der Magnete sind mit Drahtspulen ($P_1$ und $P_2$) umgeben, die unter sich durch einen Draht verbunden sind. Wird nun gegen die Membran $M_1$ gesprochen, so gerät sie in Schwingungen und ändert hierbei in raschem Wechsel ihre Entfernung vom Pole $P_1$. Hiedurch werden (nach Nr. 18b) im selben Wechsel Induktionsströme in Spule $P_1$ erzeugt, die zur Spule $P_2$ geleitet werden und den Magnetismus von $N_2$ abwechselnd verstärken oder abschwächen. Der Membrane $M_2$ werden hiedurch genau dieselben Schwingungen aufgezwungen, welche $M_1$ ausführt. Diese Schwingungen übertragen sich durch die Luft an das Ohr, wo sie je nach der Dauer und Form als Töne, Worte oder Geräusche hörbar werden.

Die Einrichtung des gewöhnlichen Dosentelephons zeigt einen halbringförmigen Dauermagneten, auf dem zwei Weicheisenkerne mit Spulen sitzen. Den Polen dicht gegenüber befindet sich die kreisförmige Schallplatte aus weichem schellackiertem Eisenblech.

Der Widerstand der gewöhnlichen Telephone, wie sie im Fernsprechnetz verwendet werden, ist 100 bis 200 $\Omega$. Für den Empfang in der drahtlosen Telegraphie und Telephonie, wo wir es mit bedeutend schwächeren Strömen zu tun haben, braucht man Hörer mit großer Windungszahl, woraus sich der hohe Ohmsche Widerstand von 1000 bis 4000 Ω ergibt. Die Empfindlichkeit des Telephons ist eine sehr große. Für den Sprechempfang reicht bei niederohmigen Telephonen eine mittlere Stromstärke von 0,1, für hochohmige Telephone 0,01 Milliampere aus.

Zur Prüfung eines Telephons schließt man es einen Augenblick an ein Trockenelement an; man muß dann ein scharfes Knacken hören. Spricht der Hörer nicht an, so sind entweder die Zuleitungen unterbrochen oder die Spulen defekt, was man mit Hilfe des Leitungsprüfers (vgl. S. 11 b) leicht feststellen kann. Ist die Leitung in Ordnung und spricht der Hörer trotzdem nicht an, so ist der remanente Magnetismus in den Eisenkernen zu schwach. Man muß dann erst eine höhere Spannung (6 bis 10 Volt) anschließen, um die Magneten wieder zu erregen.

Eine empfindlichere Prüfmethode von Telephonen mit Hilfe des Wellenmessers und Detektors ist in Nr. 70 angegeben.

Über das lautsprechende Telephon s. S. 165.

Das Mikrophon besteht aus einem Kohlekontakt (K) (z. B. Kohlestäbchen, welche lose zwischen zwei Kohleklötzchen sitzen), der auf der Rückseite einer dünnen Holzmembran (M) angebracht, vom Strome eines Elementes (E) durchflossen wird. Beim Sprechen gegen die Membrane wird der Kohlekontakt im Takte der auftreffenden Schallwellen zusammengepreßt oder gelockert. Hierdurch ändert sich der Widerstand des Kohlekontaktes und die Stromstärke im Elementkreis. Diese Stromschwankungen werden direkt oder induktiv durch zwei Induktionsspulen (Transformator Tr) auf ein fernes Empfangstelephon (T) übertragen, wo sie dann hörbar werden. Über die zur Modulation des Telephoniesenders verwendeten Mikrophone siehe S. 163.

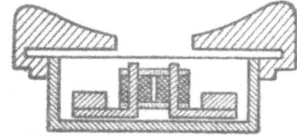

24. Mikrophon.

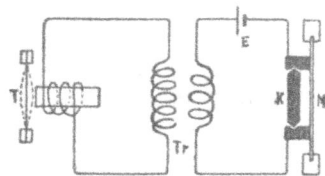

## 25. Funkeninduktor.

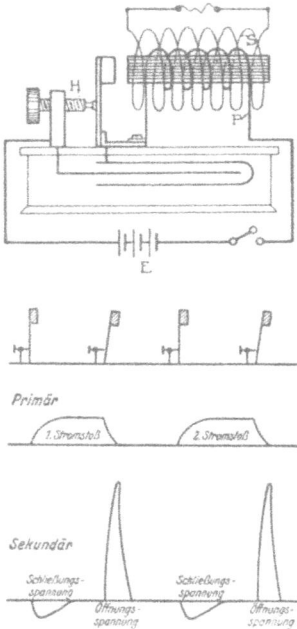

Primär

1. Stromstoß    2. Stromstoß

Sekundär

Schließungs-    Schließungs-
spannung       spannung
     Öffnungs-       Öffnungs-
     spannung        spannung

**Beispiel:**
Primär: 6 Volt · 1 Ampere
Sekundär:

$$30\,000 \text{ Volt} \cdot \frac{2}{10000} \text{ Ampere.}$$

## 26. Selbstinduktion.

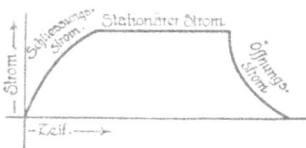

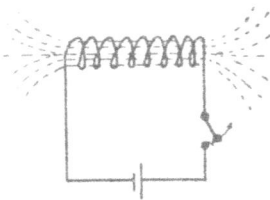

Der Funkeninduktor dient dazu, einen Strom von geringer Spannung und großer Stärke in einen Strom von hoher Spannung und geringer Stärke zu verwandeln. Er besteht aus einer Primärspule P mit wenigen Windungen eines dicken Drahtes, die ein Bündel weicher Eisendrähte enthält. Vor dem Eisenkern befindet sich ein Selbstunterbrecher H (Wagnerscher Hammer), durch welchen der Strom des Elementes E ständig geschlossen und unterbrochen wird. Über der Primärspule liegt eine Sekundärspule S aus vielen Windungen eines dünnen Drahtes. Bei jedem Öffnen und Schließen des primären Stromes entsteht in der sekundären Spule durch Induktion ein Stromstoß von hoher Spannung. Da das Öffnen des Stromes schneller erfolgt als das Schließen, ist die Spannung des Öffnungsstromes größer wie die des Schließungsstromes. Man entnimmt dem Funkeninduktor daher nahezu Gleichspannung. — Das Übersetzungsverhältnis der primären zur sekundären Spannung ist gleich:

$$ü = \frac{\text{Zahl d. prim. Windungen}}{\text{Zahl d. sekund. Windungen}}.$$ Die sekundäre Stromstärke ist im selben Verhältnis kleiner wie die primäre, so daß die Zahl der Watt im primären und sekundären Kreis gleich groß ist. 30000 Volt reichen zu einem Funken von 1 cm aus.

Wenn der Strom in einem Leiter verstärkt oder geschwächt, eingeschaltet oder unterbrochen wird, so rufen die entstehenden oder verschwindenden Kraftlinien, indem sie den Leiter schneiden, eine E.M.K. in dem Stromleiter selbst hervor. Diese wirkt der Änderung des Stromes stets entgegen, d. h. sie verzögert das rasche Anwachsen bzw. Abnehmen der Stromstärke. Wird der Strom unterbrochen, so tritt an den Enden des Drahtes die Öffnungsspannung auf, die einen Öffnungsfunken hervorrufen kann. Die E.M.K. der Selbstinduktion oder der Induktivität hängt von der Änderung der Stromstärke in der

Sekunde sowie von dem sich aus Form und Anzahl der Drahtwindungen ergebenden Selbstinduktionskoeffizienten L ab . . . . . . . . .

$$E = L \times \frac{\text{Änderung d. Stromes}}{\text{in d. Sekunde}}$$

Durch Einschieben eines weichen Eisenkerns in eine Spule wird der Selbstinduktionskoeffizient bedeutend vergrößert. Die Einheit des Selbstinduktionskoeffizienten besitzt eine Spule, in der bei Änderung der Stromstärke um 1 Ampere pro Sekunde die E.M.K. von 1 Volt entsteht; sie heißt „Henry". Neben dieser sehr großen Einheit ist noch die „cm-Selbstinduktion" in Gebrauch.

$$1 \text{ Henry (H)} = 1\,000\,000\,000 \text{ cm}$$
$$= 10^9 \text{ cm}.$$

| | | |
|---|---|---|
| 1 Mikrohenry | $= 1\,000\,000$ | $= 10^6$ cm |
| 0,1 „ ($\mu$H) | $= 100\,000$ | $= 10^5$ cm |
| 0,01 „ | $= 10\,000$ | $= 10^4$ cm |
| 0,001 „ | $= 1\,000$ | $= 10^3$ cm |

Bei der Herstellung von Spulen sind folgende Gesichtspunkte zur Kleinhaltung der Energieverluste zu beachten:

### 27. Energieverluste in Spulen.

a) Der Ohmsche und der Hochfrequenzwiderstand muß klein gehalten werden. Da sich die Hochfrequenzströme hauptsächlich auf der Oberfläche der Leiter ausbreiten, so werden die Selbstinduktionsspulen aus blankem Draht vielfach versilbert. Geringen Hochfrequenzwiderstand bieten auch die sog. verlitzten Kabel, das sind Bündel verflochtener einzelner isolierter dünner Drähte, welche die Oberfläche des Drahtes vergrößern. Für die meisten Zwecke des Amateurs ist jedoch mit Baumwolle, Seide oder Emaillelack isolierter Kupferdraht von 0,3 bis 0,8 mm Durchmesser zum Spulenwickeln ausreichend.

b) Die Eigenkapazität der Spule ist möglichst zu verringern. Jede Spule besitzt nämlich eine von ihrer Größe und Wicklungsart abhängige Kapazität. Diese stellt einen Nebenschluß zur Selbstinduktion der Spule dar, und kann z. B. den Hochfrequenzströmen einen bequemeren Weg bieten wie die Spule selbst. Die Induktivität der Spule kommt dann gar nicht zur Wirkung. Auch kann der Fall eintreten, daß für eine Frequenz, die der Eigenfrequenz der Spule entspricht, Stromresonanz eintritt, wodurch die Spule dem Strom einen sehr großen Widerstand bietet. Schließlich kann die Eigenkapazität der Spule kapazitive Kopplungen veranlassen, die

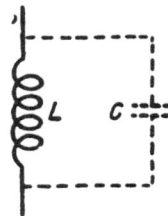

äußerst störend auf den Ablauf der induktiven Kopplungsvorgänge einwirken würden. Es folgt hieraus, wie wichtig es ist, die Kapazität der Spulen möglichst klein zu halten. Dies kann bis zu einem gewissen Grade durch die sog. kapazitätsarmen Wicklungen erreicht werden.

c) Die Isolierung des Drahtes und Spulenkörpers müssen erstklassig sein, da schlechtes Material insbesondere bei hohen Frequenzen Anlaß zu erheblichen dielektrischen Verlusten gibt. In Luft ($\varepsilon = 1$) sind diese Verluste am kleinsten, weshalb man für Sender durchwegs freitragende Spulen aus blankem Draht verwendet.

**28. Selbstinduktionsspulen für Sender.**

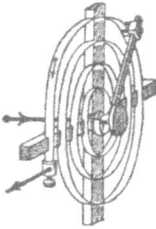

a) Die Flachspirale wird aus Kupferband hergestellt, das auf einem mit Kerben versehenen Holz- oder Hartgummikreuz befestigt ist. Durch feste, versetzbare oder Gleitkontakte kann die Selbstinduktion abgestuft werden.

Die Flachspiralen wurden wegen ihrer geringen Raumbeanspruchung früher vielfach bei den Funkensendern verwendet.

b) Die Zylinderspirale aus versilbertem Kupferdraht oder Kupferrohr wird von zwei senkrecht oder wagrecht verlaufenden mit Kerben versehenen Holz- oder Hartgummistäben getragen. Auch hier können von festen Kontakten oder von federnd aufsteckbare Abgreifklammern einzelne Windungen abgezweigt werden.

Die Zylinderspule wird neuerdings für die Kurzwellensender und -empfänger bevorzugt und in kleinen Dimensionen meist freitragend ausgeführt.

Bei Kopplung zweier Zylinderspulen empfiehlt es sich, die kleinere um eine zur Achse der größeren senkrechte Achse drehbar anzuordnen.

**29. Selbstinduktionsspulen für Empfänger.**

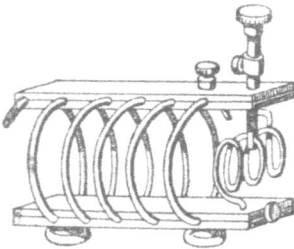

Die wichtigsten Formen von Selbstinduktionsspulen auf der Empfangsseite sind:

a) Feste Spulen. Die verbreitetste und am leichtesten herstellbare Form ist die einlagig gewickelte Zylinderspule, die in einfachster Weise durch Aufwickeln von isoliertem Draht (0,3 bis 0,8 mm Durchmesser) auf eine Papp- oder Preß-

spanrolle, hergestellt wird. Bei Herstellung mehr-
lagiger Zylinderspulen (z. B. für lange Wellen)
wendet man die kapazitätsfreie Wicklung nach
nebenstehendem Schema an.

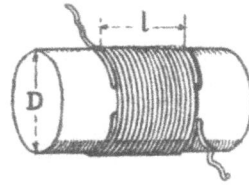

Die Flachspule wird zwischen zwei Scheiben von geringem Abstand (1 bis 2 mm) auf
einen Kern gewickelt, so daß nur wenige Windungen nebeneinander Platz haben. Ist die
Spule voll, so nimmt man Kern und Scheiben
vorsichtig weg und klebt die Windungen mit
Paraffin und Seide zusammen. Die Drahtenden
schließt man zweckmäßig an einen mit der Spule
fest verbundenen Stecker an.

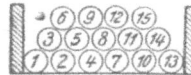

Bei den kapazitätsarmen Wicklungen wird der
Abstand benachbarter Windungen durch Führung
des Drahtes über Stifte im Zickzack vergrößert und
dadurch die Eigenkapazität verringert. Je nach
der Anordnung der Stifte unterscheidet man:

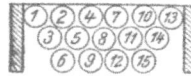

I. Wicklungen über radial laufende
Stifte:

Korbbodenspule ohne Tragkörper.
Die Wickelform besteht aus einer 1 cm dicken
Kreisscheibe von 4 bis 6 cm Durchmesser, in
deren Umfang eine ungerade Zahl (9, 11, 13 usw.)
Stifte stecken. Der Draht von 1 bis 2 mm Stärke
wird wie bei einem Korbboden gewickelt, so daß
nach jedem Stäbchen die Seite gewechselt wird.
Ist auf die Spule die gewünschte Windungszahl
aufgebracht, so werden die Windungen mit
Seidenfaden zusammengebunden, die Stäbchen
herausgezogen und der Holzkörper herausge-
nommen. Die freitragenden Wicklungen können
nun an einem Hartgummistreifen befestigt und
mit einem Sockel versehen werden.

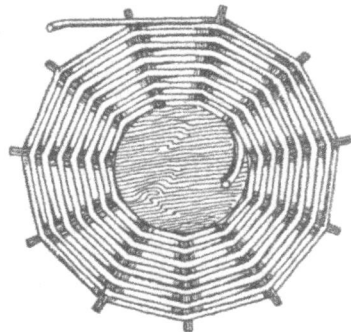

Die Wabenspulen werden mit Hilfe
von zwei Reihen (ungerade Anzahl) radial
in einen Kern eingeschlagener Stifte A und B
im Zickzack gewickelt, und zwar so, daß jedesmal
ein Stift übersprungen wird und also die zweite
Lage gegen die erste um einen Stift versetzt ist.
Man erhält dadurch ein äußerst lockeres Gefüge,
das infolgedessen eine geringe Kapazität besitzt.

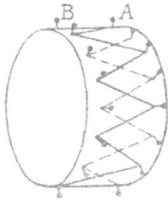

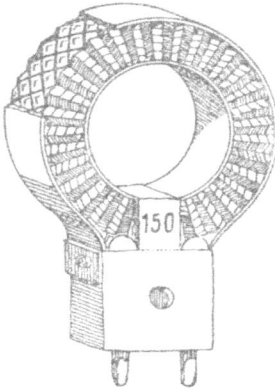

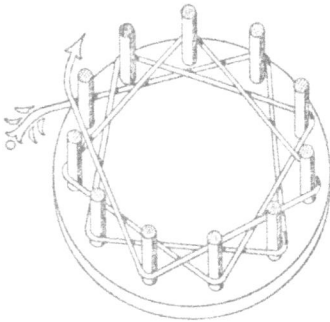

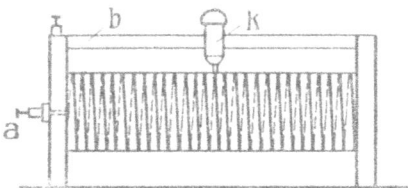

Um mit diesen Spulen einen größeren Wellenbereich darzustellen, werden diese in verschiedenen Größen hergestellt, so daß jede mit einem Drehkondensator zusammengeschaltet einen bestimmten Wellenbereich liefert.

Die Ledionspule unterscheidet sich von der Wabenspule nur dadurch, daß der Draht an jeder Seite an zwei Stiften vorbeigeht, so daß eine abgestumpfte Zickzacklinie entsteht.

II. Wicklungen mit axial laufenden Stiften. Der Draht wird um die auf einem Brettchen im Kreise von ca. 8 cm Durchmesser angeordnete Stifte im Zickzack nach nebenstehendem Schema gewickelt. Hat man die gewünschte Windungszahl aufgebracht, so bindet man die einzelnen Windungen mit Seide zusammen und nimmt sie von der Wickelform ab. Selbstverständlich kann man auch hier die Stifte in zwei konzentrischen Kreisen anordnen und den Draht in abgestumpfter Zickzacklinie ähnlich wie bei der Ledionsspule über die Stifte legen. Man erhält dann eine noch etwas lockerere Wicklung, die sich wegen ihrer geringen Kapazität besonders zum Arbeiten mit kurzen Wellen eignet.

b) In Stufen veränderbare Spulen sind die Zylinderspulen mit Abzweigungen, die zu Kontakten geführt und durch einen drehbaren Schalthebel angeschlossen werden. Statt der Gleitkontakte sind Steckbuchsen mit Stecker vorzuziehen. Den Übergang zu den stetig veränderlichen Selbstinduktionen stellt die viel benutzte Schiebespule dar. Hier gleitet auf einer blank gemachten Mantellinie einer mit isoliertem Draht umwickelten Zylinderspule ein Schieber K, so daß zwischen Spulenanfang a und Kontaktschiene b jede gewünschte Windungszahl angeschlossen werden kann.

c) Stetig veränderbare Selbstinduktionen (Variometer) beruhen stets auf der Anwendung zweier gegeneinander verstellbarer Spulen. Man kann z. B. zwei hintereinander geschaltete Zylinderspulen ineinanderschieben.

Befitzen die Spulen den gleichen Wicklungsfinn,
fo beträgt ihre kleinfte Selbftinduktion, wenn die
Spulen getrennt find, $L_1 + L_2$; ihre größte
Selbftinduktion, wenn fie ganz ineinander ge-
fchoben find $0{,}8 \cdot L_1 \cdot L_2$. Schaltet man die
Spulen fo, daß der Wicklungsfinn in der
inneren und äußeren Spule entgegengefetzt gerichtet ift, fo heben fich die Kraftfelder zum Teil
auf, die Selbftinduktion wird kleiner als $L_1 + L_2$.

Ein derartiges Schiebevariometer kann man
auch durch Nähern und Entfernen zweier flach-
fpulen herftellen.

Sehr verbreitet find die Anordnungen mit
zwei ineinander drehbaren Zylinderfpulen. Stehen die beiden hintereinander gefchalteten Spulen
fenkrecht zueinander, fo befitzt die Gefamt-
felbftinduktion einen Mittelwert. Dreht man nun
die innere Spule fo in die äußere, daß die Wicklungen im gleichen Sinne laufen (a), fo erhält
man den größten Wert der Selbftinduktion, dreht
man zurück, bis beide Spulen wieder ineinander
liegen und ihre Wicklungen entgegengefetzt verlaufen, fo ergibt fich der kleinfte Wert (b).

Um einen möglichft großen Bereich mit
einem Variometer beftreichen zu können, muß
der Luftfpalt zwifchen der inneren und äußeren
Wicklung möglichft klein gemacht werden; er foll
2 bis 3 mm möglichft nicht überfteigen. Am
günftigften wirken daher die Variometer, bei
welchen die Spulen auf eine Kugelkalotte gewickelt werden (fog. Kugelvariometer). Sie find
jedoch wegen der großen Eigenkapazität nur
für lange Wellen verwendbar.

Eine befondere Gruppe von Spulen, die in
den Hochfrequenzverftärkern vorteilhaft angewendet werden, find die

d) Spulen mit fchwachem Außenfeld
und dadurch verringerter Kopplungsfähigkeit.
Von außen einwirkende Kraftfelder z. B. durch
die Welle des Ortsfenders vermögen in der-
artigen Spulen praktifch keinen Strom zu induzieren, da fich die auftretenden Jnduktionsfpan-

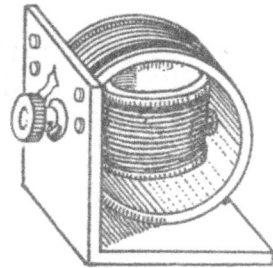

Variometer.

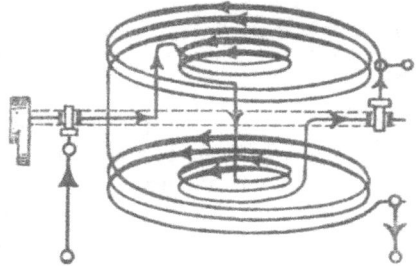

a) größte Selbftinduktion.

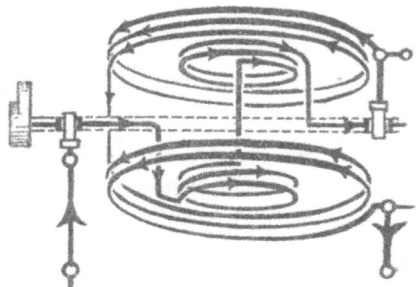

b) kleinfte Selbftinduktion.

nungen aufheben. Es kommen hier zwei Formen in Betracht:

1. Die Ringspule, bei welcher eine zylinderförmige Wicklung ringförmig zusammengebogen ist, so daß die Wicklungsenden an der gleichen Stelle nach außen führen. Die Kraftlinien des durch den Strom erregten Feldes verlaufen ganz innerhalb der Spule, sie können nirgends nach außen dringen.

2. Die Doppel- oder Achterspulen bestehen aus zwei neben einander stehenden Zylinderhülsen, deren Wicklungen in Achterform um die beiden Spulenkörper gelegt werden, so daß die entstehenden Kraftfelder bei Stromdurchgang sich aufheben. Soll eine Doppelspule als Transformator verwendet werden, so erhält nur die erste Spule eine Primärspule, während die zweite Spule leer bleibt.

Schaltet man zwei sich gegenseitig nicht beeinflussende Spulen hintereinander, so addieren sich ihre Selbstinduktionswerte; bei Parallelschaltung berechnet sich die Gesamtselbstinduktion (L) aus den Teilwerten ($L_1$ und $L_2$) nach der Formel:

Die Selbstinduktion zweier gleich großer parallel geschalteter Spulen ist also die Hälfte der Selbstinduktion einer Spule allein.

Werden zwei Spulen ineinander gesteckt oder gedreht, so findet keine einfache Addition der Selbstinduktionen statt, sondern man erhält höhere Werte bis zu $0{,}8 \cdot L_1 \cdot L_2$.

Die Selbstinduktion einer einlagigen Zylinderspule kann ziemlich genau berechnet werden nach der Formel:

Hierin bedeutet:

f den sog. Formfaktor der Spule,
n die Windungszahl pro 1 cm Spulenlänge,
l die Spulenlänge in cm,
D den Spulendurchmesser in cm.

$$\pi^2 = (3{,}14)^2 \sim 10.$$

Der Formfaktor hängt von dem Verhältnis $\frac{l}{D}$ der Spule ab und ergibt sich aus nebenstehender Kurventafel I.

---

30. Schaltung von Selbstinduktionen.

$$\frac{1}{L} = \frac{1}{L_1} + \frac{1}{L_2}.$$

31. Berechnung von Selbstinduktionen.

$$L_{cm} = f \cdot \pi^2 \, n^2 \cdot D^2 \cdot l.$$

Beispiel:

n = 10,
l = 9 cm
D = 6 cm
$\frac{l}{D} = 1{,}5$;
f = 0,77 (Tafel I)
$L_{cm} = 0{,}77 \cdot 10 \cdot 10^2 \cdot 6^2 \cdot 9$
$= 249\,480$ cm.

Kurventafel I zur Ermittlung des Formfaktors einer Spule.

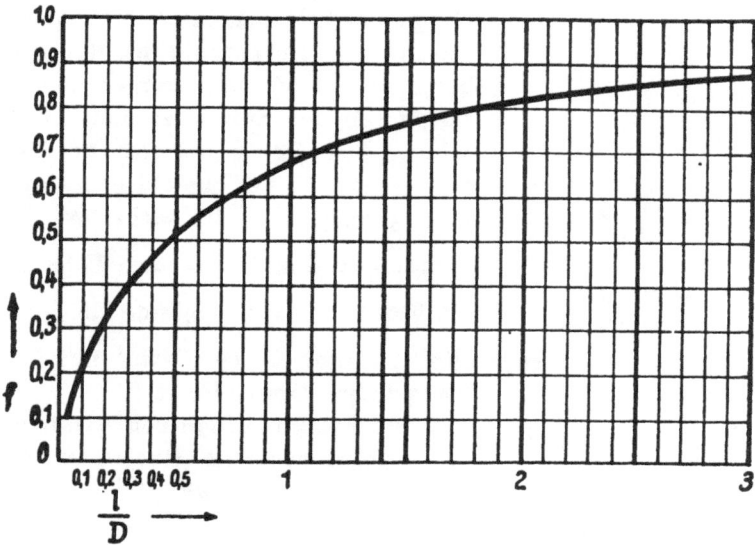

Kurventafel II zur Ermittlung des Größenverhältnisses einer Spule
von gegebener Selbstinduktion.

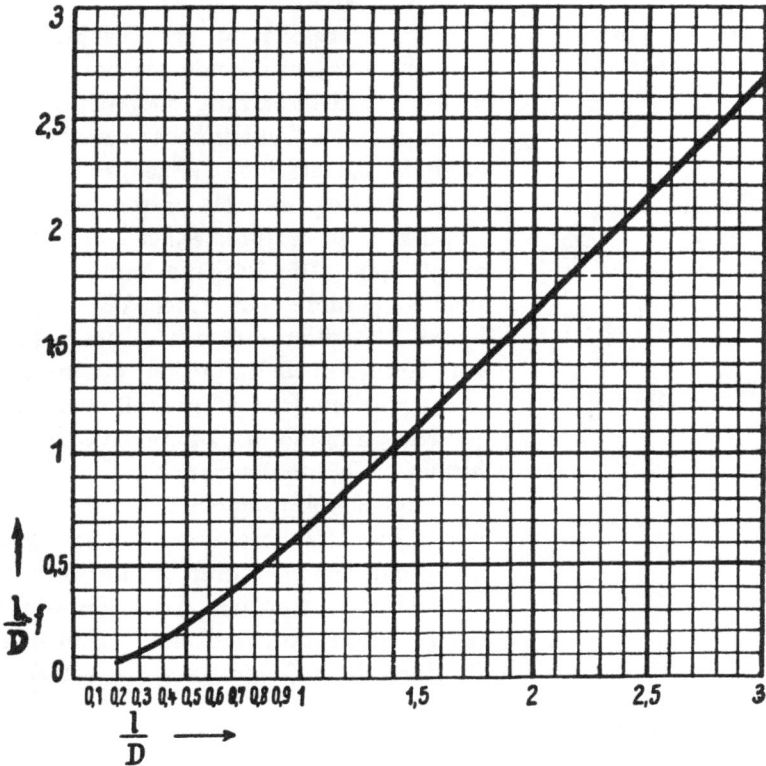

$$f \cdot \frac{1}{D} = \frac{L_{cm}}{\pi^2 \cdot n^2 \cdot D^3}.$$

Beispiel:

$$L = 250\,000 \text{ cm}$$
$$n = 10 \quad D = 6 \text{ cm}$$
$$f \cdot \frac{1}{D} = \frac{250\,000}{10 \cdot 100 \cdot 216}$$
$$= 1,16.$$

$$\frac{1}{D} = 1,5 \text{ (Tafel II)}$$
$$l = 9 \text{ cm}.$$

## 32. Messung von Selbstinduktionen.

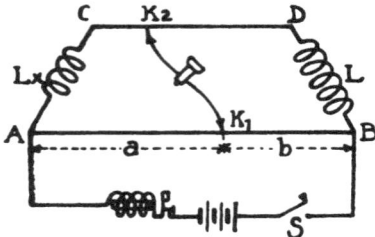

$$L_x = L \cdot \frac{a}{b}.$$

In der Praxis sieht man sich meist vor die Aufgabe gestellt, eine Spule von gegebener Selbstinduktion (L) aus einer bestimmten Drahtsorte (n) herzustellen. Ist dann ferner noch der Durchmesser (D) der Spule gegeben, so ist also die Länge (l) der Spule zu berechnen. Man verfährt in folgender Weise: aus obiger Formel berechnet man zunächst den linksstehenden Zahlenwert: Hierauf entnimmt man aus Tafel II zu $f \cdot \frac{1}{D}$ als Ordinate die zugehörige Abszisse $\frac{1}{D}$. Durch Multiplikation dieses Wertes mit D ergibt sich die gesuchte Spulenlänge l.

Die Selbstinduktion von Flachspulen kann man näherungsweise finden, wenn man sie als Zylinderspulen auffaßt, deren Länge gleich der Breite der Flachspule und deren Durchmesser gleich ist dem mittleren Durchmesser (D) ihrer Windungen. Die Windungszahl (n) ist hier pro 1 cm Spulenbreite zu nehmen.

Die Vergleichung der Selbstinduktion von Spulen kann ebenso wie die von Widerständen in der Brückenschaltung vorgenommen werden. Da indessen die Spulen neben den induktiven auch Ohmsche Widerstände besitzen, so muß man auch deren Einfluß auf die Stromverteilung durch Einschaltung entsprechender Zusatzwiderstände ausgleichen. Die Meßanordnung enthält daher zwei Meßdrähte: den einen AB, um die scheinbaren Widerstände ($2 \pi n L$) der gesuchten und der Normal-Selbstinduktion auszugleichen und einen zweiten sehr dünnen Meßdraht CD, der zur Ausgleichung der Ohmschen Widerstände der beiden Selbstinduktionen dient.

Bei Ausführung der Messung verschiebt man nach Einschalten des Summers (Schalter S) zunächst den Schiebekontakt $K_1$ auf dem Meßdraht AB, bis der Ton im Telephon schwach wird (erstes Minimum), alsdann verschiebt man den Kontakt $K_2$ auf dem Meßdraht CD, bis man ein zweites, schärferes Tonminimum gefunden hat. Es ist dann:

# B. Der Wechselstrom und die elektrischen Maschinen.

Wird eine Drahtschleife H zwischen den Polen N, S eines Elektromagneten gedreht, so werden die magnetischen Kraftlinien von den zur Drehachse parallelen Drahtstücken a und b geschnitten. Bei gleichmäßiger Drehung nimmt die Zahl der geschnittenen Kraftlinien periodisch zu und ab. An den Enden der Schleife H, welche zu zwei von einander isolierten Schleifringen m und n führen, entsteht daher eine Induktionsspannung, welche periodisch zu- und abnimmt. Die Spannung besitzt ihren kleinsten Wert, wenn die Schleifenebene senkrecht zu den Kraftlinien steht und die Drahtstücke a und b sich nahezu parallel zu den Kraftlinien bewegen (I und III), ihren größten Wert, wenn sie parallel zu den Kraftlinien steht und die Drahtstücke a und b die Kraftlinien senkrecht durchschneiden (II und IV).

Da ferner das Drahtstück a die Kraftlinien auf dem Wege von I nach III von links nach rechts, von III nach I jedoch von rechts nach links durchschneidet, so muß nach Nr. 17 die Induktionsspannung in den Punkten I und III ihre Richtung ändern.

Verbindet man die Enden der Schleife durch einen Schließungsdraht, so fließt in demselben ein Strom von periodisch veränderlicher Stärke und Richtung (Wechselstrom). Die Periode T des Wechselstromes ist die Zeit, in der sich ein bestimmter Strom- oder Spannungswert wiederholt. Die Zahl der Perioden in der Sekunde heißt die Frequenz (n). Dreht sich z. B. die Schleife in dem zweipoligen Magnetfeld zehnmal in der Sekunde herum, so ist die Frequenz n = 10.

Die Zahl der Perioden in $2\pi$ (= 6,28) Sekunden heißt die Kreisfrequenz und wird mit $\omega$ bezeichnet.

### 33. Erzeugung des Wechselstromes.

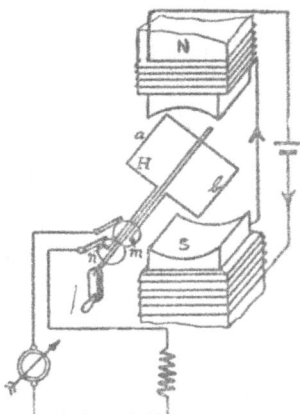

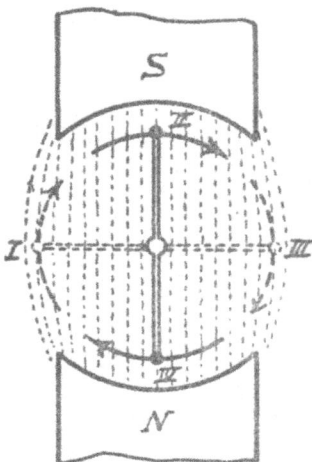

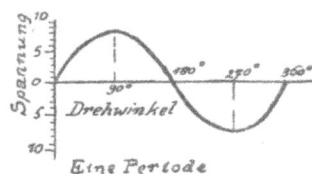

$$\omega = 2\pi\,\text{n}$$

**34. Wechselstrommaschinen.**

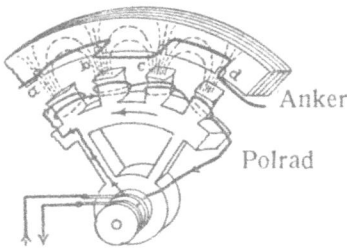

Anker

Polrad

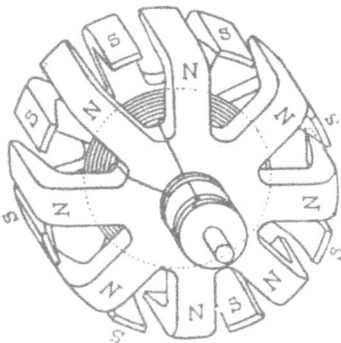

Wechselpolrad.

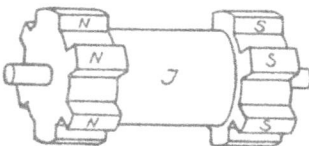

Gleichpolrad.

Der effektive Wert der Stromstärke ($i_{eff}$) eines Wechselstromes gibt den Gleichstromwert an, der in einem Widerstand ebensoviel Wärme erzeugt wie der Wechselstrom, oder, allgemeiner gesprochen, dieselbe „Leistung" oder denselben „Effekt" liefert. Er kann z. B. an einem Hitzdraht-Amperemeter abgelesen werden.

Um bei Erzeugung von Wechselstrom von höherer Periodenzahl nicht auf zu hohe Umlaufgeschwindigkeiten zu kommen, baut man Maschinen mit mehreren Polpaaren.

Man ordnet die Pole auf einem Polrad an und legt die Wicklungen so, daß die Pole abwechselnd nord- bzw. südmagnetisch werden. Die Drahtwindungen, in welchen der Wechselstrom induziert werden soll, sind den Polen dicht gegenüber in die Nuten eines aus Eisenblech zusammengesetzten Ringes (d. sog. Ankers) gelegt. So oft sich 2 Pole des Polrades an einer Ankerwindung (a, b, c, d) vorbeibewegen, entsteht durch das Schneiden der Kraftlinien eine Periode des Wechselstromes.

Bei einer Umdrehung entstehen dann so viele Perioden, als Polpaare vorhanden sind. Ist die Tourenzahl der Maschine = u, die Polzahl = p, so ist die Frequenz $n = \dfrac{u}{60} \cdot \dfrac{p}{2}$.

Der technische Wechselstrom hat 50 Perioden, während zum Betrieb von Funkensendern meist Wechselströme mit 500 Perioden verwendet werden. Hierfür kommen folgende 2 Typen von Wechselstrommaschinen in Betracht:

a) Wechselpoltype. Die auf dem Eisenkörper (Induktor) sitzenden Polhörner sind gegeneinander versetzt und klammerartig nach innen gebogen. Der Eisenkörper besitzt nur eine Wicklung für den Erregerstrom, so daß die von einem Rande ausgehenden Polhörner alle nord-, die anderen alle südmagnetisch werden. Der Erregerstrom wird über Bürsten und Schleifringe zugeführt.

b) Gleichpoltype (Induktormaschinen). Die gleichnamigen Polhörner des Induktors J

bleiben hier an jeder Seite stehen. Die Er-
regerwicklung (F) liegt fest im Gehäuse, nur der
magnetisierte Eisenkörper J wird an den Anker-
windungen (A) vorbeigedreht.

Da bei dieser Maschine sowohl der Erregerstrom als auch der Wechselstrom durch feste
Klemmen zugeführt wird, arbeitet die Maschine
sehr betriebssicher.

Die Induktormaschinen für 500 Perioden
wurden meistens bei den mittelgroßen F.T.-
Stationen verwendet.

Der Erregerstrom wird von einer Gleichstrommaschine G geliefert, die meistens auf
derselben Achse wie die Wechselstrommaschine
läuft. Durch einen vorgeschalteten Regulier-
widerstand W kann die Stärke der Erregung
und damit die Spannung der Wechselstrommaschine reguliert werden.

Zur Gleichrichtung des Wechselstromes werden die Enden der im Magnetfelde sich drehen-
den Drahtschleife zu zwei von einander isolierten
Ringhälften (i und h), dem Kommutator (Ver-
tauscher), geführt. Auf demselben liegen zwei
Kontaktfedern so auf, daß sie im Augenblick des
Stromwechsels (I und III) von einem auf den
andern Halbring übergehen. Verbindet man
die beiden Federn durch einen Draht, so fließt
in demselben ein Strom gleicher Richtung,
dessen Stärke jedoch regelmäßig zu- und abnimmt. Diese Stromschwankungen werden praktisch dadurch ausgeglichen, daß man mehrere sich
kreuzende Drahtschleifen verwendet, deren Enden
zu einem mehrteiligen (z. B. 32 teiligen) Kollektor geführt werden.

Bei den praktischen Ausführungen der Gleichstrommaschine sind die Feldpole in einem
ringförmigen Gehäuse aus Gußeisen angebracht.
Der Anker besteht aus einer zylindrischen
Trommel, die aus einzelnen Blechscheiben zusammengesetzt ist. Die magnetischen Kraftlinien gehen dann in großer Dichte durch den
Anker vom Nord- zum Südpol über. Die fort-

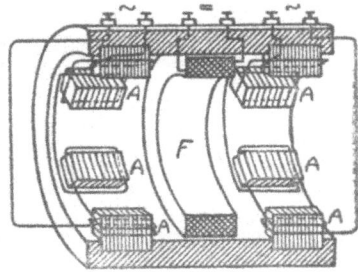

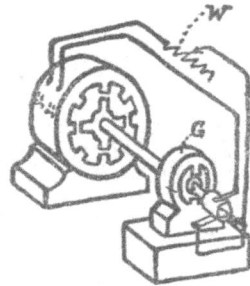

35. Gleichstrommaschine.

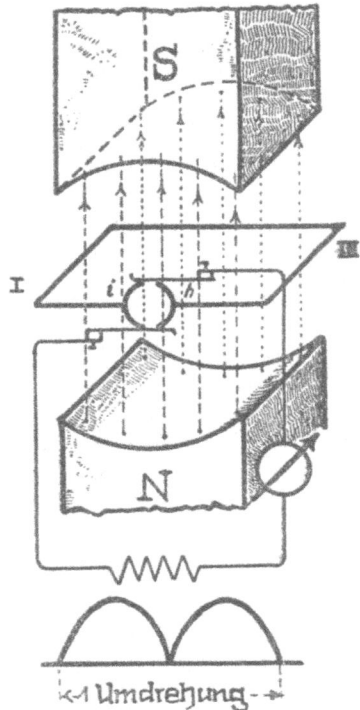

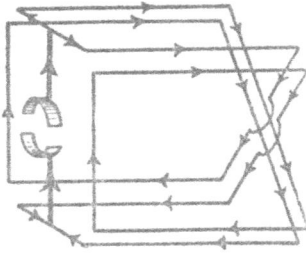

Trommelwicklung.

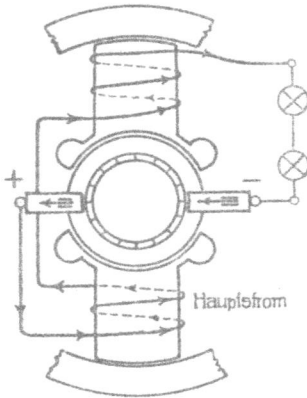

36. Wechselstrom=
transformator
(Spannungswandler).

Kerntransformator.

laufenden Drahtwindungen werden so in die Nuten des Ankers gelegt, daß die induzierte E.M.K. in sämtlichen Windungen sich addiert (sog. Trommelwicklung). Die in der einen Wicklungshälfte induzierte E.M.K. schafft für den Kommutator positive Elektrizität zu der einen Bürste hin, die andere Hälfte schickt stets negative Elektrizität zur anderen Bürste.

Zur Erregung der Feldmagnete führt man den im Anker induzierten Strom durch die Magnetwicklungen. Werden die Feldmagnete das erste Mal durch Elementstrom erregt, so genügt der remanente Magnetismus, um den Vorgang der Stromerzeugung einzuleiten. Bei Drehung des Ankers entsteht zuerst ein ganz schwacher Ankerstrom, der den Magnetismus des Feldes verstärkt. Das verstärkte Feld induziert wieder einen stärkeren Ankerstrom, und so steigt Ursache und Wirkung weiter, bis nach kurzer Zeit die Feldmagnete gesättigt sind (dynamoelektrisches Prinzip von Werner Siemens 1867).

Ebenso wie man den Gleichstrom durch den Funkeninduktor auf höhere Spannung transformiert, kann man auch Wechselströme transformieren. Da sich aber beim Wechselstrom die Stromstärke naturgemäß ständig ändert, ist hier eine Unterbrechungsvorrichtung im primären Stromkreis nicht erforderlich. Man schickt den Wechselstrom in die primäre Spule und entnimmt aus der sekundären Spule den hochgespannten Wechselstrom. Das Transformationsverhältnis der Spannung berechnet sich aus dem Verhältnis der Windungszahlen.

Zur Konzentration der magnetischen Kraftlinien werden die Spulen über einen geschlossenen Eisenkern, der aus einzelnen Blechscheiben mit Isolationszwischenlagern besteht, gebracht.

Je nach der Anordnung der Eisenkerne unterscheidet man Kern= und Manteltransformatoren.

Die bei den mittelgroßen Funkenstationen gebräuchlichen Transformatoren erhöhen die Spannung eines Wechselstromes von 150 bis 250 Volt auf ca. 5000 bis 8000 Volt.

Bei den Lautverstärkern der Empfänger werden kleine Transformatoren mit einem Übersetzungsverhältnis von 1 : 3 bis 1 : 20 verwendet, denen man durch hohe Windungszahlen (primär 5000 bis 20000) einen sehr hohen Ohmschen und induktiven Widerstand erteilt.

Schickt man durch eine Drahtspule mit Eisendrahtbündel (sog. Drosselspule) einen Wechselstrom, so wird die Stromstärke nicht allein durch den Ohmschen Widerstand (W) der Spule, sondern auch durch die elektromotorische Gegenkraft der Selbstinduktion (L) geschwächt. Der Widerstand der Spule erscheint daher für Wechselstrom größer wie für Gleichstrom. Der induktive Widerstand der Spule $R_L$ ist um so größer, je größer die Selbstinduktion L der Spule und je höher die Kreisfrequenz $\omega$ des Wechselstromes ist; er setzt sich mit dem Ohmschen Widerstand (W) des Kreises zu dem sog. scheinbaren Widerstand (R) zusammen, wobei . . . . . . . .

Das Ohmsche Gesetz lautet dann . . . .

Man verwendet derartige Spulen zur Abdrosselung der Spannung des Wechselstromes. Da der Ohmsche Widerstand dieser mit dickem Kupferdraht umwickelten Spulen (sog. Drosselspulen) gering ist, so verbrauchen sie wenig Energie durch Stromwärme. Indessen kommen hiezu noch die sog. Eisenverluste (Hysteresis und Wirbelströme) der Drossel, die aber durch Verwendung von ausgeglühtem Eisen und durch Unterteilung des Kernes klein gehalten werden können. In den sog. Siebkreisen, in denen gleichzeitig Gleich- und Wechselstrom fließt, wirkt die Drosselspule als Ventil, indem sie infolge ihres geringen Ohmschen Widerstandes den Gleichstrom durchläßt, den Wechselstrom aber infolge des hohen induktiven Widerstandes absperrt.

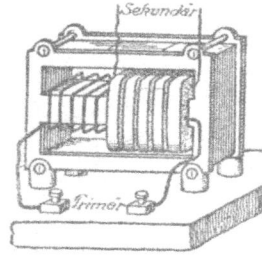

Manteltransformator.

### 37. Selbstinduktion im Wechselstromkreis. Induktiver Widerstand.

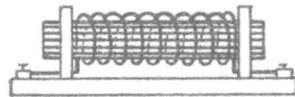

$$R_L = \omega \cdot L$$

Beispiel:

$$W = 1 \ \Omega$$
$$L = 0{,}05 \text{ Henry}$$

dann ist für

$$n = 50, \ R = 15{,}7 \ \Omega$$
$$n = 500, \ R = \ 157 \ \Omega$$

$$R = \sqrt{W^2 + R_L^2}.$$

$$J = \frac{E}{\sqrt{W^2 + (\omega \cdot L)^2}}.$$

I Kern-, II Manteldroffel.

Hierbei ist zu beachten, daß der Eisenkern der Drossel durch den Gleichstrom magnetisch stark belastet und dadurch die Selbstinduktion erheblich verringert wird (vergl. Kurve). Man muß daher die Eisenquerschnitte der Drosseln umso größer wählen, je stärker die Gleichstrombelastung ist. Auch durch Luftspalte kann man erreichen, daß die magnetische Vorbelastung vom Sättigungspunkt möglichst weit entfernt bleibt.

### 38. Kapazität.
Maßeinheit: Farad (F).
1 Mikrofarad ($\mu$F) = $10^{-6}$ F.

$$C = \frac{Q}{V}$$
$$V = \frac{Q}{C}$$

Die Kapazität C oder das elektrische Fassungsvermögen eines Leiters ist gleich dem hauptsächlich von der Größe des Leiters sowie von der Natur des isolierenden Mediums abhängigen Verhältnis der aufgebrachten Elektrizitätsmenge Q und der hierdurch erzeugten Spannung V. Je größer die Kapazität (C) eines Leiters ist, um so geringer wird die durch eine bestimmte Ladung (Q) erzeugte Spannung (V).

Die elektrostatische Einheit der Kapazität besitzt eine Kugel von 1 cm Radius; sie heißt „cm-Kapazität". Die praktische Einheit ist das Farad (genannt nach Faraday); sie entspricht der Kapazität eines Leiters, auf dem die Einheit der Elektrizitätsmenge, das Coulomb, die Spannung von 1 Volt hervorruft.

1 Farad (F)  = $9 \cdot 10^{11}$ cm;
1 Mikrofarad = $9 \cdot 10^{5}$ cm,
0,1  „ ($\mu$F) = $9 \cdot 10^{4}$ = 90 000 cm,
0,01  „  = $9 \cdot 10^{3}$ =  9 000  „
0,001  „  = $9 \cdot 10^{2}$ =  900  „
0,0001 „  = $9 \cdot 10$ =  90  „
0,00001 „  = $9$  =  9  „

Umgekehrt ist:
1 cm = $1,11 \cdot 10^{-12}$ Farad,
  = $1,11 \cdot 10^{-6}$ Mikrofarad.

Für die Praxis sind folgende Umrechnungen in runden Zahlen zu merken:

100 cm = 0,0001 Mikrofarad,
250  „  = 0,0003  „
500  „  = 0,0006  „
800  „  = 0,0009  „

900 „ = 0,001 Mikrofarad
1000 „ = 0,0012 „
2000 „ = 0,0024 „

Kondensatoren benutzt man zur Aufspeicherung großer Elektrizitätsmengen unter Herabdrückung der Spannung. Sie bestehen aus zwei oder mehr durch Luft, Glas, Öl oder Paraffin getrennten Metallplatten, von denen die eine positiv, die andere negativ geladen wird. Die elektrischen Kraftlinien gehen von der positiven Platte direkt zur negativen Platte über. Die Kapazität C eines Plattenkondensators von der Oberfläche O qcm dem Plattenabstand d cm und der Zwischenschicht- oder Dielektrizitätskonstante ε ist:

Die Konstante ε ist für Luft = 1, Hartgummi 2,8 bis 4,2, Glas 3 bis 8, Glimmer 4 bis 8, Porzellan 4,4, Papier 1,8 bis 2,6, Paraffinöl 2 bis 2,3.

Besitzt der Kondensator mehr als zwei Platten, wie z. B. ein Drehplattenkondensator, so ist die Kapazität:

m bedeutet hierin die Zahl der Platten.

Wir wollen nach dieser Formel die Kapazität eines Drehkondensators mit 20 festen und 19 drehbaren, halbkreisförmigen Platten von 4 cm Radius und 1 mm Plattenabstand in Luft berechnen. Es ist:

Wir unterscheiden folgende Formen von Kondensatoren:

a) Leidener Flaschen, bei welchen die Belege aus Stanniol auf der Innen- und Außenseite eines Glasgefäßes angebracht sind. Eine Leidener Flasche von 30 cm Höhe und 10 cm Durchmesser hat ca. 1500 cm Kapazität. Die Leidener Flaschen werden hauptsächlich bei den Funkensendern benutzt.

b) Papierkondensatoren, die aus Stanniolblättern bestehen, welche durch geöltes oder paraffiniertes Papier voneinander getrennt sind. Vielfach werden die Papierkondensatoren auch aus Bändern von Stanniol und Papier gewickelt. (Wickelkondensatoren). Papierkondensatoren von

### 39. Kondensatoren.

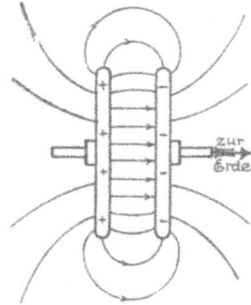

$$C = \frac{\varepsilon \cdot O_{qcm}}{4\,\pi \cdot d_{cm}}.$$

$$C = \frac{\varepsilon\,(m - 1)\,O_{qcm}}{4\,\pi \cdot d_{cm}},$$

$$O = \frac{r^2 \cdot \pi}{2} = 8\,\pi,$$

$$C = \frac{38 \cdot 8 \cdot \pi}{4 \cdot \pi \cdot 0,1} = 760\,\mathrm{cm}.$$

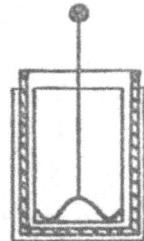

Plattenformen.

Kreisplatten-Kondensatoren,
gerade Kapazitätskurve.

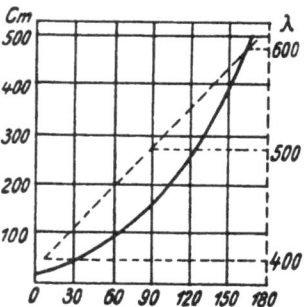

Nierenplatten-Kondensatoren
gerader Wellenlängenkurve.

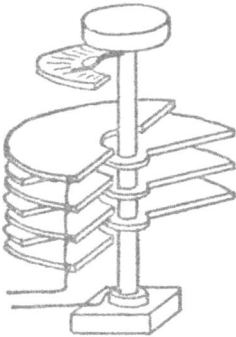

0,5—8 $\mu$F sind vielfach als Blockierungskondensatoren in Gebrauch.

c) Glimmerkondensatoren, bei welchen die Stanniolblätter durch Glimmerscheiben getrennt sind. Sie besitzen große Kapazität bei kleinstem Raumbedarf und Gewicht. Sie werden als Telephonkondensatoren (1000 cm) sowie als Gitterkondensatoren (200 bis 300 cm) bei den Röhrenschaltungen verwendet.

Luftkondensatoren mit feststehenden Platten werden wegen ihrer geringen Hysteresisverluste als Gitterkondensatoren bei Kurzwellenschaltungen vielfach benutzt.

d) Drehplattenkondensatoren. Sie bestehen aus einem System feststehender und einem System an einer Achse drehbarer Messing- oder Aluminiumplatten. Je mehr die beweglichen Platten hineingedreht werden, um so größer wird die Kapazität des Kondensators. Man unterscheidet Kondensatoren mit kreisförmigen und mit nierenförmigen Platten.

Bei den ersteren (c) nimmt die Kapazität ($C_\varphi$) proportional mit dem Drehwinkel ($\varphi$) zu, was sich graphisch durch eine Gerade darstellt. Schaltet man den Kondensator mit einer Spule zu einem Schwingungskreis zusammen, so nimmt die Wellenlänge ($\lambda$) des Kreises nach einer Kurve (nach oben gekrümmte Parabel) mit dem Drehwinkel ($\varphi$) des Kondensators zu. Da die Kurve anfänglich sehr steil verläuft, drängen sich die Wellen im Bereich der kleinen Drehwinkel stärker zusammen, so daß eine scharfe Einstellung dort schwierig ist. Dieser Nachteil wird durch die Nierenform (b) der Platten beseitigt, indem bei dieser die Wellenlänge eines Schwingungskreises geradlinig mit dem Drehwinkel zunimmt; die Kapazität nimmt dann mit dem Quadrat des Winkels ($\varphi$), also nach einer Parabel zu.

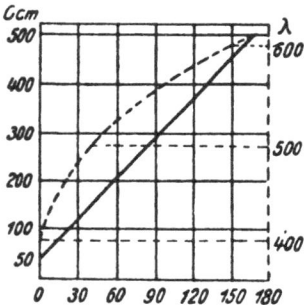

Die Nierenplattenkondensatoren haben noch den Vorteil, daß ihre Anfangskapazität nur etwa 1% — bei Kreisplatten 5 bis 10 % — der Endkapazität beträgt. (Vgl. nebenstehende Kurven.)

Um die Wellen für kleine Drehwinkel noch weiter auseinander zu legen gibt man den Platten eine schlankere Form (a). Die Welleneichkurve bleibt dann keine Gerade mehr, sondern geht in eine nach unten gekrümmte Parabel über.

Infolge der Eigenkapazität der Spulen ändert sich die Eichkurve der Nierenplattenkondensatoren je nach der verwendeten Spule, d. h. die lineare Abhängigkeit der Frequenz vom Drehwinkel $\varphi$ bleibt nicht erhalten. In den neueren Kondensatoren mit logarithmischen Mittellinien als Randkurven ist die Eichkurve für $\lambda$ und n von der verwendeten Spule unabhängig; die Frequenzteilung kann daher direkt an der Drehscheibe des Kondensators angebracht werden. Eine Änderung der Selbstinduktion des Kreises ruft dann nur eine Verschiebung des Anfangspunktes der Skala hervor, der für jede Spule am feststehenden Teile des Kondensators markiert wird.

a) Parallelschaltung. Die Oberflächen der Belege addieren sich, die Kapazität wird vergrößert. Jeder einzelne Kondensator bleibt durch die volle Spannung belastet.

$$C = C_1 + C_2$$

b) Hintereinanderschaltung. Die Kapazität von zwei (bzw. n) gleich großen, hintereinander geschalteten Kondensatoren ist nur die Hälfte (der n. Teil) der Kapazität eines Kondensators; die Durchschlagsfestigkeit ist dagegen zwei- (bzw. n-mal) so groß, da der einzelne Kondensator nur von der halben (bzw. dem n. Teil) der angelegten Gesamtspannung belastet wird.

Sind die Kondensatoren ($C_1$ und $C_2$) verschieden groß, so berechnet sich die Gesamtkapazität (C) nach der Formel:

$$\frac{1}{C} = \frac{1}{C_1} + \frac{1}{C_2} \quad \text{oder}$$

$$C = \frac{C_1 \cdot C_2}{C_1 + C_2}.$$

40. Schaltung von Kondensatoren.

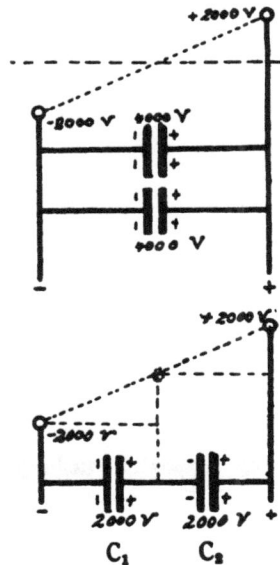

**41. Kapazität im Wechsel-stromkreis.**

**Kapazitiver Widerstand.**

$$R_C = \frac{1}{\omega \cdot C}$$

Beispiel:

$$C = \frac{1}{1000000} \text{ Farad.}$$

für $n = 500$ ist $R = 320\,\Omega$.

„ $n = 50000$ ist $R = 3,2\,\Omega$.

$$R = \sqrt{W^2 + R_C^2}.$$

Schaltet man in einen Wechselstrom-kreis einen Kondensator ein, so wird derselbe durch den Wechselstrom ständig geladen und umgeladen. Es fließt daher zwischen der Maschine und den Belegen des Kondensators Elektrizität hin und her, die z. B. ein Hitzdraht-amperemeter erregen kann. Die angezeigte Stromstärke ist um so größer, je größer die Kapazität des Kondensators ist.

Der Kondensator ist daher für Wechsel-strom scheinbar durchlässig. Dabei bietet der Kondensator dem Wechselstrom, infolge der Stauungen der Elektrizität im Kondensator, einen sog. kapazitiven Widerstand $R_C$, der um so kleiner ist, je größer die Kapazität C des Konden-sators und je höher die Kreisfrequenz $\omega = 2\pi n$ des Wechselstromes ist.

Hochfrequente Wechselströme gehen daher durch einen Kondensator fast ungehemmt hindurch. Der kapazitive Widerstand $R_C$ setzt sich mit dem Ohmschen Widerstand W zu dem sog. schein-baren Widerstand R zusammen nach der Formel:

Das Ohmsche Gesetz lautet dann:

$$J = \frac{E}{\sqrt{W^2 + \left(\frac{1}{\omega \cdot C}\right)^2}}.$$

Bei Schaltungen, in denen Gleich- und Wechselstrom in Verbindung stehen, kann durch einen Kondensator dem Gleichstrom der Weg versperrt werden, während der hochfrequente Wechselstrom übergehen kann. So gehen z. B. beim Telephonkondensator die Hochfrequenz-schwingungen durch den Kondensator, der Gleich-strom durch das Telephon.

**42. Kapazitätsmessung.**

Da die Kapazität, wenn sie vom Wechsel-strom durchflossen ist, einen bestimmten, von der Größe der Kapazität abhängigen, scheinbaren Widerstand $\frac{1}{\omega \cdot C}$ besitzt, so kann man Kapazi-täten in der Wheatstoneschen Brückenschaltung vergleichen. Man legt die unbekannte Kapazität $C_x$ und die Normalkapazität C in die beiden Brückenzweige; an den Meßdraht AB schließt man eine Wechselstromquelle in Gestalt eines Summers oder Unterbrechers an. Im Brückendraht liegt ein empfindliches Telephon. Die Messung besteht darin, daß man den Kontakt K am Brückendraht solange verschiebt, bis der Ton im Hörer ein Minimum wird.

Es ist dann: . . . . . . . . . . . . .

Anstatt die Einstellung bei festem Vergleichskondensator durch Veränderung des Widerstandsverhältnisses a : b zu bewirken, kann man auch das Widerstandsverhältnis konstant halten und als Vergleichskondensator einen geeichten Drehkondensator verwenden. Man erhält dann die übliche Schaltung der Kapazitätsmeßbrücken.

Das Widerstandsverhältnis kann man durch Vertauschung des Anschlußpunktes zwischen den Widerständen $W_1$, $W_2$, $W_3$ usw. verschieden abstufen und erhält so verschiedene Meßbereiche der Brücke. Aus der Einstellung des Drehkondensators entnimmt man mit Hilfe von Eichkurven die gesuchten Kapazitätswerte.

Eine zweite Meßmethode für Kapazitäten, die man auch für Selbstinduktionen anwenden kann, ist auf S. 59 ff. beschrieben.

a) Selbstinduktion und Kondensator liegen hintereinander. Schließt man eine Selbstinduktion (L) und eine Kapazität (C) an eine Wechselstrommaschine an, so kommt außer dem Ohmschen Widerstand (W) nur die Differenz des induktiven und kapazitiven Widerstandes $\left(\omega L - \frac{1}{\omega C}\right)$ zur Wirkung. Das Ohmsche Gesetz lautet dann: . . . . . . . . . . . .

Wir sehen daraus, daß die Stromstärke (J) einen größten Wert: . . . . . . . . . . . .

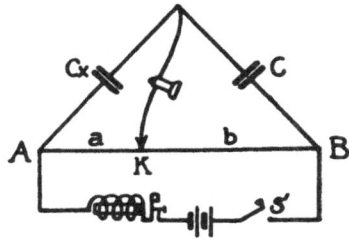

$$\frac{1}{C_x} : \frac{1}{C} = a : b \text{ oder}$$

$$C : C_x = a : b.$$

$$C_x = C \cdot \frac{b}{a}.$$

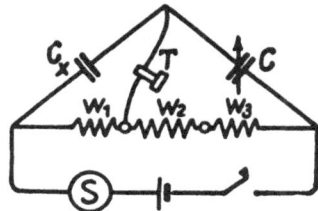

**43. Selbstinduktion und Kapazität im Wechselstromkreis. Resonanzerscheinungen.**

$$J = \frac{E}{\sqrt{W^2 + \left(\omega \cdot L - \frac{1}{\omega \cdot C}\right)^2}}.$$

$$J_{max} = \frac{E}{W}$$

3*

$$\omega \cdot L = \frac{1}{\omega \cdot C} \text{ oder}$$

$$\omega^2 = 4\pi^2 n^2 = \frac{1}{C \cdot L}$$

$$n = \frac{\omega}{2\pi} = \frac{1}{2\pi \sqrt{C \cdot L}}$$

$$T = \frac{1}{n} = 2\pi \sqrt{C \cdot L}.$$

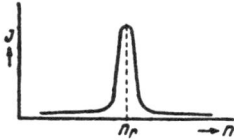

$$i_1 = \frac{E}{\sqrt{W^2 + (\omega L)^2}}$$

$$i_2 = \frac{E}{\omega C}$$

$$J = \frac{E}{\sqrt{\dfrac{W^2 + (\omega L)^2}{\omega^2 L^2 \left(W^2 + \left(\omega L - \dfrac{1}{\omega C}\right)^2\right)}}}$$

$$\omega_k = \frac{1}{LC} - \frac{W^2}{L^2}$$

annimmt, wenn der induktive gleich dem kapazitiven Widerstand ist; also wenn: . . . . . .

Wir erhalten also eine bestimmte Beziehung zwischen der Frequenz (n) bezw. der Periode (T) des Wechselstroms und den Größen C und L. Der rechts stehende Ausdruck $2\pi \sqrt{C \cdot L}$ stellt aber, wie in Nr. 45 ausführlich erläutert ist, die Eigenfrequenz bezw. die Schwingungsdauer des aus C und L zusammengesetzten Schwingungskreises dar. Das Ansteigen der Stromstärke tritt also ein, wenn die Frequenz der aufgedrückten Wechselspannung (n) gleich der Eigenfrequenz des aus C und L zusammengesetzten Kreises ist.

Nach Überschreiten der kritischen Frequenz ($n_r$) fällt die Stromstärke wieder steil ab; wir beobachten eine elektrische Stromresonanz, die sich daraus erklärt, daß im Resonanzpunkte die einander entgegen wirkenden Induktions- und Kapazitätsspannungen sich aufheben.

In der Funkentelegraphie wendet man diese Schaltung an, um aus einem Gemisch von Frequenzen einer bestimmten Frequenz einen besonders bequemen Weg zu bieten (Siebkreis).

b) Selbstinduktion und Kondensator liegen parallel. Diese Schaltung bietet im Gegensatz zur vorigen dem Wechselstrom für eine bestimmte Frequenz einen besonders hohen Scheinwiderstand. Ist die Spannung der Stromquelle E, so beträgt nämlich der über die Selbstinduktion gehende Teilstrom . . . . . . . .

und der über den Kondensator C gehende Teil: Beide Teilströme setzen sich zusammen zu einem Gesamtstrom: . . . . . . . . . .

Der Gesamtstrom J wird bei unveränderten Werten von C und L und kleinem Werte des Ohmschen Widerstandes am kleinsten, wenn: .

Das Abfallen und Wiederansteigen der Stromstärke beim Überschreiten der kritischen Frequenz ($n_r$) erfolgt um so plötzlicher, je höher der kritische Scheinwiderstand ist. Dieser stellt sich dar nach der Formel: . . . . . . . . .

Um also R recht groß werden zu lassen, hat man also L groß, W und C dagegen möglichst klein zu wählen.

Dies ist bei der Konstruktion eines Sperrkreises zur Abhaltung einer bestimmten Frequenz (z. B. des Ortssenders) zu berücksichtigen.

Führt man in die Gleichung für R die Resonanzwellenlänge λ und C ein, so erhält man die Formel: . . . . . . . . . . . .

Für die praktisch nicht zu verwirklichende Annahme W = 0, geht die obige Bedingung für die kritische Frequenz über in: . . . . . . . d. h. die Sperrfrequenz wird gleich der Eigenfrequenz des Kreises. Der Scheinwiderstand wird dann unendlich groß.

Die nur aus einer Selbstinduktion und einer Kapazität zusammengesetzten Sieb- und Sperrkreise genügen nicht immer den hohen Anforderungen der Empfangstechnik. Man geht dann zu den verwickelteren Schaltungen der Kettenleiter über, die aus zwei bis drei hintereinander geschalteten auf verschiedene Frequenzen abgestimmten Gliedern bestehen.

Wir untersuchen ein Glied der Kette (T Form) und unterscheiden:

a) Die Drosselkette, die sich aus zwei gleichen hintereinander geschalteten Drosseln (L) und einer den Kondensator (e) enthaltenden Brücke zusammensetzt.

Zur Vereinfachung der Rechnung nehmen wir an, daß der Ohmsche Widerstand der Schaltung, insbesondere der des Verbrauchers sehr klein ist. Ist die Kreisfrequenz des Wechselstromes ω, so ist der Scheinwiderstand der Gesamtschaltung:

Sind L und C konstant, so hängt R noch von der Kreisfrequenz (ω) des Wechselstromes ab; R wird zweimal gleich Null, nämlich für: . .

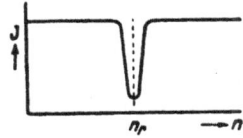

$$R = \frac{L}{WC}$$

$$R = \frac{230000 \cdot \lambda_r^2}{W \cdot C^2}$$

$$\omega_k^2 = \frac{1}{L \cdot C}.$$

### 44. Drossel- und Kondensatorketten.

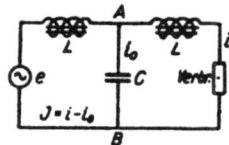

$$R = \omega L (2 - \omega^2 L \cdot C)$$

$$\omega = 0; \text{ und } \omega_k = \sqrt{\frac{2}{L \cdot C}}$$

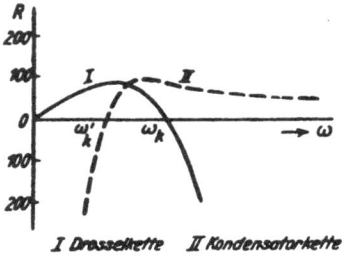

I Drosselkette    II Kondensatorkette

$$\omega_k = \sqrt{\frac{2}{L \cdot C}} < \omega$$

Beispiel:

$$n = 100, \qquad \omega = 628$$
$$\omega_k = 141$$
$$\sqrt{L \cdot C} = \frac{\sqrt{2}}{\omega_k} = \frac{1{,}41}{141} = \frac{1}{100}$$

$$L_H \cdot C_F = \frac{1}{10^4} \text{ oder}$$

$$L_H \, C_{mF} = 100.$$

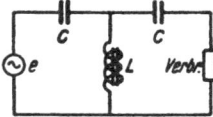

$$R = -\frac{1}{\omega C}\left(1 - \frac{1}{\omega^2 \, L \cdot C}\right)$$

$$\omega_k' = \frac{1}{\sqrt{2 \, L \cdot C}}$$

$$\omega = \sqrt{\frac{3}{2 \, L \cdot C}}$$

Wächst $\omega$ über $\omega_k$ hinaus, so nimmt R dauernd zu (siehe Abb. Kurve I). Die Drosselkette sperrt also die hohen Frequenzen ab, während sie die unterhalb der kritischen Frequenz ($\omega_k$) liegenden Frequenzen nur schwach abdämpft und den Gleichstrom ungeschwächt durchläßt. Man muß also L und C einer Drosselkette so dimensionieren, daß die kritische Frequenz ($\omega_k$) klein gegen die Störfrequenz ($\omega$) wird, also: . . . . . . . .

Wir dimensionieren die Kette für eine etwa fünfmal kleinere kritische Frequenz. . . . . .

Dann ist: . . . . . . . . . . . . . . .

In der Praxis verwendet man zu Drosselketten Kondensatoren von 2—10 mF, woraus sich aus nebenstehender Bedingung für die Drosseln Werte zwischen 50 und 10 Henry ergeben.

b) Die Kondensatorkette enthält in der Hauptleitung zwei hintereinander liegende Kondensatoren C und in der Brücke eine Drossel L. Hier ergibt sich wie oben unter der Annahme W = 0 für den Scheinwiderstand der Schaltung:

Für Gleichstrom ($\omega = 0$ wird R unendlich groß, dagegen wird R gleich Null für: . . .

Den größten Wert erreicht R für: . . . . darüber hinaus nimmt R allmählich wieder ab (vgl. Abb. Kurve II). Die Kondensatorkette sperrt also die niedere Frequenzen und läßt die hohen Frequenzen durch; ihre Wirkung ist also der der Drosselkette gerade entgegengesetzt.

# C. Die elektrischen Schwingungen im geschlossenen und offenen Schwingungskreise. — Die elektrischen Wellen.

Zur Erzeugung der für die Funkentelegraphie erforderlichen Wechselströme hoher Frequenz (z. B. n = 100000) benutzt man den geschlossenen Schwingungskreis. Derselbe besteht aus dem Kondensator C, der Selbstinduktion L und der Funkenstrecke F. Die Funkenstrecke ist an einen Funkeninduktor J angeschlossen, durch welchen der Kondensator so lange aufgeladen wird, bis ein Funke überspringt.

Die Entladung des Kondensators beim Überspringen des Funkens erfolgt durch Schwingungen, die von ähnlicher Natur sind wie die Schwingungen eines Pendels.

Ia) Das auf die Höhe h gehobene Pendel fällt beim Loslassen mit zunehmender Geschwindigkeit in seine tiefste Lage.

Ib) Der auf die Spannung (+ V) aufgeladene Kondensator wird beim Überspringen des Funkens entladen, wobei ein Strom von zunehmender Stärke entsteht.

IIa) Das Pendel kommt in der tiefsten Lage mit größter Geschwindigkeit an und steigt infolge seiner Trägheit auf der andern Seite wieder in die Höhe.

IIb) Der Strom erlangt seine größte Stärke im Moment der Kondensatorentladung und wird durch die Selbstinduktion des Schließungsdrahtes fortgesetzt, wodurch der Kondensator entgegengesetzt (— V) aufgeladen wird.

IIIa) Das auf der Höhe h angelangte Pendel fällt mit zunehmender Geschwindigkeit wieder in seine tiefste Lage zurück.

IIIb) Der entgegengesetzt geladene Kondensator entlädt sich wieder, wobei ein Strom von zunehmender Stärke entsteht.

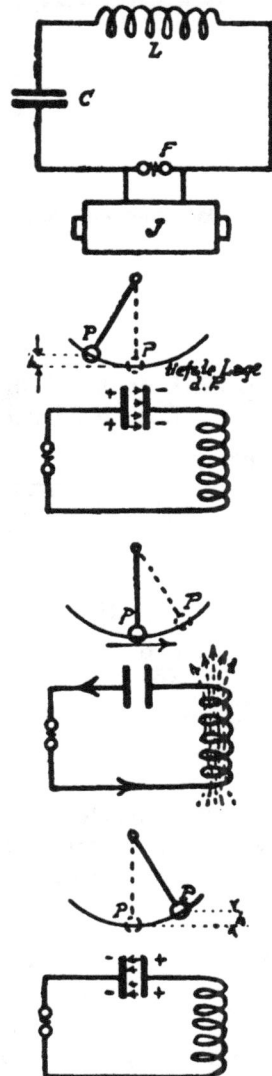

45. Geschlossener Schwingungskreis.

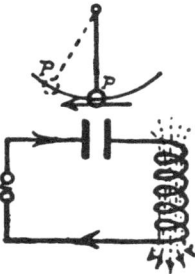

**46. Schwingungsdauer.**

$$T_{sec} = 2\pi\sqrt{C_{Farad} \cdot L_{Henry}}$$

z. B. L = 20 000 cm
C = 1 800 cm

dann ist:

$$T = 2\pi\sqrt{\frac{1800}{9\cdot10^{11}}\cdot\frac{20\,000}{10^9}}$$

$$= 2\pi\sqrt{\frac{36}{9\cdot10^{14}}}$$

$$= \frac{2\pi\cdot6}{3\cdot10^7}$$

$$= 1,25 \; \text{Millionstel Sekunde}$$

**47. Nachweis der elektr. Schwingungen durch B. W. Feddersen 1857.**

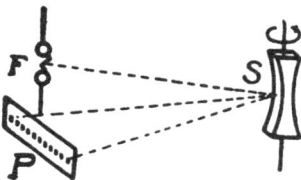

IVa) Das Pendel erreicht seine tiefste Lage mit größter Geschwindigkeit und steigt infolge seiner Trägheit wieder in seine Anfangslage h zurück.

IVb) Der Strom erlangt im Moment der Kondensatorentladung seine größte Stärke und wird durch die Selbstinduktion des Schließungsdrahtes fortgesetzt, wodurch der Kondensator wieder im ursprünglichen Sinne (+ V) aufgeladen wird.

Diesen ganzen Vorgang nennt man eine elektrische Schwingung.

Beim Pendel setzt sich fortwährend das erlangte Fallbestreben in Geschwindigkeit, die Geschwindigkeit wieder in Fallbestreben usw. um. Bei der elektrischen Schwingung setzt sich die Kondensatorladung (elektrisches Kraftfeld) in Strom (magnetisches Kraftfeld), der Strom wieder in Kondensatorladung usw. um.

Die Dauer der Pendelschwingung ist um so größer, je länger das Pendel ist, und zwar wird sie 2-, 3-, 4mal so groß, wenn das Pendel 4-, 9-, 16mal so lang wird.

Die Dauer der elektrischen Schwingungen ist um so größer, je größer die Kapazität und die Selbstinduktion ist, und zwar wird die Schwingungsdauer 2 bzw. 3 mal so groß, wenn die Kapazität oder die Selbstinduktion 4mal bzw. 9mal so groß wird.

Man kann die Schwingungsdauer berechnen aus der Thomsonschen Schwingungsformel.

Hierbei ist C in Farad, L in Henry umzurechnen, T ist dann in Sekunden ausgedrückt.

2π = 6,28 ist der Umfang eines Kreises vom Radius Eins.

Mit dem Zu- und Abnehmen des Stromes nimmt auch die Helligkeit des Funkens stetig zu und ab. Der Helligkeitswechsel geht aber so schnell vor sich, daß man ihn mit bloßem Auge nicht wahrnehmen kann. Photographiert man aber den Funken (F) in einem schnell (etwa 100 Touren pro Sekunde) rotierenden Spiegel (S),

so wird derselbe auf der Platte (P) zu einem
Lichtband auseinandergezogen, das aus einer
Reihe einzelner heller und dunkler Streifen besteht. Aus der Tourenzahl des Spiegels, der
Streifenbreite und dem Wege Funke-Spiegel-
Platte berechnete Feddersen die Schwingungsdauer. Diese ergab sich je nach der Zahl der
verwendeten Leidner Flaschen und Drahtspulen zu ein Zehntausendstel bis ein Hundert-
tausendstel Sekunde.

An die 1. Schwingung schließt sich die 2.,
3., 4. usw. an, bis infolge der Energieverluste
die Schwingungen ganz erlöschen. Wir erhalten
einen Zug an Stärke abnehmender oder gedämpfter Schwingungen.

**48. Dämpfung der Schwingungen.**

Die Dämpfung der Schwingungen erfolgt
stets so, daß das Verhältnis zweier im Abstand
einer Periode aufeinanderfolgender Schwingungsweiten (Amplituden) konstant bleibt.

Es ist also:

$$\frac{J_1}{J_2} = \frac{J_2}{J_3} \cdots = D.$$

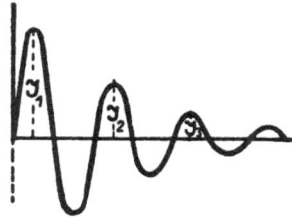

Kennt man dieses Verhältnis, so kann man
das Abnehmen der Schwingungen zeichnen.

Für die Rechnung ist es indessen bequemer,
an Stelle des Amplitudenverhältnisses D seinen
natürlichen Logarithmus zu verwenden; die
Größe: $\log \text{nat} \frac{J_1}{J_2} = d$ heißt dann das log.
Dämpfungsdekrement.

Dasselbe berechnet sich aus W, C und L des
Kreises nach der Formel: . . . . . . . . .

$$d = \pi W \sqrt{\frac{C_{\text{Farad}}}{L_{\text{Henry}}}}$$

In einem Schwingungskreis mit offener
Funkenstrecke beträgt das Dekrement ca. 0,1,
d. h. nach 46 Schwingungen ist die Amplitude
auf $\frac{1}{100}$ ihres Anfangswertes heruntergegangen,
d. h. die Schwingungen sind praktisch erloschen.
In einem Empfangskreis (z. B. Wellenmesser)
ohne Funkenstrecke ist die Dämpfung 0,01, das
Erlöschen findet erst nach 460 Schwingungen statt.

Beim Pendel liegt die Urſache der Dämpfung in der Reibung im Aufhängepunkt ſowie im Luftwiderſtand.

Bei den elektriſchen Schwingungen ſind die Dämpfungsurſachen:

1. Die Stromwärme in ſämtlichen Leitungsſtellen, welche Ohmſchen Widerſtand bieten.

In den Sendern wird durch Verwendung von breiten Kupferbändern oder verſilberten Kupferröhren zu den Selbſtinduktionsſpiralen der Widerſtand verringert.

2. Die Funkendämpfung durch Erwärmung der Elektroden ſowie der Luft der Funkenſtrecke; dieſelbe iſt bei ganz kleinen ($^1/_8$ mm) und großen (5—10 mm) Funken ſehr beträchtlich; ſie ſtellt die Hauptdämpfungsurſache des Schwingungskreiſes dar.

3. Verluſte in den Iſolationsmaterialien des Kondenſators.

4. Das Sprühen der Elektrizität an den Kanten des Schwingungskreiſes. Spitzen und Kanten ſind daher zu vermeiden.

5. Die Verluſte durch Wirbelſtröme, die in allen benachbarten Metallteilen induziert werden und ſich in Wärme verwandeln. Die Anordnung des Schwingungskreiſes iſt daher ſo zu treffen, daß größere Metallmaſſen von den Kraftfeldern des Kreiſes nicht geſchnitten werden.

6. Die Strahlungsdämpfung durch Ausſtrahlung von elektriſchen Wellen. Dieſelbe iſt beim geſchloſſenen Schwingungskreis unbedeutend, bildet dagegen beim offenen Kreis die hauptſächlichſte Dämpfungsurſache.

Die Meſſung der Dämpfung erfolgt aus der Reſonanzkurve (vgl. S. 54).

Die Energieverluſte und damit die Dämpfung eines ſchwingenden Syſtems können ſo groß ſein, daß ſchon innerhalb des erſten Viertels der Schwingung die ganze Energie in Wärme verwandelt wird. In dieſem Falle können keine Schwingungen entſtehen; der Energieausgleich erfolgt nichtperiodiſch oder aperiodiſch. Ein

49. Aperiodiſche Entladung.

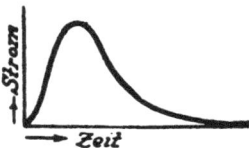

Pendel, welches z. B. in dickem Öl aus seiner Ruhelage gebracht wird, kehrt langsam in seine Ruhelage zurück, ohne über dieselbe hinauszupendeln. Die aperiodische Entladung tritt im Schwingungskreis ein, wenn der Ohmsche Widerstand des Kreises $W > 2\sqrt{\dfrac{L}{C}}$ ist.

Solange die Schwingungen eines Zuges dauern, ist der Kreis durch den Funken geschlossen. Kühlt sich der Funke bei abnehmender Stromstärke unter einen gewissen Wert ab, so verliert die Funkenbahn ihr Leitvermögen, die Schwingungen hören auf. Während der Schwingungskreis unterbrochen ist, wird der Kondensator von neuem geladen, bis die Spannung zu einem neuen Funkenübergang ausreicht, der wieder eine gedämpfte Schwingungsserie auslöst. Drückt man 1 Sekunde lang die Taste des Induktors und gehen in dieser Zeit 50 Funken über, so erhalten wir 50 gedämpfte Schwingungszüge. Ist z. B. die Schwingungsdauer T $= 1{,}25 \cdot 10^{-6}$ Sek. und erlischt der Schwingungszug nach 16 Schwingungen, so dauert 1 Serie:

$$\frac{16 \times 1{,}25}{1000000}\ \text{Sek.} = \frac{20}{1000000}\ \text{Sek.},$$

50 Züge dauern: $\dfrac{50 \cdot 20}{1000000} = \dfrac{1}{1000}$ Sek.

Wir müssen also den Schwingungskreis $\dfrac{999}{1000}$ Sek. lang laden, damit er $\dfrac{1}{1000}$ Sek. lang schwingt.

Die langsame Funkenfolge bedingt also eine schlechte Nutzwirkung. Durch besonders konstruierte Funkenstrecken (vgl. S. 78) ist es möglich geworden, die Funkenzahl auf 1000 bis 2000 pro Sekunde zu erhöhen.

Die Fernwirkung des geschlossenen Schwingungskreises ist sehr gering und läßt sich nur in der nächsten Umgebung des Kreises nachweisen. Die Gründe hierfür sind:

1. Die elektrischen Kraftlinien gehen zwischen den Platten des Kondensators unmittelbar über und können nicht in den Raum austreten.

50. Funkenzahl.

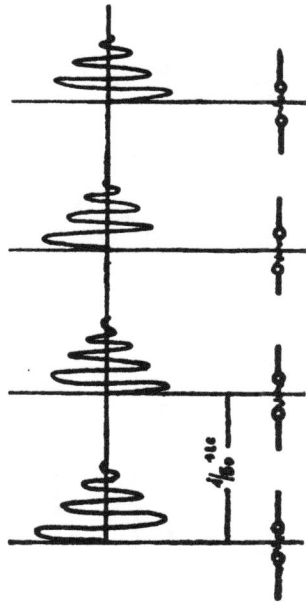

51. Strahlung des geschlossenen Schwingungskreises.

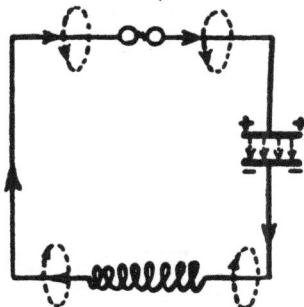

52. Offener Schwingungs-
kreis.
Der Hertzsche Sender.

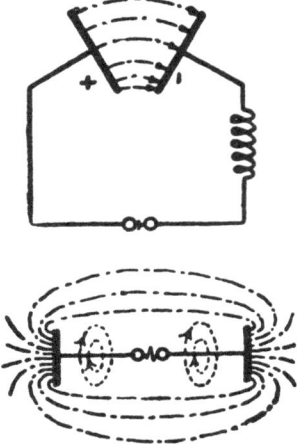

52. Offener Schwingungs-
kreis.
Der Hertzsche Sender.

53. Entdeckung der elek-
trischen Wellen durch
Heinrich Hertz 1886—89.

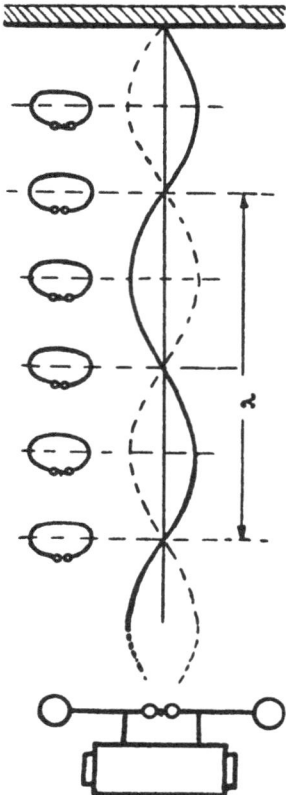

2. Die magnetischen Kraftfelder in zwei gegenüberliegenden Leitungsdrähten des Kreises sind entgegengesetzt gerichtet und heben sich in ihrer Fernwirkung auf.

Das Strahlungsvermögen des geschlossenen Schwingungskreises wird erhöht, sobald man die Kondensatorplatten voneinander trennt. Je weiter man die Platten entfernt, um so größer wird die Streuung der Kraftlinien und damit die Fernwirkung des Schwingungskreises. Im extremen Fall erhalten wir den offenen Schwingungskreis oder Wellensender, der aus einer Funkenstrecke mit zwei geraden, an den Enden mit Kapazitätsplatten versehenen Drähten besteht. Dieses System strahlt kräftig in den Raum, denn die elektrischen Kraftlinien können sich weit im Raume ausbreiten, die magnetischen Kraftlinien sind in allen Teilen der Leitung gleichgerichtet und verstärken sich in ihrer Fernwirkung.

Der Wellensender wurde mit einem Funkeninduktor verbunden. Als Empfänger für die Wellen verwendete Hertz einen Draht, der zu einem Ringe so weit zusammengebogen war, daß die Enden nur noch durch einen kleinen Abstand von ca. $^{1}/_{5}$ mm getrennt waren. Der Ring wurde an zwei isolierenden Griffen aus Siegellack gehalten. Brachte man diesen Drahtring (Resonator) dem arbeitenden Sender in einiger Entfernung gegenüber, so zeigte sich die durch den Raum übertragene Energie durch kleine Fünkchen zwischen den Enden des Ringes an.

Um nun die Länge der von dem Sender ausgehenden Wellen messen zu können, erzeugte Hertz stehende elektrische Wellen im Raume. Gegenüber dem Sender wurde in etwa 13 m Entfernung eine große Zinkwand angebracht, die zur Erde abgeleitet war. Während der Sender Wellen aussandte, tastete Hertz mit dem Drahtring das Feld ab. Dabei fand er in gleichen Abständen von etwa 2 m Punkte, an denen keine Fünkchen auftraten, es waren dies die Knotenpunkte. Dazwischen waren Punkte, wo besonders kräf-

tige Fünkchen auftraten, es waren die Schwin-
gungsbäuche. Damit waren stehende elektrische Wellen im Raum nachgewiesen. Die
Länge der Wellen war gleich dem doppelten
Abstand zweier aufeinanderfolgender Knoten,
also im vorliegenden Fall gleich 4 m.

Die in der Umgebung eines offenen Senders
entstehenden elektrischen und magnetischen Kraftfelder verschwinden bei ihrem Zusammenbrechen
im Raume nicht vollständig, sondern es schnürt
sich stets ein Teil der Kraftlinien ab und breitet
sich als Kraftwirbel im Raume aus. Die Abschnürung und Fortpflanzung der elektrischen
Kraftwirbel geht in folgenden 4 Phasen vor sich:

1. Viertel. Der Sender ist von einem
elektrischen Kraftfeld umgeben. Beim Übergehen
des Funkens ziehen sich die Kraftlinien zusammen,
es schnüren sich geschlossene Kraftlinienringe ab.

2. Viertel. Der Sender ist entladen; der
erste Kraftwirbel hat sich abgelöst. Während der
Sender sich umgekehrt auflädt, baut sich ein dem
ersten entgegengesetztes elektrisches Kraftfeld auf.

3. Viertel. Das elektrische Kraftfeld hat
seine größte Ausdehnung und zieht sich unter
Abschnürung eines zweiten Kraftwirbels zusammen. Der erste Kraftwirbel hat sich vergrößert und vom Sender weiter entfernt.

4. Viertel. Der Sender ist wiederum entladen; der zweite Kraftwirbel hat sich vollkommen
abgelöst. Der Abstand zwischen den Mitten zweier
aufeinanderfolgender Kraftwirbel ist die halbe
Wellenlänge $\left(\frac{\lambda}{2}\right)$. Während der Sender sich auflädt, baut sich das elektrische Kraftfeld im ur-
sprünglichen Sinne wieder auf.

Schwingt der Sender weiter, so lösen sich
weitere Wirbel elektrischer Kraftlinien ab, die
sich im Raume mit Lichtgeschwindigkeit (300000
km pro Sek.) fortpflanzen und die elektrischen Wellen bilden. Neben den elektrischen
Kraftwirbeln pflanzen sich in Zylinderflächen die

54. Ausbreitung der elek-
trischen Wellen im
Raume.

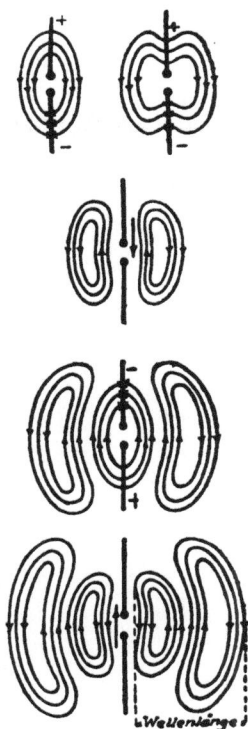

Wellenlänge

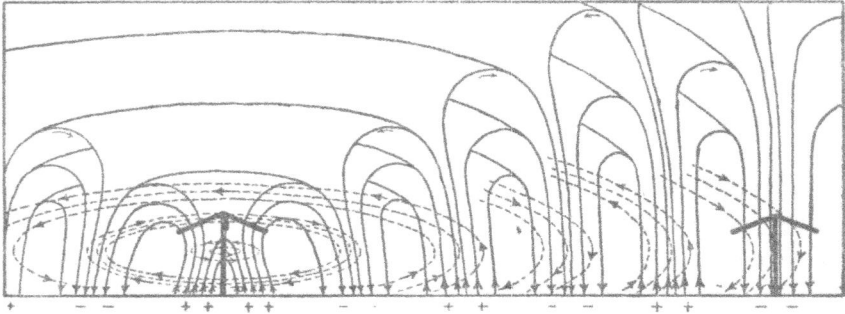

← Wellenlänge →
Die von einer Antenne ausgehenden Oberflächenwellen.
(Elektrische und magnetische Kraftfelder.)

**55. Raum- und Oberflächen-wellen.**

magnetischen Kraftlinien fort, die zu den elektrischen Kraftlinien senkrecht stehen.

Die elektrischen Kraftlinien können sich nur dann als geschlossene Wirbel (vgl. Nr. 54) ausbilden, wenn die Schwingungen von einem in großer Höhe, z. B. an einem Luftschiff, angebrachten gestreckten Sender, einem sog. Dipol, ausgehen. Sie pflanzen sich dann als sog. Raumwellen fort. Bei einer in der Grundschwingung erregten geerdeten Antenne kann sich nur die obere Hälfte der elektrischen Kraftlinienwirbel ausbilden, die sich dann auf die leitende Erdoberfläche stützt und von dieser fortgeleitet wird (Oberflächenwellen). Neben den Oberflächenwellen sendet eine geerdete Antenne aber auch Raumwellen aus. Man kann die Raumstrahlung besonders kräftig ausbilden, wenn man die Antenne in der ersten, zweiten oder in einer höheren Oberschwingung (vgl. S. 48) erregt. Es geht dann nur ein kleiner Teil der Energie mit der Oberflächenwelle fort, der größere Teil strahlt als Raumwelle in schräger Richtung in den Raum. Über die verschiedene Absorption und Fernwirkung der Raum- und Oberflächenwellen vgl. S. 77 ff.

**56. Schwingungsdauer und Wellenlänge.**

Zwischen der Schwingungsdauer $T$ und der durch die Schwingungen erregten Welle $\lambda$ besteht die Beziehung, daß die Wellen um so länger werden, je langsamer die Schwingungen vor sich gehen.

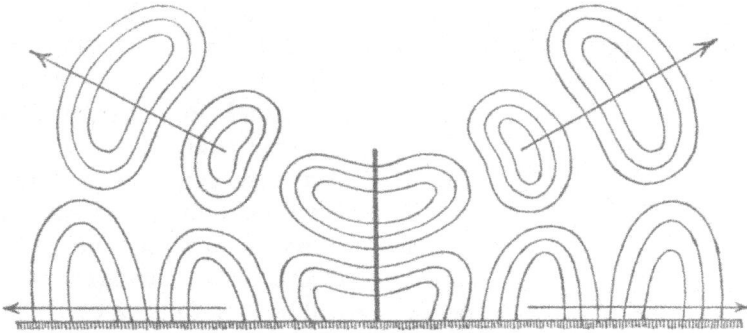

Die von einer in der 3. Harmonischen erregten Anntenne ausgehenden Oberflächen- und Raumwellen.
(Elektrische Kraftfelder.)

c ist die konstante Fortpflanzungsgeschwindigkeit der Wellenbewegung.

$$\lambda = c \times T$$

Ebenso wie die Schwingungsdauer T läßt sich auch die Wellenlänge λ aus der Kapazität C und der Selbstinduktion L des Schwingungskreises nach der Formel berechnen . . . . . . L und C sind in dieser Formel in cm-Einheiten zu messen, λ ergibt sich dann gleichfalls in cm. Gewöhnlich wird λ in Metern gemessen; berücksichtigt man dies, so heißt die Formel:

$$\lambda_{cm} = 2\pi\sqrt{C_{cm} \cdot L_{cm}}$$

$$\lambda_{m} = \frac{2\pi}{100}\sqrt{C_{cm} \cdot L_{cm}}.$$

Die Beziehung zwischen λ und T hat Hertz dazu benutzt, um die Geschwindigkeit der elektrischen Wellen c zu berechnen; Zur Erzeugung von Wellen von 4 m Länge war ein Oscillator erforderlich, dessen Schwingungsdauer sich auf ¹/₇₅ Millionstel Sek. berechnete. Hieraus folgt: . . . . . . . . . . . . . . . . . .

**57. Geschwindigkeit der elektrischen Wellen.**

Es ist dies die gleiche Geschwindigkeit, mit der sich auch die Lichtwellen im freien Raum fortpflanzen. Damit war bewiesen, daß die Lichtwellen wesensgleich sind mit den elektrischen Wellen. Sie unterscheiden sich nur durch ihre Länge, indem nämlich die für unser Auge als Licht und Farbe wahrnehmbaren elektrischen Wellen nur 4—7 Zehntausendstel Millimeter lang sind, wogegen in der Funkentelegraphie Wellen bis zu 30 km Länge verwendet werden.

$$c = \frac{\lambda}{T} = \frac{4\,m}{\dfrac{1}{75\,000\,000}}\ Sek$$

$$= 300\,000\,000\,\frac{m}{Sek} =$$

$$= 300\,000\,\frac{km}{Sek}$$

**58. Grund- und Ober-schwingungen des gestreckten Senders.**

$$\lambda = 4 \times l$$

**59. Verteilung der Strom-stärke und Spannung im offenen Sender.**

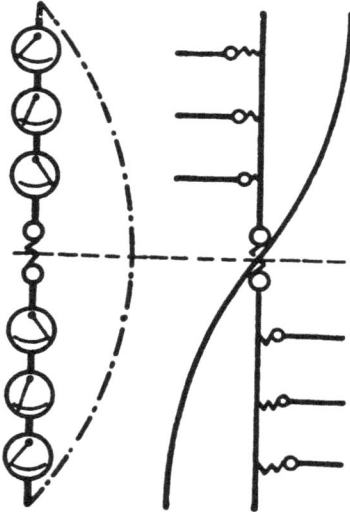

**60. Verlängerung der Grund-welle durch Endkapazitäten.**

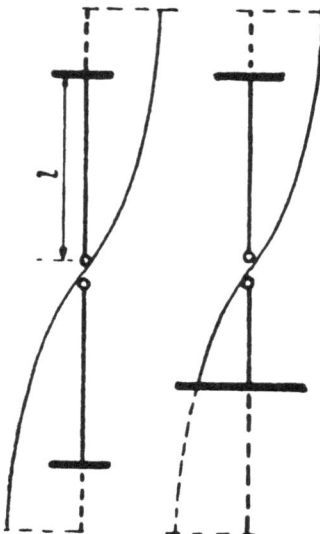

Für einen gestreckten Sender, der aus zwei geraden Drähten ohne verstärkte Endkapa-zitäten besteht, ist die Wellenlänge der Grund-schwingung viermal so groß wie die Sender-hälfte l. Bei einer Senderhälfte von 25 m werden daher Wellen von 100 m Länge ausgesendet.

Liegt die Schwingungserregung nicht in der Mitte des Senders, so können neben der Grund-schwingung auch Oberschwingungen auftreten, deren Wellenlänge nach dem Gesetze 2 l, $^4/_3$ l, l, $^4/_5$ l usw. abnimmt.

Während im geschlossenen Schwingungskreis die mittlere Stromstärke an allen Stellen den gleichen Wert besitzt, ist sie im offenen Sender an verschiedenen Punkten verschieden groß.

In der Nähe der Funkenstrecke ist nämlich der Strom am größten (Strombauch), nach den Enden zu nimmt die Stromstärke allmäh-lich ab und wird an den Enden selbst gleich Null (Stromknoten). Von dieser Stromverteilung kann man sich überzeugen, wenn man an ver-schiedenen Stellen eines horizontal ausgespannten Senders ein Hitzdrahtamperemeter einschaltet.

Die Spannung verteilt sich umgekehrt; an den Enden liegen die Spannungsbäuche. Dort kann man die größten Funken ziehen. In der Mitte liegt der Spannungsknoten. Die Strom- und Spannungsverteilung im offenen Sender ent-spricht daher einer stehenden elektrischen Welle.

Bringt man an den beiden Enden des Sen-ders Platten oder Kugeln von großer Ka-pazität an, so wird die Schwingung verlangsamt und die Welle länger als 4 l.

Sind die beiden Endkapazitäten gleich groß, so bleibt der Spannungsknoten in der Mitte. Rückt man eine Kapazität näher an die Funken-strecke heran, so muß man sie entsprechend ver-größern, damit der Spannungsknoten in der Funkenstrecke bleibt. Befindet sich schließlich die Kapazität ganz nahe an der Funkenstrecke, so muß die Kapazität sehr groß gemacht werden, damit die Grundschwingung der oberen Senderhälfte bestehen bleibt. Als solche große Kapazität kann z. B. der gutleitende Erdboden oder ein isoliertes, über dem Erdboden gespanntes Drahtnetz (sog. Gegengewicht) dienen. Man kann also die eine Hälfte des offenen Senders durch eine Erdung ersetzen, ohne daß sich dabei die Grundschwingung des Senders ändert. (Anwendung bei der geerdeten Antenne.)

Schaltet man einen Kondensator C in der Nähe der Funkenstrecke eines offenen Senders ein, so wird die Gesamtkapazität verkleinert, die Wellenlänge also verkürzt. Die Verringerung der Kapazität erklärt sich daraus, daß nunmehr zwei Kondensatoren hintereinander geschaltet sind, nämlich der Kondensator Luftdraht—Erde und der eingeschaltete Kondensator $C_1$ (vgl. Formel in Nr. 40). (Anwendung bei Schaltung „kurz" des Hörempfängers.)

Schaltet man in den Strombauch der Antenne eine Selbstinduktionsspule, so wird die Selbstinduktion und damit die Wellenlänge vergrößert.

Die Einschaltung der Spule hat dieselbe Wirkung wie eine Verlängerung des linearen Senders; man nennt diese Spulen daher auch Verlängerungsspulen.

Indessen wird durch die eingeschalteten Spulen das Strahlvermögen des Senders beeinträchtigt, da:

1. die Stromstärke infolge des vergrößerten Ohmschen Widerstandes kleiner wird;
2. die im Strombauch liegende Spule nur eine äußerst geringe Strahlung besitzt;
3. die hauptsächlich in der Spule ansteigende Spannung in der oberen Senderhälfte Anlaß zu Sprüh- und Isolationsverlusten gibt.

Aus diesen Gründen geht man auf der Sendeseite über eine 3- bis 8fache, auf der Empfangsseite über eine 10- bis 15fache Verlängerung der Grundwelle nicht hinaus.

**61. Verkürzungskondensatoren.**

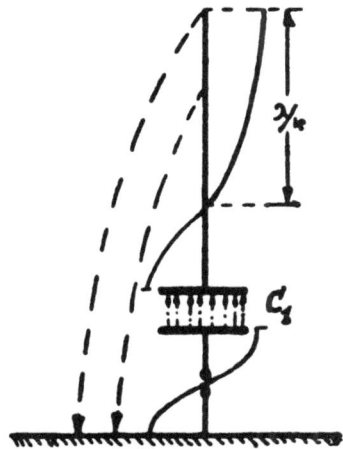

**62. Verlängerungsspulen.**

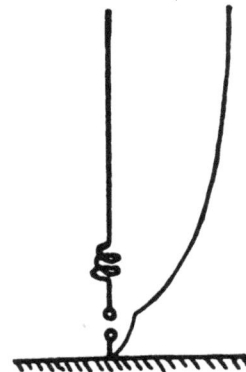

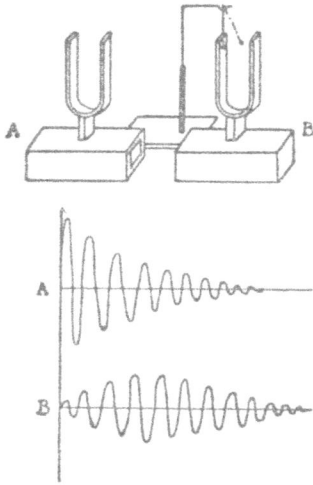

# D. Resonanzerscheinungen.

a) Resonanz zweier auf den gleichen Ton gestimmter Stimmgabeln A und B (lose Koppelung). Schlägt man Stimmgabel A an, so fängt allmählich auch die etwa 2 m entfernte, gleichgestimmte Gabel B an zu schwingen, was durch die Bewegung des Pendelchens sichtbar wird.

Die von A ausgehenden schwachen Stöße pflanzen sich in der Luft fort und treffen auf B. Jeder Stoß erteilt der Stimmgabel eine äußerst geringe Schwingungsbewegung, die einzeln nicht wahrgenommen werden kann. Da aber in der Sekunde einige hundert Stöße genau in dem Takte auftreffen, dem die Stimmgabel B folgen kann, so verstärken sie sich gegenseitig, bis schließlich B in merkliche Bewegung gerät und tönt. Diese Übertragung der Schwingungen nennt man Mittönen oder Resonanz.

Sobald man B verstimmt, z. B. durch Ankleben von Wachs, ist B nicht mehr imstande, im Takte der von A ausgehenden Stöße zu schwingen, es findet keine Summierung der Stöße statt, die Stimmgabel bleibt in Ruhe.

Damit eine kräftige Resonanzwirkung auftritt, müssen die Schwingungen von A möglichst lang anhalten, also schwach gedämpft sein. Die von A nach B übertragene Energie ist so klein, daß kein Rückschwingen von B nach A stattfindet. Eine derartige Einwirkung zweier schwingungsfähiger Systeme bezeichnet man als lose Koppelung.

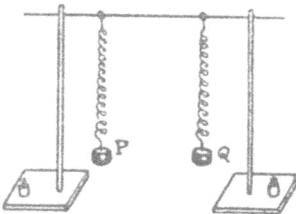

b) Resonanz zweier gleich langer Federpendel P und Q, die an einer Schnur aufgehängt sind (feste Koppelung). Versetzt man P in Schwingung, so fängt allmählich Q an mitzuschwingen, wobei die Schwingungen von

P abnehmen und in dem Moment ganz auf-
hören, in welchem Q seine größte Bewegung
erreicht hat. Von nun an übertragen sich die
Schwingungen von Q wieder auf P zurück, bis
Q zur Ruhe kommt. Die Energie pendelt
zwischen P und Q so lange hin und her, bis die
Schwingungen infolge der Dämpfung erlöschen.
Jedes der beiden Pendel führt dabei Schwebun-
gen, das sind Schwingungen von stetig zu- und
abnehmender Stärke, aus. Man nennt diese
Einwirkung zweier schwingender Systeme enge
Kopplung.

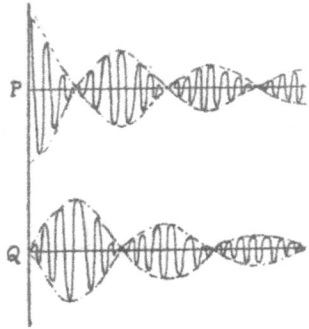

Der Übergang der Bewegung von einem
Pendel zum andern erfolgt um so rascher, je
enger die Koppelung ist, d. h. je näher die Auf-
hängepunkte der Pendel rücken.

c) Zerlegung der Schwebung. Jede
Schwebung kann durch Zusammenwirken zweier
wenig voneinander verschiedener Schwingungen
erzeugt werden, z. B. in der Akustik durch zwei
gegeneinander verstimmte Pfeifen, bei welchen
sich die Schwebung dem Ohr durch ein gleichmäßiges Zu- und Abnehmen der Lautstärke bemerkbar macht. Umgekehrt läßt sich jede Schwebung in zwei voneinander verschiedene einfache
Schwingungen zerlegen, deren Unterschied um
so größer ist, je rascher die Schwebungen folgen.

d) Stoßerregung. Wenn man das Pendel P, nachdem es das erste Mal seine Schwingungsenergie auf Q übertragen hat, festhält,
schwingt Q in seiner Eigenschwingung mit
schwacher Dämpfung weiter. Pendel P dient also
nur dazu, um die Schwingungen von Q anzustoßen.

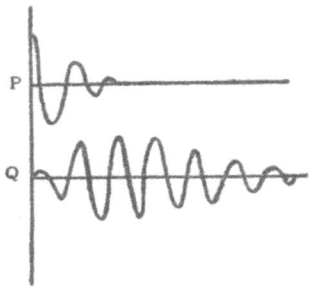

Die Erscheinungen der Resonanz lassen sich
auch bei den elektrischen Schwingungskreisen
hervorrufen. Der primäre Kreis I mit fester
Kapazität $C_1$ und Selbstinduktionsspirale $L_1$
wird durch Funkeninduktor erregt. Der sekundäre Kreis II mit Selbstinduktionsspirale $L_2$
und Drehkondensator $C_2$ besitzt ein Hitzdraht-
amperemeter A zum Anzeigen der aufgenomme-

64. Resonanz elektr.
Schwingungskreise in loser
Kopplung.

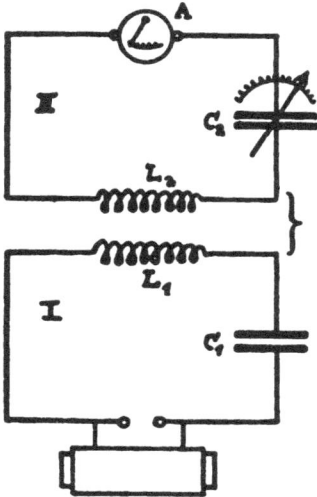

$$T_1 = T_2,$$
oder
$$2\pi\sqrt{C_1 \times L_1} = 2\pi\sqrt{C_2 \times L_2}$$
$$C_1 \times L_1 = C_2 \times L_2$$

**65. Die Kopplung.**

$$K = \frac{L_{12}}{\sqrt{L_1 \cdot L_2}}$$

nen Schwingungsenergie. Die in I erregten Schwingungen übertragen sich durch Induktion von der Selbstinduktionsspirale $L_1$ auf $L_2$ und regen in II Schwingungen an. Diese erzwungenen Schwingungen sind bei beliebiger Einstellung des Kondensators $C_2$ so schwach, daß sie das Amperemeter nicht anzeigen kann.

Macht man aber durch Regulierung des Drehkondensators $C_2$ die Eigenschwingung von II gleich der von I, so summieren sich in II die von I übertragenen Stöße zu einem größten Wert; das Hitzdrahtinstrument zeigt in diesem Moment den größten Ausschlag an (Resonanz). Die Bedingung der elektrischen Resonanz heißt:

Auf Grund derselben läßt sich eine Größe, z. B. $C_2$, ermitteln, wenn die drei übrigen ($C_1$, $L_1$ und $L_2$) bekannt sind.

Die Kopplung, das ist das elektrische Verbindungsglied der beiden in Resonanz befindlichen Systeme, wird in der Funkentelegraphie als induktive, galvanische und kapazitive Kopplung angewandt. Bei der induktiven Kopplung, wie sie im vorigen Versuche angewandt wurde, wirkt die Strombahn des primären Kreises durch Induktion (magnetisches Kraftfeld) auf den sekundären Kreis.

Die induktive Koppelung ist um so fester, je mehr Kraftlinien des Kreises I den Kreis II schneiden und umgekehrt.

Der Kopplungsgrad (K) ist gleich . . . darin ist $L_{12}$ die sog. gegenseitige Induktion, d. i. die Induktion von Kreis I auf Kreis II; $L_1$ und $L_2$ sind die Selbstinduktionen von Kreis I bzw. II.

Die Kopplung wird daher um so enger, je mehr man die beiden Spulen einander nähert und je größer die Zahl der Windungen der Spulen ist.

Sie hängt aber außerdem von den sonst noch im Kreis vorhandenen Selbstinduktionen, die nicht zur Kopplung benutzt werden, ab; je mehr Selbstinduktion man hinzuschaltet, um so loser wird die Kopplung.

Die galvanische Kopplung wird durch direkten Anschluß des Sekundärkreises an zwei Punkte eines in den Primärkreis geschalteten Ohmschen Widerstandes W hergestellt.

Die Übertragung der Energie von Kreis I auf Kreis II wird hier durch die Spannungsunterschiede an den Endpunkten bewirkt. Um letztere möglichst groß und damit die Kopplung möglichst fest zu machen, verwendet man daher hohe Widerstände.

Eine Kombination einer induktiven und galvanischen Kopplung erhält man, wenn man statt des gemeinsamen Widerstandes einen Teil oder die ganze Selbstinduktion $L_1$ des Kreises I zur Kopplung verwendet.

Wenn die ganze Spule des Kreises I eingeschaltet wird, ist die Kopplung am festesten.

Für diesen Fall ergibt sich eine besonders einfache Formel für den Kopplungskoeffizienten.

Es ist dann:. . . . . . . . . . . . .

Aus der Formel sieht man, daß die Kopplung fester wird, wenn man $C_2$ auf Kosten von $L_2$ vergrößert und umgekehrt.

Bei der kapazitiven Kopplung vermitteln die elektrischen Kraftlinien, die in dem beiden Kreisen gemeinsamen Kondensator $C_1$ übergehen, die Wechselwirkung zwischen Primär- und Sekundärkreis. Sie wird um so fester, je kleiner der gemeinsame Kondensator $C_1$ und je größer der Kondensator $C_2$ in Kreis II ist.

Der Wellenmesser ist ein aus Selbstinduktion L und Drehkondensator C bestehender Sekundärkreis, der für die einzelnen Stellungen des Kondensators nach Wellenlängen geeicht ist.

Als Anzeigeinstrument für die Resonanz dient ein Hitzdrahtwattmeter (Meßbereich 0,01 bis 0,03 Watt), welches zu einigen Windungen der Selbstinduktion parallel liegt.

Das Prinzip der Wellenmessung beruht auf der Resonanz. Man koppelt den primären Kreis, dessen Welle bestimmt werden soll, lose mit der Selbstinduktionsspule des

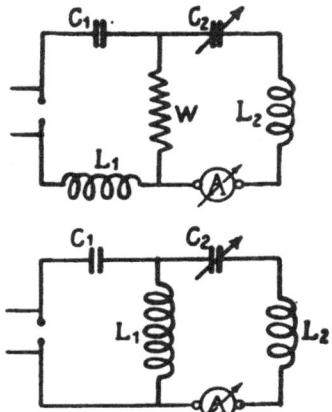

$$L_{1_2} = L_1 \text{ also}$$

$$K = \sqrt{\frac{L_1}{L_2}} \text{ oder da:}$$

$$L_1 \cdot C_1 = L_2 \cdot C_2$$

$$K = \sqrt{\frac{C_2}{C_1}}.$$

Für $C_1 = 25\,000$ cm,
$C_2 = 1\,000$ cm,

folgt $K = \sqrt{\dfrac{1000}{25\,000}} =$

$$= \sqrt{\frac{1}{25}} = \frac{1}{5} \text{ d. i. } 20\,\%.$$

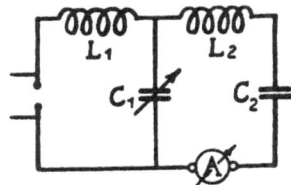

66. Der Wellenmesser.

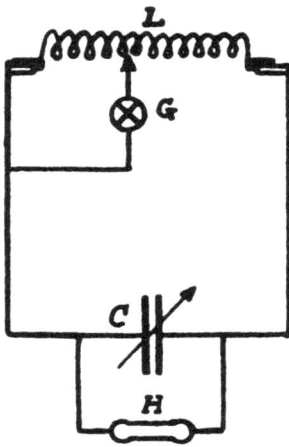

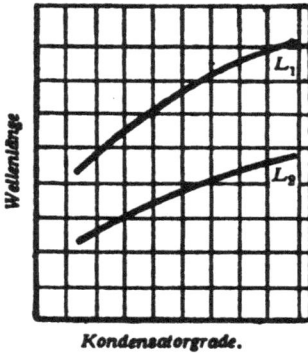

Kondensatorgrade.

Summererregung
des Wellenmessers.

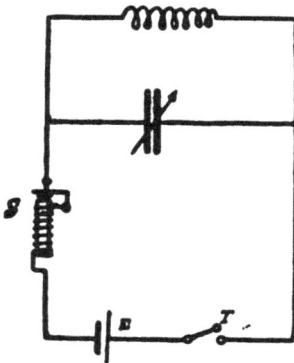

Wellenmessers und bringt durch Drehen des Kondensators beide Kreise in Resonanz, was am größten Ausschlag des Wattmeters erkannt wird. Es ist dann die gesuchte Welle des primären Kreises gleich der an der Eichung des Drehkondensators unmittelbar abzulesenden Welle.

Das Hitzdrahtinstrument kann auch durch ein Glühlämpchen G ersetzt werden; die Resonanzlage wird dann aus dem hellsten Aufleuchten des Lämpchens erkannt. Am Kondensator ist meist ein Heliumröhrchen H angeschaltet, dessen hellstes Aufleuchten das Spannungsmaximum anzeigt.

Durch Auswechslung der Selbstinduktionsspule des Wellenmessers gegen größere bzw. kleinere $L_1$, $L_2$, $L_3$ usw. erhält man verschiedene Meßbereiche. Diese Spulen bzw. die Abzweigpunkte einer einzigen Spule müssen so gewählt sein, daß ungefähr 10% Überlappung eintritt, d. h. daß die Welle, die mit Spule $L_1$ und dem größten Wert des Drehkondensators eingestellt werden kann, 10% größer ist wie die Welle, die sich bei Spule $L_2$ mit dem kleinsten Wert des Kondensators erzielen läßt. Die verschiedenen Wellenskalen werden entweder am Kondensator angeschrieben oder man entnimmt aus einer Kurventafel die zu den verschiedenen Spulen $L_1$, $L_2$, $L_3$ und den abgelesenen Kondensatorgraden gehörigen Wellenlängen.

Schaltet man parallel zum Kondensator des Wellenmessers einen Summer S mit Element E und Taste T, so wird beim Einschalten des Summers der Wellenmesser zum Aussenden schwacher Wellen angeregt. Bei jeder Unterbrechung des Summers wird der Kondensator schwach aufgeladen und entlädt sich über die Selbstinduktionsspule, wobei Wellen von der am Kondensator eingestellten Wellenlänge entstehen.

Durch die vom Wellenmesser ausgestrahlten schwachen Wellen kann man einen zweiten Schwingungskreis erregen. Besteht Resonanz in

beiden Kreifen, fo wird fich die Energie in II
anfammeln ; die Energie ift indeffen fo fchwach,
daß fie durch ein Hitzdrahtinftrument nicht mehr
angezeigt wird. Man muß vielmehr einen
empfindlicheren Stromanzeiger benutzen, nämlich
den aperiodifchen Detektorkreis mit Telephon.

Diefer befteht aus einer Drahtfpule S, einem
Kriftalldetektor D und einem Telephon T.

Der Kriftalldetektor ift das einfachfte Mittel
zum Nachweis elektrifcher Schwingungen; er
befteht aus einer feinen Metallfpitze (s), die
gegen eine Kriftallfläche (b) durch eine Feder (f)
leicht angedrückt wird.

Als Kriftalle für Detektoren find gebräuchlich: Graphit-Bleiglanz, Karborund-Metallfpitze,
Eifenpyrit-Gold, Silizium-Tellur, Rotzinkerz (Pe-
rikon) mit Kupferkies, Kupferkies-Aluminium ufw.

Da die Empfindlichkeit des Detektors in
hohem Maße von der Befchaffenheit der Kriftallfläche abhängt, ift der Stift meift zum Abheben
von der Kriftallfläche und zum Verbringen an
einen andern Punkt derfelben eingerichtet; meift
fitzt der Stift exzentrifch, fo daß auch durch Drehen
der Kriftallpille ein anderer Berührungspunkt
aufgefucht werden kann.

Die Wirkung des Detektors beruht darauf,
daß beim Anlegen einer ftetig zunehmenden
Spannung fich die durchgehende Stromftärke
nicht proportional nach einer Geraden fondern
nach einer gekrümmten Kennlinie ändert. Dabei
zeigt die Kennlinie meift beim Übergang von
negativer zu pofitiver Spannung einen fcharfen
Knick, der den Unterfchied des Detektorwider-
ftandes in den beiden entgegengefetzten Strom-
richtungen verfinnbildet.

Gelangen an den Detektor gedämpfte Wech-
felfpannungen, deren Schwingungsmittelpunkt
am Knick liegt, fo findet eine Gleichrichtung der
Impulfe ftatt. Die gleichgerichteten Hochfre-
quenzftröme einer Schwingungsferie fummie-
ren fich zu einem Gleichftromimpuls, der im-
ftande ift das Telephon zu erregen.

67. Aperiodifcher
Detektorkreis.

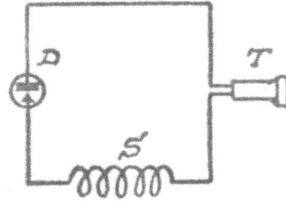

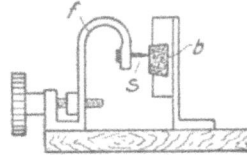

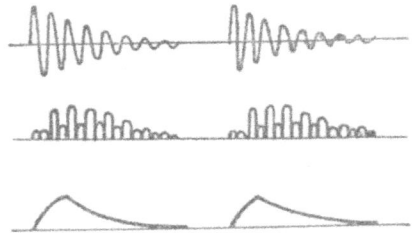

Treffen in der Sekunde 50 Schwingungs-
serien in den Detektorkreis, so gelangen in das
Telephon 50 Stromstöße. Diese rufen 50 Schwingungen der Membrane hervor, welche als
Ton wahrnehmbar sind, während die hochfrequenten Schwingungen (etwa 100000 in der
Sek. bei $\lambda = 3000$ m) in einem angeschalteten
Telephon direkt nicht wahrnehmbar sind. Die
Schwingungsdauer für die höchsten wahrnehmbaren Töne liegt nämlich bei 20000 in der Sek.
Der Detektorkreis spricht auf jede Welle an; er
ist wegen des hohen Widerstandes des Detektors
(500 bis 1000 $\Omega$) nicht abstimmbar, er ist aperiodisch.

Man erregt durch den Wellenmesser in
Summerschaltung I den aus Kapazität und
Selbstinduktion bestehenden sekundären Kreis II
und koppelt durch eine im Kreis II befindliche
Schleife S mit dem Tonprüfer T. Während
man am Telephon horcht, dreht man am Kondensator des Wellenmessers, bis man ein plötz-
liches Anwachsen der Lautstärke vernimmt. Die
Einstellung auf die größte Lautstärke im
Telephon entspricht der Resonanz zwischen I
und II. Die am Wellenmesser abgelesene Welle
ist zugleich die gesuchte Welle des Kreises II.

Wenn man mit dem Wellenmesser die
Welle eines primären Kreises I mißt, so fängt
das Hitzdrahtwattmeter schon vor Erreichung
der Resonanzeinstellung an auszuschlagen. Ebenso nimmt der Ausschlag nach Überschreitung
der Resonanzlage erst allmählich ab. Es beruht
dies auf einer Energieübertragung bei unscharfer
Resonanz. Je näher man an die Stelle der
scharfen Resonanz kommt, um so mehr wird der
Ausschlag des Wattmeters zunehmen.

a) Aufnahme der Resonanzkurve. Bestimmt man für die am Wellenmesser abgelesenen Wellen nahe vor und nach der scharfen
Resonanzlage die zugehörigen Energiewerte ($i^2 w$)
und stellt die Werte graphisch dar, so erhält man
die Resonanzkurve.

68. Wellenmessung eines
sekundären Kreises.

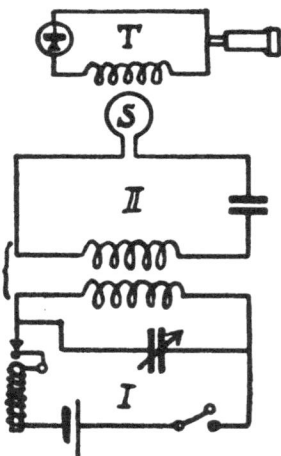

69. Resonanzkurve und
Dämpfungsmessung.

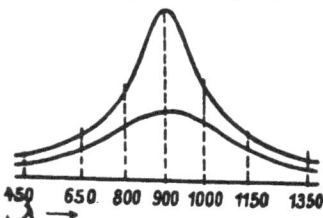

450  650  800  900  1000  1150  1350
· $\lambda$ →

b) **Dämpfungsmeffung.** Der Verlauf der Resonanzkurve hängt wesentlich von den Dämpfungen in beiden Kreisen ab. Je geringer die Dämpfungen sind, um so schärfer hebt sich das Maximum heraus, während bei großer Dämpfung die Resonanzkurve flach verläuft. Man kann daher aus der Resonanzkurve das Dämpfungsdekrement (d) (vgl. 41) ermitteln, wenn dasjenige ($d_w$) des Wellenmeffers bekannt ist.

Man bestimmt hiezu die Werte der Wellen vor und nach der Resonanzlage, für die das Wattmeter nur noch die Hälfte der maximalen Energie anzeigt. Das Dämpfungsdekrement des Schwingungskreises ist dann . . . . . .

a) **Bestimmung der Kopplungswellen.** Ein primärer und sekundärer Schwingungskreis seien zunächst für sich allein auf die gleiche Welle $\lambda$ abgestimmt. Hierauf werden beide durch Nähern der Selbstinduktionsspulen eng gekoppelt. Die Energie schwingt dann zwischen den beiden Kreisen ähnlich wie bei den enggekoppelten Pendeln hin und her; in jedem Kreise treten Schwebungen auf, die sich im Wellenmeffer durch das Auftreten zweier Kopplungswellen $\lambda_1$ und $\lambda_2$ anzeigen. Die Resonanzkurve weist zwei Höcker auf. Die beiden Kopplungswellen unterscheiden sich von der Eigenwelle der Kreise um so mehr, je enger die Kopplung ist. Man kann daher den Kopplungsgrad K (vgl. Nr. 64 auf S. 50) aus dem Unterschied der Kopplungswellen und der Eigenwelle ermitteln. Es ist nämlich . . . . . . . . . .

b) **Die Stoßerregung.** Das Zurückfluten der Energie vom Sekundärkreis in den Primärkreis bei enger Kopplung wird dadurch ermöglicht, daß die Funkenstrecke, auch nach dem Erlöschen des Funkens, infolge der Erhitzung (Jonisierung) der Luft ihre Leitfähigkeit noch kurze Zeit beibehält. Sorgt man aber dafür, daß die Funkenstrecke nach dem Abreißen des Funkens ihre Leitfähigkeit vollkommen verliert (sog. Löschfunkenstrecke), so kann die Energie

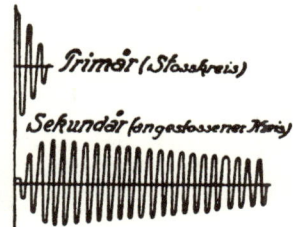

$$d = \pi \times \frac{\lambda_2 - \lambda_1}{\lambda} - d_w.$$

70. **Refonanz elektrischer Schwingungskreise in enger Kopplung.**

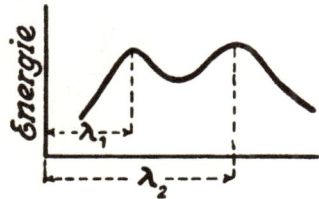

$$K = \frac{\lambda_2 - \lambda_1}{\lambda} \cdot 100\%.$$

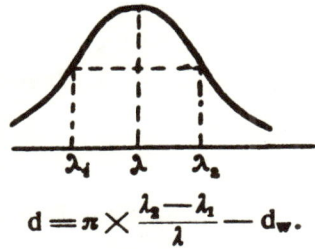

von II nicht mehr nach I zurückschwingen; sie ist vielmehr gezwungen, in der Eigenschwingung des Kreises II auszuschwingen. Kreis I dient dann nur dazu, die Schwingungen in II anzustoßen (Stoßerregung).

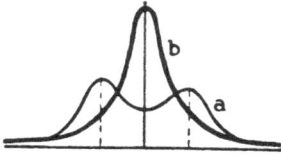

Versuch. Ein Primärkreis (I) mit einer Funkenstrecke von 0,5 mm Länge ist mit einem Sekundärkreis (II) eng gekoppelt. Die Resonanzkurve zeigt zwei Maxima (a). Verkleinert man hierauf die Funkenstrecke auf 0,15 mm, so zeigt die Resonanzkurve nur ein scharf ausgeprägtes Maximum (b) an für die Welle, die der Eigenschwingung von II entspricht.

Man erregt den zu eichenden Wellenmesser mit dem Summer und koppelt lose mit dem Normalwellenmesser, der auf einen Tonprüfer induziert. Hierauf stellt man den Normalwellenmesser durch Drehen am Kondensator von 10 zu 10 Grad auf verschiedene Wellen ein und sucht die Resonanzlage des zu prüfenden Wellenmessers, die man durch das stärkste Summergeräusch im Telephon erkennt. Um die Eichkurve zu erhalten, trägt man die zu den verschiedenen Wellenlängen des Normalwellenmessers gehörigen Einstellungen (a) des zu eichenden Wellenmessers in Koordinatenpapier ein.

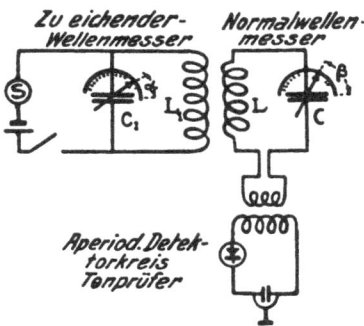

Falls die Dämpfung des zu prüfenden Wellenmessers sehr groß sein sollte, ist die Summererregung nicht ausreichend. Man muß dann beide Wellenmesser gleichzeitig mit einem auf verschiedene Wellen abstimmbaren Schwingungskreis koppeln, den man durch Funken oder mittels einer Kathodenröhre erregt. Beide Wellenmesser werden mit dem Schwingungskreis in Resonanz gebracht, sie zeigen dann beide die gleiche Welle des Primärkreises an. Verwendet man einen ungedämpften, durch Röhre erregbaren Schwingungskreis (vgl. S. 115 ff.), so ist die Energie meist so stark, daß man ohne besonderen Detektorkreis die Resonanz am Aufleuchten eines Glühlämpchens oder Heliumröhrchens, die an die Wellenmesser angeschaltet sind, erkennen kann.

71. Eichung eines Wellenmessers.

Der Erregerkreis muß natürlich den gleichen Wellenbereich umfassen wie die Wellenmesser.

a) Durch Wellenmessung. Man schaltet unter Verwendung möglichst kurzer und dicker Verbindungsdrähte die gesuchte Kapazität $C_x$ mit einer bekannten Selbstinduktion L, oder die gesuchte Selbstinduktion $L_x$ mit einer Kapazität C

**72. Messung von Kapazität und Selbstinduktion.**

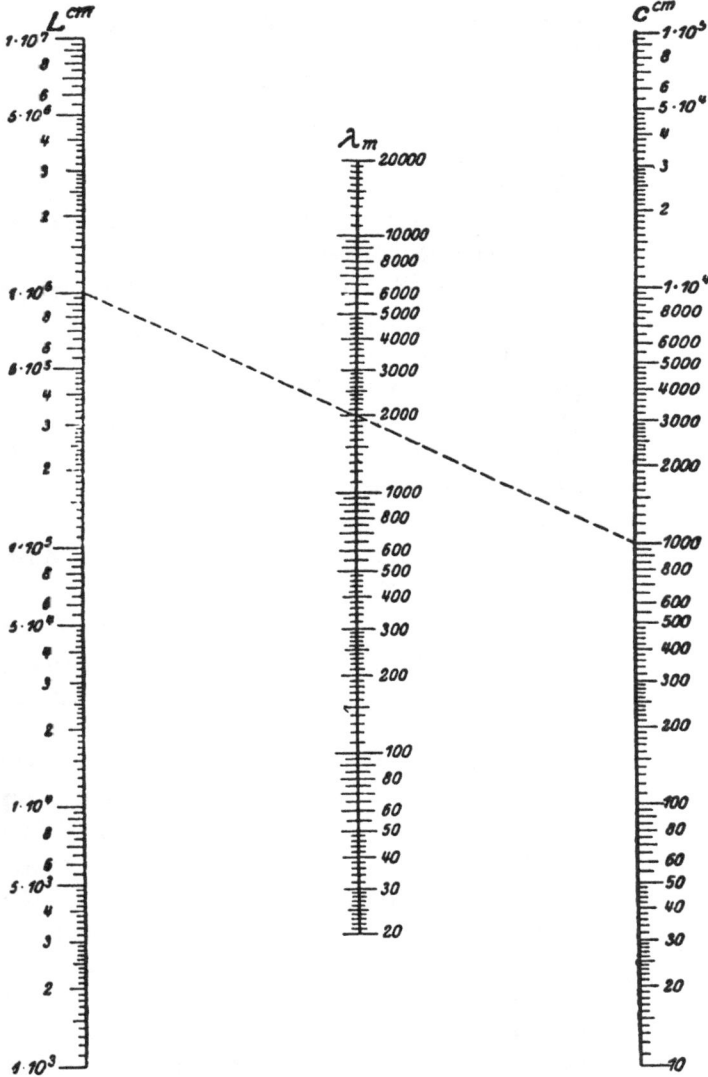

Fluchtentafel zur graphischen Ermittlung des Zusammenhanges von $\lambda_m$, $L_{cm}$ und $C_{cm}$.

zu einem Schwingungskreis zusammen und mißt die Welle $\lambda$.

Bei der Ausführung der Messung achte man darauf, daß die Kopplung zwischen Wellenmesser und Meßkreis sehr lose ist, da sonst durch Rückpendeln der Energie (vgl. Nr. 69a) eine Veränderung der Welle bzw. Zweiwelligkeit auftritt.

Nach nebenstehenden Formeln berechnet man aus $\lambda$ und $L$ den gesuchten Wert für $C_x$, aus $\lambda$ und $C$ den Wert $L_x$.

Aus $\lambda_m = \dfrac{2\pi}{100} \sqrt{L_{cm} \cdot C_{cm}}$ folgt:

$$C_x = 253 \cdot \frac{\lambda^2_m}{L_{cm}}$$

oder:

$$L_x = 253 \cdot \frac{\lambda^2_m}{C_{cm}}.$$

Statt der Formeln kann man sich mit großem Vorteil der vorstehenden Fluchtentafel bedienen. Auf dieser sind die Werte $C_{cm}$, $L_{cm}$ und $\lambda_m$ auf drei parallelen Achsen so aufgetragen, daß drei zusammengehörige Werte der Kapazität, Selbstinduktion und Wellenlänge stets auf einer Geraden liegen. Sucht man also zum Beispiel zu den Werten $\lambda_m = 2\,000$ m und $L_{cm} = 1\,000\,000$ cm den zugehörigen Wert $C_x$, so braucht man nur die den gegebenen Werten von $\lambda$ und $L$ entsprechenden Punkte durch eine Gerade zu verbinden. Wo diese Gerade die C-Achse schneidet, liest man den Wert $C_x = 1\,000$ cm ab. Umgekehrt würde man durch Verbindung der Punkte $\lambda = 2\,000$ m und $C_{cm} = 1\,000$ cm den zugehörigen Wert $L_{cm} = 1\,000\,000$ cm finden.

b) Durch Ersetzen der gesuchten Größe (C oder L) durch eine bekannte, unter Beibehaltung der Welle des Schwingungskreises (Substitutionsmethode).

Besitzt man einen geeichten Drehkondensator und ein geeichtes Variometer, so kann man durch Substitution und ohne jede Rechnung Kapazitäts- und Selbstinduktionswerte ermitteln. Die Welle des Schwingungskreises muß während der Messung konstant gehalten werden, ihre Größe selbst braucht man dagegen nicht zu kennen.

Um die gesuchte und die bekannte Größe (C oder L) im Schwingungskreis möglichst rasch vertauschen zu können, bedient man sich eines doppelpoligen Messerschalters, der nach zwei Seiten schaltbar ist.

Anwendung der Subſtitutionsmethode:

a) **Eichung eines Drehkondenſators ($C_x$) mit Hilfe eines Normaldrehkondenſators ($C_n$).** Man ſchließt die Enden einer Drahtſpule $L_1$ (zirka 20 Windungen auf einer Papprolle von 10 cm Durchmeſſer) an die Mittelklemmen (1 und 2) des Umſchalters. An die Endklemmen (3 und 4) ſchließt man den zu vergleichenden und an die Klemmen (5 und 6) den geeichten Drehkondenſator. Man legt den Schalter zunächſt ſo, daß der Normalkondenſator ($C_n$) mit einem kleinen Werte (z. B. $a^0$) angeſchloſſen iſt, erregt den Meßkreis in loſer Kopplung durch einen Primärkreis (C L) und ſtellt C ſo ein, daß im Tonprüfer T größte Lautſtärke angezeigt wird (Reſonanz). Hierauf legt man den Schalter um und dreht unter Beibehaltung der Einſtellung von C an $C_x$, bis wieder Reſonanz eintritt. Man weiß nun, daß die Kapazität von $C_x$ bei der gefundenen Stellung ($\beta^0$) gleich der von $C_n$ (bei $a^0$) iſt. Indem man nun $C_n$ auf größere Winkel einſtellt und die Meſſung wiederholt, kann man ſchnell den Kondenſator $C_x$ durcheichen. Am bequemſten ſtellt man die gefundenen Werte graphiſch dar. Bei Kondenſatoren mit kreisförmigen Platten erhält man eine Gerade, bei nierenförmigen Platten eine Parabel (ſ. S. 32).

β) **Die Eichung eines Variometers mit Hilfe eines Normalvariometers** läßt ſich in der gleichen Weiſe wie (a) durchführen. Man hat nur in den Meßkreis noch einen feſten Kondenſator zu ſchalten, um auf die Wellen des Primärkreiſes zu kommen.

γ) **Eichung einer Spule mit Hilfe eines Wellenmeſſers und eines geeichten Drehkondenſators.** Man mißt zunächſt die Welle $\lambda$ der aus der Spule L und der Kapazität $C_1$ des Drehkondenſators (Schalter kurz geſchloſſen) zuſammengeſetzten Kreiſes. Hierauf ſchaltet man durch Umlegen des Schalters die unbekannte Spule $L_1$ in den Kreis und dreht den Konden-

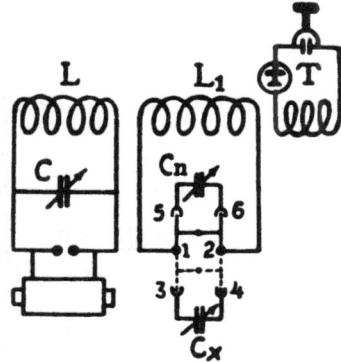

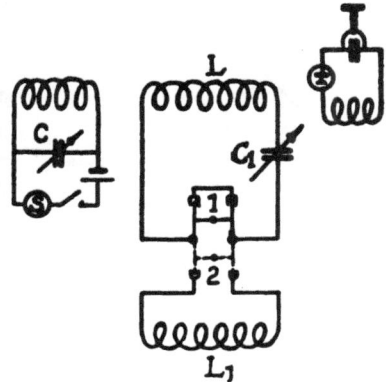

Es iſt im Reſonanzfall:
$$L \cdot C_1 = (L + L_1) C_2,$$
alſo:
$$L_1 = \frac{L (C_1 - C_2)}{C_2}$$
und da:
$$L = \frac{\lambda^2}{4 \pi^2 \cdot C_1}$$
iſt, folgt:
$$L_{1\,cm} = \frac{\lambda^2\,cm}{4 \pi^2} \frac{C_1 - C_2}{C_1 \cdot C_2}\ cm.$$

fator ſo weit zurück, daß er mit dem unveränderten Primärkreis (Welle λ) wieder in Reſonanz ſteht. Es möge dies bei dem Werte $C_2$ des Drehkondenſators eintreten. Aus $C_1$, $C_2$ und λ ergibt ſich dann L aus nebenſtehender Formel, worin alle Größen in cm gemeſſen ſind.

c) **Meſſung der Eigenkapazität von Spulen.** Man ſchaltet die Spule (L) mit einem geeichten Drehkondenſator (C) zuſammen, erregt den Kreis durch einen Wellenmeſſer und lieſt bei verſchiedenen Stellungen von C die zugehörigen Werte λ ab. Stellt man die erhaltenen Werte graphiſch dar und würde die Spule keine Kapazität beſitzen, ſo müßte eine gerade Linie entſtehen, die bei C = 0 durch den Anfangspunkt des Koordinatenſyſtems geht. In der Tat iſt dies nicht der Fall; wenn die Kapazität des Kondenſators Null iſt, iſt nämlich immer noch die Eigenkapazität der Spule vorhanden, die Welle λ iſt noch nicht gleich Null. In der graphiſchen Darſtellung erhalten wir eine gerade, die der früheren parallel iſt, aber nicht durch den Anfangspunkt geht. Sie ſchneidet die horizontale Achſe um ſo mehr links vom Nullpunkt (im Punkte o′), je größer die Eigenkapazität der Spule iſt. Die Strecke oo′ ſtellt die geſuchte Eigenkapazität dar.

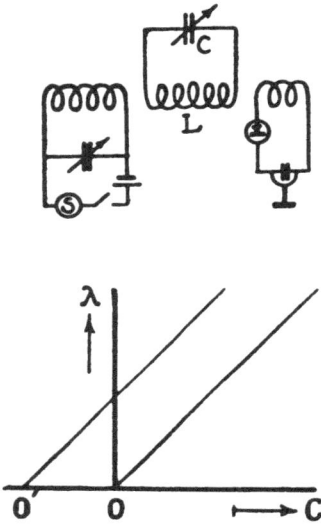

73. Meſſung der Empfindlichkeit eines Telephons.

Unter der Empfindlichkeit eines Telephons verſteht man die kleinſte Stromſtärke, durch welche das Telephon noch zum Anſprechen gebracht wird. Zur Abſchwächung des Telephonſtromes ſchaltet man einen Schiebewiderſtand parallel zum Telephon. Je kleiner dieſer Parallelwiderſtand iſt, deſto weniger Strom geht durch das Telephon; der kleinſte Parallelwiderſtand, bei welchem das Telephon gerade noch anſpricht, gibt daher ein praktiſches Maß für die Empfindlichkeit des Telephons. Zur Ausführung dieſer ſog. Parallelohmmethode bedient man ſich nebenſtehender Schaltung.

Der Wellenmeſſer in Summerſchaltung erregt den Zwiſchenkreis. Dieſer induziert den Detektorkreis mit dem Telephon T, das parallel zum Tele-

phonkondensator an den Schiebewiderstand W angeschlossen ist. Man erregt in loser, aber für alle
Messungen konstant zu haltender Kopplung den
Detektorkreis und schaltet so viel Widerstand (W)
ein, daß der Ton im Telephon verschwindet. —
Die so gefundenen Werte gelten natürlich nur
für die angewendete Schaltung.

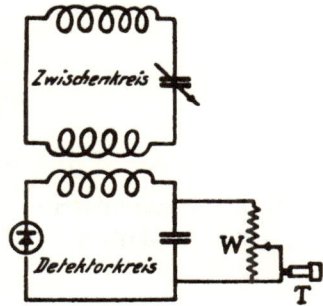

# E. Die Antennen.

**74. Die Antennenformen und ihr Aufbau.**

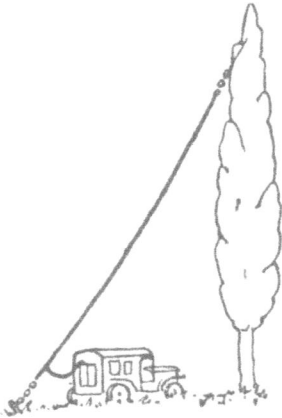

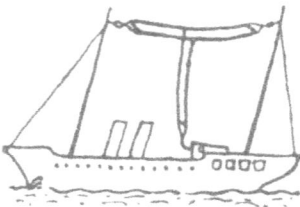

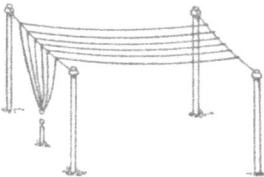

Bei den Anordnungen der drahtlosen Telegraphie gibt man dem offenen Sender zur Erzielung einer möglichst günstigen Fernwirkung eine bedeutende Größe. Man bezeichnet diese Sendedrähte, die isoliert in der Luft ausgespannt werden, als Luftleiter oder Antenne (Antenna = Fühler). Meistens wird nur eine Senderhälfte in der Luft ausgespannt, die andere Hälfte wird durch eine Erdung oder durch ein über dem Erdboden isoliert ausgespanntes Drahtnetz, ein sog. Gegengewicht, ersetzt. In der Praxis haben sich nach und nach die folgenden Hauptformen von Antennen herausgebildet:

a) Die Einfachantenne (Marconi) besteht aus einem in die Höhe geführten Kupferdraht, der an einem Maste, am Gipfel eines Baumes, an einem Turme usw. mit Isolierkette befestigt ist. Sie wird für Flugzeug- und Luftschiffstationen, für Kurzwellensender sowie als behelfsmäßige Empfangsantenne verwendet.

b) Die T-Antenne ist aus zwei oder mehreren zwischen zwei Masten an Isolierketten horizontal gespannten Drähten aufgebaut, die in der Mitte mit den senkrecht nach abwärts führenden Zuführungsdrähten verbunden sind. Sie wird für Land- und hauptsächlich für Schiffsstationen vielfach verwendet und ist zugleich die am häufigsten zum Empfang des Rundfunks benutzte Antennenform.

c) Die L-Antenne stellt eine Abart der T-Antenne dar, bei welcher die Zuführung zu den horizontal gespannten Drähten an dem einen Ende derselben erfolgt. Diese Antenne strahlt besonders kräftig in der dem freien Ende des Drahtes entgegengesetzten Richtung. Sie wird mit nur einem oder zwei horizontalen

Drähten vielfach als Kurzwellen-Sendeantenne und als Empfangsantenne benutzt.

d) Die Schirmantenne wird aus mehreren (3, 6, 12 und mehr) Drähten gebildet, die von der Spitze eines Mastes oder Turmes strahlenförmig schräg nach unten laufen. Die Enden der Drähte sind durch Isolierketten mit den Haltetauen verbunden, die bis zum Erdboden herabreichen und dort verankert oder an Stützmasten befestigt sind. Die an der Mastspitze zusammenlaufenden Drähte sind vom Mast sorgfältig isoliert und unter sich verbunden. Vom Vereinigungspunkt der Antennendrähte geht nach unten der Zuführungsdraht.

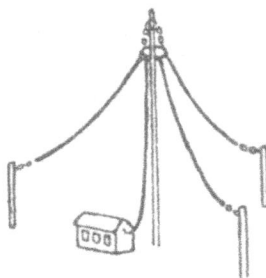

Die Strahlung dieser Antenne ist um so geringer, je weiter die Enden der einzelnen Schirmdrähte zur Erde herabgeführt werden. Die Schirmantenne wird vielfach bei fahrbaren Stationen verwendet, wobei der Aufbau mittels eines ausziehbaren Mastes erfolgt.

e) Die Reußenantenne wird aus vier bis acht parallel laufenden, am Umfang zweier Holz- oder Metallringe befestigten Drähten, hergestellt. Die entstehende Reuße wird mittels Isolierketten wagrecht zwischen zwei Masten oder als Antenne für kurze Wellen auch senkrecht aufgehängt. Wegen der großen Kapazität und kleinen Selbstinduktion kann man auch bei kleinen Ausmaßen eine ausreichende Energiemenge auf die Reuße bringen. Da ferner durch die Parallelschaltung der Drähte die gesamte Leiteroberfläche vergrößert wird — die Reuße wirkt als Rohr vom Durchmesser der Reifen — bleiben die Hochfrequenzverluste sehr klein.

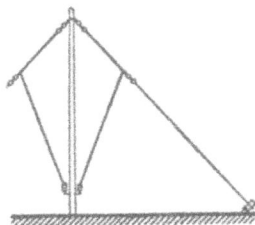

f) Die Doppelkonusantenne besteht aus drei oder mehr Drähten, die mittels Isolierketten an der Spitze sowie am Fuße des Mastes befestigt sind. Im oberen Drittelpunkt sind die Drähte isoliert durch Haltetaue gefaßt, wodurch eine nach außen vorspringende Ecke entsteht.

g) **Flugzeug- und Luftschiffantennen.**
Als Luftdraht kann in einfachster Weise ein nach
unten hängender, vom Flugzeug isolierter Draht
benutzt werden, der durch eine kleine am Ende
befindliche Bleikugel gespannt wird.

Stabiler sind an der Stirnseite des Tragdeckes
fest verspannte Luftdrähte. Als Gegengewicht
benutzt man bei Flugzeugen die unter sich verbundenen Metallteile (Motor, Kühler usw.) sowie
besondere in den Tragdecks verlegte Drähte.

Beim Zeppelinluftschiff verwendet man für
die langen Wellen 2—3 ca. 120 m lange herab-
hängende Drähte, für die kurzen Wellen eine
fest verspannte Dipolantenne.

h) **Die Horizontal-** oder **Erdantenne**
(Braun, Kiebitz) wird von zwei gleichlangen,
auf Isolierpfählen in 1—2 m Höhe über dem
Erdboden gespannten Drähten von 30—100 m
Länge gebildet. Der Empfänger oder Sender
wird in die Mitte zwischen die beiden Drähte
geschaltet. Die Erdantenne besitzt Richtwirkung,
indem sie in Richtung der gespannten Drähte
am stärksten sendet und empfängt.

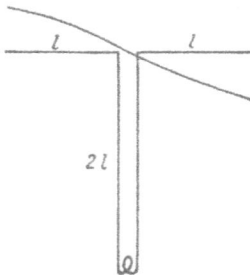

i) **Die Dipol-** oder **Hertzantenne** besteht
aus zwei gleich langen symmetrisch und frei gespannten Drähten (l), welche die Wellenlänge
bestimmen. ($\lambda = 4l$).

Die Dipolantenne eignet sich besonders für
Kurzwellensender. Die Kopplung an den Ar-
beitskreis des Senders kann entweder direkt erfolgen oder über eine sog. Energieleitung, deren
Länge $\frac{\lambda}{2}$ oder ein vielfaches von $\frac{\lambda}{2}$ sein soll.

Da die beiden Drähte nahe nebeneinander
liegen, ist die Energieleitung nach außen un-
wirksam; sie kann daher ohne Verluste nahe an
Gebäuden usw. geführt werden.

k) **Die Richtempfangsantenne** besteht
aus zwei in einer Vertikalebene zueinander
symmetrisch liegenden dreieckigen Drahtschleifen,
die an einem Holzmast isoliert befestigt und

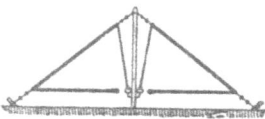

gegen die Erde durch Isolierketten verspannt sind. Die Seitenlänge der Schleifen richtet sich nach der aufzunehmenden Welle, sie beträgt z. B. für $\lambda = 1000{-}3000$ m 50—100 m.

Mit dieser Antennenanordnung wird in Richtung der Schleifenebene am kräftigsten empfangen, während Stationen senkrecht zur Schleifenebene gar nicht oder nur schwach gehört werden.

Bei den Richtempfangsanlagen werden stets zwei von Nord nach Süd und von Ost nach West gespannte Richtantennen verwendet.

k) Die Rahmenantenne (Braun) ist eine senkrecht und meist drehbar aufgestellte Drahtschleife von 0,5 bis 4 m Durchmesser, deren beide Enden direkt zum Empfangskondensator geführt werden. Die Drahtspulen sind meist quadratisch oder kreisförmig und bestehen je nach der Länge der aufzunehmenden Wellen aus 10 bis 100 Windungen.

Auf die senkrecht stehende Rahmenantenne wirken nur die horizontal verlaufenden magnetischen Kraftlinien ein. Der induzierte Strom wird am größten, wenn die Rahmenantenne in die Fortpflanzungsrichtung der Wellen fällt.

Die größte Empfangslautstärke erzeugen also die in Richtung der Spulenebene liegenden Stationen; die Rahmenantenne eignet sich daher auch besonders gut zur drahtlosen Ortsbestimmung.

Die Aufsaugefähigkeit einer solchen Drahtschleife ist erheblich geringer wie diejenige einer offenen Antenne. Durch die Ausbildung der Hoch- und Niederfrequenzverstärker, die eine nahezu beliebig hohe Energiesteigerung gestatten, ist es indessen möglich, mit Rahmenantennen von 0,5 bis 1 m Durchmesser die amerikanischen Rundfunkstationen abzuhören.

Infolge der geringen Abmessung ist auch die Störung durch luftelektrische Entladungen bei der Rahmenantenne erheblich geringer wie bei den Hochantennen. Auch ihre

**75. Bau und Berechnung von Rahmenantennen.**

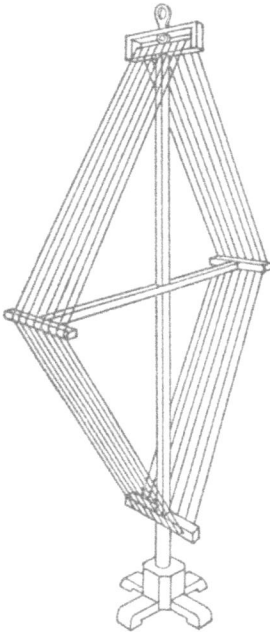

Widelung a.

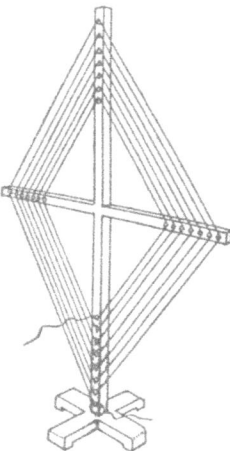

Widelung b.

Dämpfung ist durch den Fortfall der Erdverbindung sehr klein.

Da die Rahmenantenne wegen ihrer geringen räumlichen Ausmaße zum Empfang des Rundfunks besonders bevorzugt wird, sollen hier einige Angaben über Bau und Dimensionierung derselben gemacht werden.

Zur Herstellung einer Rahmenantenne verwendet man umsponnenen oder emaillierten Draht von 0,5 bis 0,8 mm Durchm. oder besser Hochfrequenzlitze.

Die Wickelung ist in zweierlei Weise ausführbar:

a) Man legt die Windungen über vier an den Enden eines Holzkreuzes senkrecht sitzende Querhölzer ähnlich wie bei einer Spule nebeneinander.

b) Man befestigt die Windungen in Spiralform an einer oder auch an beiden Seitenflächen des Rahmenkreuzes.

Der Abstand der nebeneinander liegenden Windungen ist wesentlich. Wenn nämlich die Windungen zu nahe kommen, nimmt zwar die Selbstinduktion des Rahmens zu, aber gleichzeitig wächst auch der energieverzehrende Hochfrequenzwiderstand. Es gibt daher für jeden Wellenbereich einen günstigsten Abstand. Für kurze Wellen, bis 800 m, ist der Hochfrequenzwiderstand nahe aneinander liegender Windungen besonders groß, man legt die Windungen daher wenigstens 0,5 bis 1 cm auseinander und muß dann den Durchmesser der Windungen entsprechend größer machen; bei Wellen über 1000 m kann man den Windungen 0,4 bis 0,6 cm Abstand geben.

Was nun die Windungszahl anbetrifft, so richtet sich diese nach dem Wellenbereich, den man mit der Selbstinduktion des Rahmens und der Kapazität eines Drehkondensators von 500 cm herstellen will. Der Kondensator dient nur zur Feineinstellung, während die Grobeinstellung vielfach durch Zu- und Abschalten

von Windungen am Rahmen selbst vorgenommen
werden muß. Hiezu wird die Gesamtwickelung
in einzelne voneinander getrennte Abschnitte
geteilt, deren Enden man zu einem Schalter
führt. Ein Nachteil dieser Anordnung ist der, daß
die sog. leeren Windungen Energie absorbieren
und die Antennenschwingungen stark dämpfen.
Man baut sich daher besser für die verschiedenen
Wellenbereiche verschieden große Rahmenantennen. Zum Empfang der Rundfunk-Wellen (200
bis 800 m) wird man mit einem Rahmen von
1 m Seitenlänge mit 10 Windungen in 10 mm
Abstand, zum Empfang langer Wellen (1000
bis 20000 m) mit einem solchen von 1,5 bis 2 m
Seitenlänge mit 50 Windungen in 5 mm Abstand brauchbare Ergebnisse erzielen.

Über Röhrenschaltungen in Verbindung mit
Rahmenantennen vgl. S. 140 u. 148.

## 76. Innenantennen.

Durch die Verbreitung des Rundfunks ist das
Bedürfnis nach Antennengebilden, die man in
der Wohnung oder wenigstens innerhalb des
Hauses errichten kann, entstanden. Diese sog.
Innenantennen bestehen aus einem oder mehreren Drähten, die man in der verschiedensten Weise
an Decken und Wänden von Gängen oder Zim-
mern oder im Speicher des Hauses verspannt und
mit einem gemeinsamen Zuführungsdraht verbindet. Gebräuchliche Formen von Innenantennen sind:

a) Paralleldrähte (10 bis 15 m lang) unter
einer Gangdecke. Die Drähte — man benutzt am
besten Gummiader oder wenigstens umsponnene
Drähte — sind in etwa 20 cm Abstand von der
Decke mit Hilfe von querlaufenden Halte-
schnüren und Isolatoren verspannt. Die Enden
läßt man 1 bis 2 m überstehen und lötet sie mit
dem eigentlichen Zuführungsdraht gut zusammen.

b) Im Zickzack gespannter Draht. Ein
Draht von 20 bis 25 m Länge wird zwischen
Isolatoren, die an den Seitenwänden eines
Ganges gleichmäßig verteilt sind, im Zickzack hin

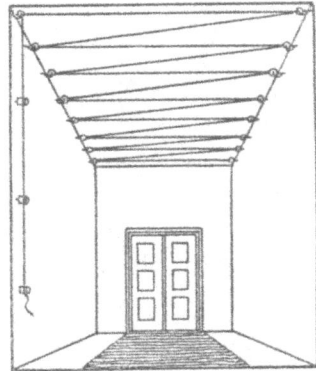

Zickzack-Antenne.

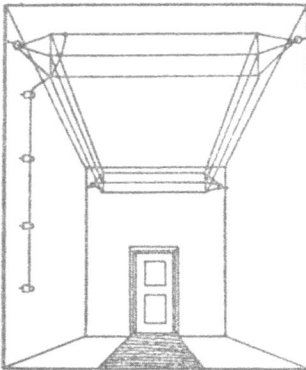

Kasten-Antenne.

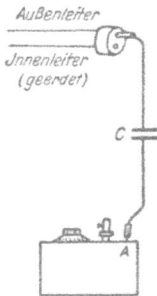

Außenleiter
Innenleiter
(geerdet)

C

A

77. Erdung und Gegen-
gewicht.

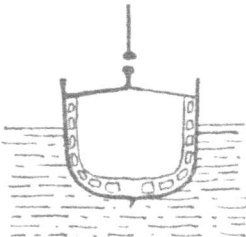

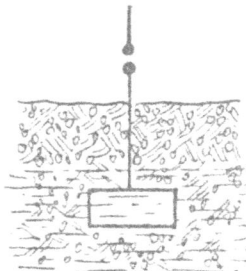

und her gespannt. Das eine Ende des Drahtes kann gleichzeitig als Zuführungsdraht dienen.

c) Viereckige Drahtspule, die zwischen den vier Enden eines Zimmers nahe der Decke in 2 bis 4 Windungen gespannt ist (Kasten-Antenne). Zur Befestigung der Windungen können an einem Seilkreuz oder an Holzarmen befestigte Isolatoren dienen.

Die hier beschriebenen Antennenarten können natürlich mannigfach verändert und den besonderen örtlichen Verhältnissen angepaßt werden.

d) Die Lichtantenne ist eine viel verbreitete Behelfsantenne, bei welcher die Antennenklemme der Empfänger über einen Glasplatten- oder Glimmerkondensator (C) von 1000—2000 cm Kapazität und 3000 Volt Durchschlagsfestigkeit mit dem Außenleiter des Gleichstrom-Lichtnetzes verbunden wird. Bei den handelsüblichen Formen ist der Sperrkondensator direkt in den etwas größeren Steckstift eingebaut.

Die Erdungen bzw. die Gegengewichte werden technisch in nachstehender Weise ausgeführt:

a) Die Erdung eines Schiffes läßt sich in einfacher Weise durch Verbindung des zu erdenden Poles mit dem metallenen Schiffskörper ausführen. Der Schiffskörper bietet den elektrischen Strömen infolge seiner innigen Berührung mit dem gutleitenden Meerwasser eine ausgezeichnete und widerstandslose Ableitung dar.

b) Erdung durch Einsenkung von Metallplatten. Bei trockenem Boden ist es notwendig, eine oder mehrere um den Fußpunkt der Antenne verteilte Metallplatten von ca. 1 qm Oberfläche ins Grundwasser zu versenken. Bei sehr feuchtem Boden genügt es, die Platten 1—2 m tief einzugraben.

c) Die Erdung durch ein in den Boden eingegrabenes Drahtnetz. Vom Fußpunkt der Antenne aus werden nach allen

Seiten verzinnte Kupferdrähte strahlenförmig in
¹/₂ bis 1 m Tiefe in den Erdboden eingegraben.
Um die Dämpfung durch Erdströme möglichst
zu verringern, muß die Erdungsfläche etwas
größer wie die senkrechte Projektion der Antenne auf den Erdboden gemacht werden; von einzelnen Punkten des Drahtnetzes werden außerdem
Erdplatten in das Grundwasser abgeführt.

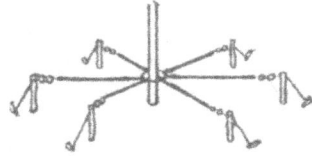

d) Gegengewicht aus mehreren radial
verlaufenden Drähten, die 1—2 m über dem
Erdboden auf Isolierpfählen gespannt sind. Die
Gegengewichtsdrähte sind bei richtiger Abgleichung etwa doppelt so lang wie die Drähte einer
zugehörigen Schirmantenne. Derartige Gegengewichte lassen sich schnell auf- und abbauen und
eignen sich daher besonders für fahrbare Stationen; bei festen Stationen werden Gegengewichte hauptsächlich in trockenem, steinigem
Gelände verwendet.

e) Behelfsmäßige Erdungen für
Empfangsanlagen. Installiert man sich in der
Wohnung eine Empfangsanlage zum Abhören
des Rundfunks, so genügt als Erdung eine gute
Verbindung mit der Wasserleitung. Unter Zwi-
schenschaltung eines Kondensators von 2000 cm
kann auch der Nulleiter eines Gleichstromnetzes
als Erde verwendet werden.

f) Der Blitzschutz durch Erdung der
Antenne. Bei Hochantennen besteht die Möglichkeit, daß sich diese bei herannahenden Gewittern auf hohe Spannungen aufladen, die
dann vom isolierten Anschlußpunkt des Empfängers aus auf dem Wege des geringsten
Widerstandes sich als Funke nach der Erde
ausgleichen und dabei zünden können. Diese
Blitzgefahr läßt sich dadurch beheben, daß man
die Antenne, sofern man nicht empfängt, erdet.
Und zwar muß der Erdungsschalter außerhalb
des Gebäudes angebracht werden. Zum Schutze
des Detektors bei plötzlich hereinbrechenden
Gewittern legt man zwischen die Anschlüsse

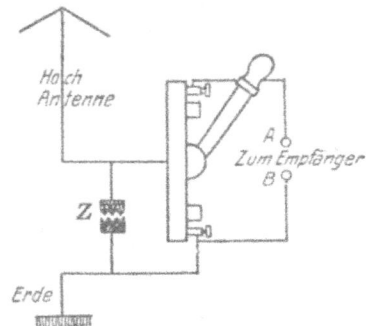

Antenne—Erde eine sog. Blitzschutzsicherung (Z) oder eine kleine Parallel-Funkenstrecke.

**78. Eigenwelle der Antenne.**

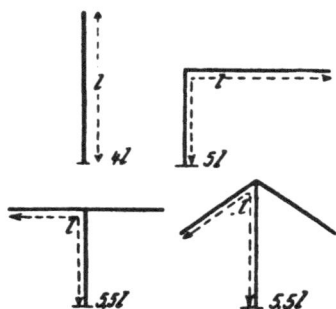

Die Eigenwelle der Antenne ist die Wellenlänge, welche die Antenne ausstrahlt, wenn sie weder Spulen noch Kondensatoren enthält. Als Faustregel mag man sich merken, daß für Antennen, die nur aus 2 bis 3 Drähten bestehen, die Eigenwelle das 4- bis 5,5fache der größten Drahtlänge, gemessen vom Anschlußpunkt der Antenne bis zum äußersten freien Drahtende, ist (vgl. nebenstehende Abbildung). Die Eigenschwingung bestimmt den Bereich der Wellen, da nämlich die kleinste mit der Antenne erreichbare Welle nicht kleiner als 70% der Eigenwelle sein soll. Längere Wellen werden durch Einschalten von Verlängerungsspulen in die Antenne erhalten. Die wirksamsten Wellen liegen für Sendestationen bei 1½- bis 2facher Verlängerung der Eigenwelle. Bei Empfangsstationen kann man durch Einschalten von Verlängerungsspulen bis zum 10- bis 15fachen Betrag der Eigenwelle gehen.

Die Messung der Eigenwelle $\lambda_0$ kann durch Erregung der Antenne mit Funkeninduktor und Messung der Welle an einer Meßschleife erfolgen. Diese Methode wird jedoch wegen der mit ihr verbundenen starken Strahlung der Antenne heute kaum mehr angewendet und ist deshalb für Funkfreunde, die nur hören dürfen, überhaupt unzulässig. Diese müssen vielmehr die Messung mittels Summererregung und aperiodischem Detektorkreis vornehmen.

Die Antenne wird an der Meßschleife durch den Wellenmesser in Summerschaltung erregt. Die Einstellung des Wellenmessers wird nun so lange stetig verändert, bis an einer zweiten in der Antenne liegenden Meßschleife mittels Tonprüfer die Resonanz zwischen Wellenmesser- und Antennenkreis festgestellt wird.

Die am Wellenmesser abgelesene Welle ist dann die Eigenwelle der Antenne.

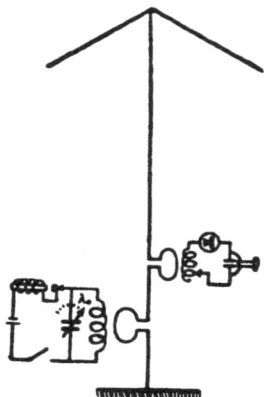

Die Kapazität des Kondensators Antenne-Erde ist um so größer, je größer die von den Luftdrähten umspannte Fläche und je geringer der Abstand derselben von der Erde ist. Man hat daher die Möglichkeit, durch Verlängerung oder Verkürzung der Antennendrähte, durch Änderung ihrer Entfernung vom Boden die Kapazität zu ändern. Da der Grundwasserspiegel bei Regenwetter steigt, bei Trockenheit fällt, so ändert sich damit auch die Kapazität der Antenne.

Wird statt der Erde ein Gegengewicht verwendet, so liegen die Kondensatoren Antenne-Erde und Gegengewicht-Erde in Hintereinanderschaltung, so daß ihre Gesamtkapazität verkleinert wird.

Je größer die Kapazität der Antenne ist, um so länger ist die Eigenwelle und um so mehr Energie kann die Antenne bei gleicher Spannungsbelastung aufnehmen.

Die Kapazität einer Linear- oder einer L-Antenne von 50 m Länge beträgt ca. 200 bis 300 cm, eine Schirmantenne von 20 m Masthöhe und 6 Antennendrähten von 25 m Länge und 6 Gegengewichtsdrähten von 60 m Länge hat ca. 1000 cm Kapazität.

Zur Berechnung der Antennenspulen zum Empfang eines bestimmten Wellenbereiches muß man vor allem die Kapazität der Antenne ($C_A$) kennen. Die Selbstinduktion der Antenne ist bei den kleinen Empfangsantennen gering und kann vernachlässigt werden.

Ist die in cm gemessene Antennenkapazität $C_A$ bekannt und soll mit der Antenne eine Welle $\lambda_m$ aufgenommen werden, so berechnet sich die Selbstinduktion L der einzuschaltenden Spule nach der Formel:

Die Messung der Antennenkapazität kann nach folgender Methode vorgenommen werden:

Man schaltet den Kondensator Antenne-Erde mit einer Selbstinduktionsspule L zu einem Schwingungskreis zusammen (Schalter-

**79. Die Kapazität der Antenne.**

$$L = 253 \cdot \frac{\lambda_m{}^2}{C_a}.$$

**80. Messung der Antennenkapazität.**

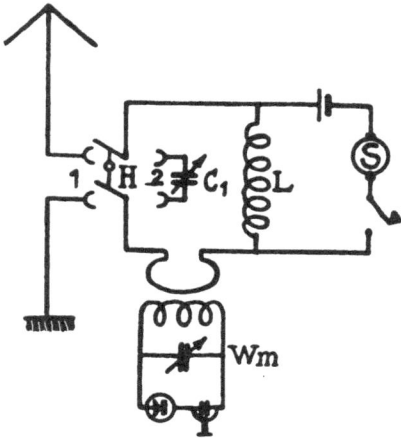

81. Die Dämpfung der Sende-
Antenne.

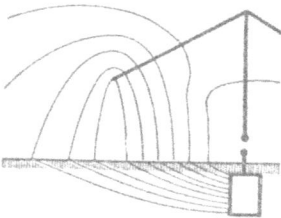

Schlechte Erdung.

ftellung 1), erregt diefen durch den Summer S
und mißt mit dem angekoppelten Wellenmeffer $W_m$
die Welle diefes Kreifes. Hierauf fchließt man
durch Umlegen des Doppelfchalters H ftatt der
Antenne den geeichten Drehkondenfator $C_1$ an
L an erregt wiederum durch den Summer S
und ftellt $C_1$ fo ein, daß man bei unveränderter Stellung des Wellenmeffers wieder
Refonanz hat. Die Antennenkapazität $C_a$ ift
dann gleich der am Kondenfator $C_1$ abge-
lefenen Kapazität.

Die Schwingungen in einer Sende-Antenne
find infolge der Energieverlufte im Luftdraht und
der Erde (Verluft Dämpfung), fowie infolge der
Energieabgabe durch Strahlung (Nutzdämpfung)
gedämpft. Die Urfachen der fchädlichen Dämpfung find:

a) Die Stromwärme in den Luft-
drähten und den Verlängerungsfpulen. Bei
Verwendung von Kupferlitzen von 3—4 mm
Durchmeffer, fowie von Spulen aus verlitzten
Kabeln, find diefe Verlufte gering.

b) Stromwärme durch Induktions-
ftröme in der Antenne benachbarten Leitern,
wie Haltetauen, Maften, Blitzableitern ufw. Zur
Verringerung diefer Verlufte kann man die Leiter
von der Erde ifolieren, fowie durch ifolierende
Zwifchenftücke unterteilen. Eiferne Mafte müffen
aus gleichem Grunde vom Erdboden ifoliert
werden.

c) Das Sprühen der Antenne, Über-
fpringen von Funken und Überkriechen über
feuchte Ifolatoren bei hoher Spannungsbelaftung.
Durch Vermeidung von Spitzen und Kanten,
fowie durch Verwendung von Sprühfchutzkappen
an den Antennenifolatoren und forgfältige Ifo-
lierung können diefe Verlufte erheblich herabgedrückt werden.

d) Die Stromwärme durch Erdftröme
kann bei fchlechter Erdverbindung bedeutend

fein. Die Erdung muß daher so ausgeführt sein, daß die elektrischen Kraftlinien im schlechtleitenden Erdboden einen möglichst kurzen Weg zurücklegen und sich auch nicht an einzelnen Punkten zusammendrängen.

Die Verluste durch Erdströme werden bei Regen sehr verringert, auf dem Meere sind sie unbedeutend, auf einem Luftschiff oder Flugzeug überhaupt nicht vorhanden.

Die Strahlungsdämpfung (W$_s$) einer Antenne ist bestimmt durch die effektive Antennenhöhe (h$_{eff}$), und die Wellenlänge ($\lambda$) nach welcher die Antenne schwingt, nach der Formel: . . .

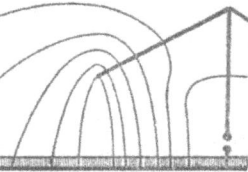

Gute Erdung.

$$W_s = 160 \, \pi^2 \left(\frac{h_{eff}}{\lambda}\right)^2$$

Die effektive Antennenhöhe hängt ab von der Antennenform und der durch sie bestimmten Stromverteilung. In einer T-Antenne ist das oberste Ende des Zuführungsdrahtes von derselben Stromstärke durchflossen, wie der Fuß der Antenne, die effektive Antennenhöhe ist gleich der wirklichen Höhe.

In einer Linearantenne nimmt dagegen die Stromstärke vom Strombauch im Erregungspunkt bis an das obere Ende nach einer Viertelwelle ab. Die Effektivhöhe dieser Antenne erhält man, indem man die Höhe des Rechtecks (vertikalschraffiert) sucht, das bei gleicher Grundlinie denselben Inhalt hat, wie die von der Stromkurve eingeschlossene (horizontalschraffierte) Fläche. Es ist für die Linearantenne:

$$h_{eff} = 0{,}636 \cdot h$$

Durch Einschalten einer Verlängerungsspule wird die Effektivhöhe der Linearantenne auf 0,5 h vermindert. In gleicher Weise erhielt man als Effektivhöhe der Schirmantenne:

$$h_{eff} = 0{,}6 \, h \text{ bis } 0{,}9 \, h.$$

Die Strahlungsdämpfungen einiger Antennenformen seien hier angegeben:

| | | |
|---|---|---|
| für die | Linearantenne | 0,2—0,3 |
| „ „ | Erdantenne | 0,1—0,5 |
| „ „ | Schirmantenne | 0,1 |
| „ „ | T-Antenne | 0,1—0,15 |

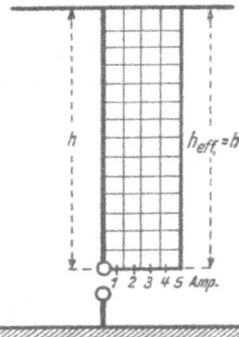

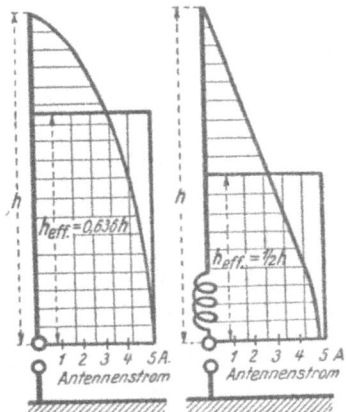

**82. Dämpfung der Empfangsantenne.**

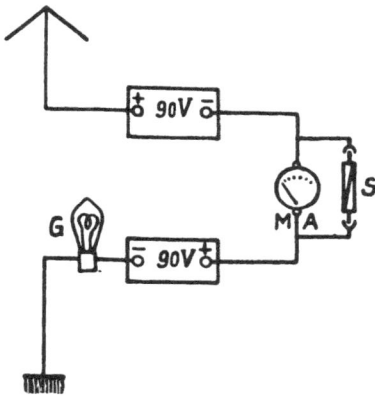

$$W = \frac{400}{0,01} \cdot 1000 = 40$$

Millionen Ohm.

Die Zunahme des Strahlungswiderstandes mit der Verkürzung der Wellenlänge erklärt den hohen Antennenwirkungsgrad und die günstige Fernwirkung der kurzen Wellen.

Für die Empfangsantenne sind die Verluste durch Stromwärme und Sprühen gering, da es sich hier nur um sehr schwache Ströme bzw. Spannungen handelt. Zur Herabsetzung des Strahlungsverlustes arbeitet man mit schwach strahlenden Antennen, z. B. mit T- oder L-Antennen. Eine große Bedeutung kommt indessen gerade wegen der geringen Empfangsströme den Verlusten durch schlechte Isolierung oder durch zu großen Erdungswiderstand zu. Es ist daher notwendig, sich bei selbstgebauten Antennen über diese beiden Eigenschaften der Antenne durch Messungen zu unterrichten.

a) Die Isolationsprüfung kann in folgender Weise durchgeführt werden. Man verbindet den einen Pol einer oder mehrerer hintereinander geschalteter Anodenbatterien (90 Volt pro Batterie) mit der Antenne, den anderen mit der Erde und mißt mittels eines Milliamperemeters (MA) den zur Erde fließenden Strom ($J_A$). Beträgt dieser Strom bei Verwendung von 400 Volt Spannung z. B. 0,01 Milliampere, so ist der Isolationswiderstand:

Bei Ausführung der Prüfung empfiehlt es sich, das Milliamperemeter zunächst kurz zu schließen und eine Glühlampe einzuschalten. Erst wenn man sich überzeugt hat, daß die Lampe dunkel bleibt, löse man die Sicherung des Meßinstrumentes.

Für die grobe Prüfung genügt es, nur die Glühlampe einzuschalten und als Spannungsquelle das Netz (2 × 110 Volt) zu verwenden. Bei guter Isolierung muß dann die Lampe dunkel bleiben.

b) Messung des wirksamen Widerstandes der Antenne (Verfahren der Vertauschung). Bei Schalterstellung 1 erregt man den an die Antenne

angeschlossenen Schwingungskreis (L C) durch den
Wellenmesser in Summerschaltung (I) und stellt
die Resonanz durch einen aperiodischen Kreis
mit Telephon (bei genaueren Messungen mit
Hilfe eines Milliamperemeters M. A.) fest. Dabei
macht man die Kopplung so lose, daß das
Maximum der Lautstärke gerade noch hörbar ist.
— Hierauf schließt man durch Umlegen des
Schalters in Stellung 2 an den Schwingungskreis (L C) eine sog. künstliche Antenne, d. i. einen
verlustfreien Kondensator $C_3$ und einen induktions-
freien Widerstand W an. Man schaltet zuerst
einen kleinen Widerstandswert ein und bringt
bei unveränderter Einstellung des Wellenmessers
sowie des Schwingungskreises (L C) durch
Drehen des Kondensators $C_3$ die künstliche Antenne in Resonanz. Im Telephon wird das Maximum nunmehr sehr laut sein. Hierauf schaltet
man so viel Widerstand W dazu, bis das Maximum gerade so leise wie bei der ersten Messung
wird. Der eingeschaltete Widerstand ist dann
gleich dem gesuchten Antennenwiderstand.

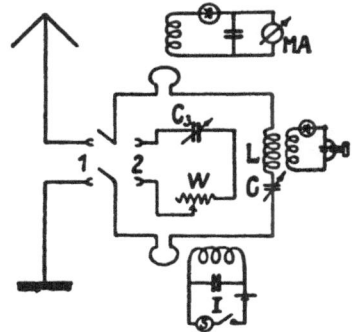

## 83. Die Reichweite.

Die Reichweite eines Senders hängt zunächst
von dessen Antennenleistung ab; die Empfangslautstärke nimmt mit der Antennenstromstärke
des Senders und der effektiven Antennenhöhe
zu. Von der gesamten Antennenleistung gelangt
nur ein Teil zur Ausstrahlung, der bei kurzen
Wellen größer (z. B. 40%) als bei langen Wellen (z. B. 10%) ist. In zweiter Linie ist die
Reichweite von der Schwächung (Absorption)
der Strahlungsenergie im Zwischengelände und
in der Atmosphäre abhängig, und da zeigt sich
eine große Verschiedenheit, ob man mit langen
Oberflächenwellen (10 bis 20 km) oder mit
kurzen Raumwellen unter 100 m sendet.

a) Die Oberflächenwellen erfahren eine
nicht unbedeutende Absorption, die in schlechtlei-
tendem Boden besonders groß, im Wasser geringer ist. Die Reichweite über Wasser ist daher
2 bis 3 mal so groß wie die über Land. Auch die
Wellenlänge ist auf die Absorption von Einfluß;

fie wird nämlich um fo größer, je kürzer die Welle
ift. Man fendet daher auf den Großftationen zur
Überbrückung großer Entfernungen (über 3000
km) mit langen Wellen (6 bis 25 km) und ver-
wendet zur Ausftrahlung der beträchtlichen
Energien fehr hohe und weit ausgedehnte
Antennen. In der Atmofphäre erfahren die langen
Wellen auch bei Sonnenbeftrahlung nur eine
geringe Schwächung, fo daß man den Verkehr
Tag und Nacht ficher durchführen kann.

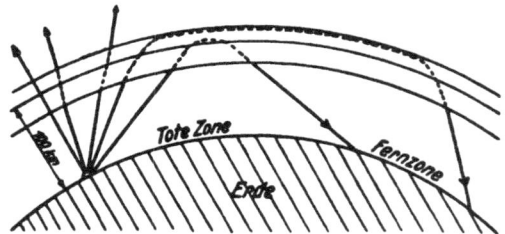

b) Die Raumwellen haben nur wenig
Berührung mit der Erde und werden infolge-
deffen in viel geringerem Maße abforbiert. In
ihrer Ausbreitung zeigen die kurzen Raumwellen ein von den Oberflächenwellen durch-
aus verfchiedenes Verhalten. Während nämlich
die kurzen Oberflächenwellen fchon in der Nahzone des Senders vollftändig abforbiert werden,
kehren die in die Atmofphäre dringenden Raumwellen im hohen Bogen mit nur wenig vermin-
derter Intenfität wieder zur Erde zurück.

Es bildet fich dabei zwifchen der Nahzone des
Senders und den erften reflektierten Strahlen eine
tote Zone aus, in die überhaupt keine Wellen gelangen; außerhalb diefer Zone erhält man einen
kräftigen bei wachfender Entfernung nahezu kon-
ftant bleibenden Empfang. Die Ausdehnung der
toten Zone und damit die Reichweite des Senders
hängt in hohem Maße von der Tages- und Jahreszeit und von der Wellenlänge ab.

Das abweichende Verhalten der kurzen Raumwellen findet eine Erklärung in Reflexionen und
Brechungen in den etwa 100 km hohen Luft-

schichten, welche durch die intensive Sonnenstrahlung stark ionisiert, d. h. durch Jonen und
Elektronen leitfähig gemacht werden. Der Strah-
lengang in der ionisierten Schicht hängt von folgenden Faktoren ab:

1. Vom Ausstrahlungswinkel. Die steil
nach oben gehenden Strahlen dringen durch die
ionisierte Schicht in den Weltraum und erfahren
dabei nur eine geringe Ablenkung. Von einem
bestimmten Winkel an werden die Strahlen durch
totale Reflexion zur Erde zurückgeworfen. Dabei
kann es vorkommen, daß der Strahl ein längeres
Stück in der die Wellen vorzüglich leitenden
Schicht weiterläuft und erst in größerer Entfernung zur Erde zurückkehrt. Unter bestimmten Bedingungen läuft der Strahl in der Schicht sogar
ganz um die Erde herum, bevor er zur Erdoberfläche abgebeugt wird; man hört dann das Tele-
graphierzeichen im Abstand von $1/_7$ Sekunde,
welche die Welle zur Umkreisung der Erde braucht,
zum zweitenmal im Empfänger.

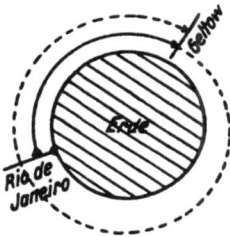

Umkreisung der Erde mit
kurzen Wellen.

Zur Vermeidung dieser, insbesondere bei
Telephonie sehr störenden Echoeffekte und zur Erzielung eines intensiven Empfanges in einer bestimmten Entfernung schickt man den Wellen-
strahl mit Hilfe von Reflektoren unter einem bestimmten Ausfallswinkel in den Raum.

Für Amateurensender, die mit Stationen
in verschiedenen Entfernungen verkehren wollen,
ist dagegen die Horizontalantenne, die gleichmäßig
unter allen Winkeln strahlt, vorteilhaft.

2. Von der Jonisation und der Lage
der Schicht. Infolge der starken Sonnenstrahlung
sind die Luftschichten bei Tag stärker ionisiert und
reichen etwas tiefer zur Erde herab wie bei Nacht.
Infolgedessen erfahren bei gleichem Ausfallswinkel die Strahlen bei Tage eine schärfere Reflexion, während sie bei der Nacht längere Zeit
in der Schicht verlaufen und in flachem Bogen in
größerer Entfernung zur Erde zurückkehren. Der
Radius der toten Zone ist daher bei Nacht
3—4 mal so groß wie am Tage. Die Wanderung

der Grenzen der toten Zone macht sich dadurch bemerkbar, daß allabendlich erst die nahe gelegenen Stationen dann die entfernteren unhörbar werden, bis schließlich nur noch Stationen über 1000 km vernehmbar sind; früh morgens kehrt sich der Vorgang um. Auch von der Jahreszeit hängt die Jonisierung ab, was zur sichern Überbrückung großer Entfernungen während des Jahres berücksichtigt werden muß.

3. Von der Wellenlänge, indem die langen Wellen stärker gebrochen werden wie die kurzen. Daraus folgt, daß für dieselbe Tageszeit der Radius der toten Zone (R) mit der Wellenlänge abnimmt, wie es nebenstehende Tabelle veranschaulicht. Man kann daher die Verkleinerung des Radius der toten Zone bei Tage dadurch ausgleichen, daß man bei Tag kürzere Wellen verwendet wie bei Nacht.

So werden z. B. zur Überbrückung des Atlantik (6000 km) bei Tag Wellen von 10—21 m, bei Nacht Wellen von 25—40 m verwendet, während für kontinentale Entfernungen (100 bis 1000 km) bei Tag Wellen von 40 m bei Nacht Wellen von 80 m Länge benutzt werden.

Im Bereich der mittleren Wellen (200 bis 2000 m) bilden sich bei normaler Erregung der Antenne Raum- und Oberflächenwellen oft in gleicher Stärke aus. In größerer Entfernung vom Sender können dann beide Wellenarten zusammentreffen und sich je nach dem unterwegs erhaltenen Gangunterschied verstärken oder schwächen. Damit findet das gelegentlich insbesondere beim Rundfunk beobachtete Abflauen der Lautstärke (sog. Fading) eine verständliche Erklärung.

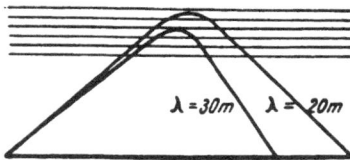

λ=30m    λ=20m

Nachtverkehr.

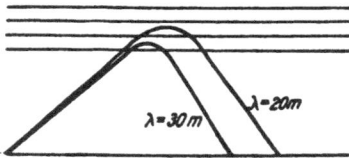

λ=30m    λ=20m

Tagverkehr.

# F. Funken-, Lichtbogen- und Maschinensender.

*Sender*

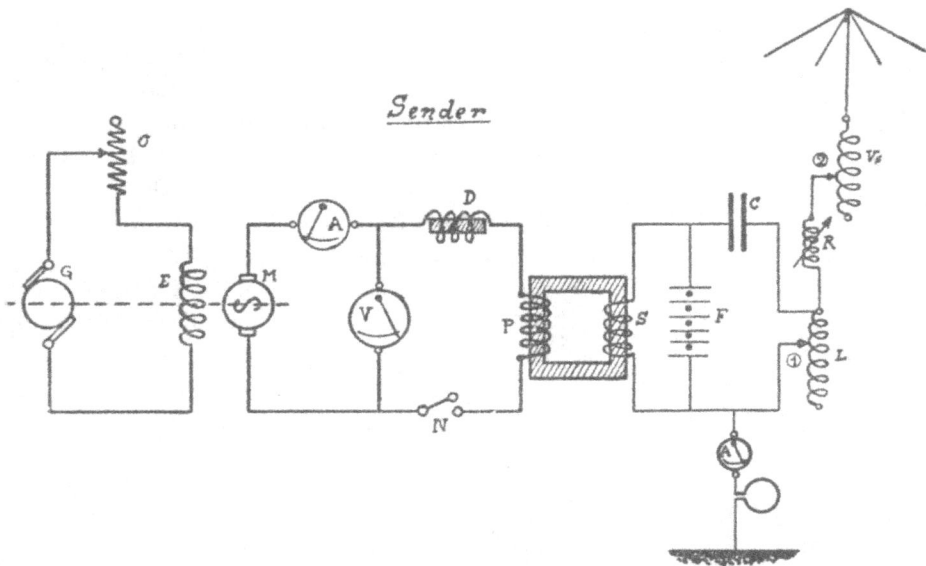

a) Gleichstromkreis. Der Strom der Gleichstrommaschine G von ca. 100 Volt Spannung geht über den Tonschieber genannten Schiebewiderstand O in die Erregerspule E der Wechselstrommaschine M.

b) Primärer Wechselstromkreis (Niederspannung). Der Wechselstrom (500 Perioden, 150—250 Volt) läuft beim Schließen der Taste N über die Drosselspule D in die primäre Wicklung P des Transformators.

c) Sekundärer Wechselstromkreis (Niederfrequenz-Hochspannung). Aus der Sekundärspule des Transformators S gelangt der auf 5—8000 Volt transformierte Wechselstrom an die Löschfunkenstrecke F.

d) Der geschlossene Schwingungskreis oder Stoßkreis (Hochfrequenz). Beim Übergehen der Funken in die Löschfunkenstrecke F entstehen Schwingungen, deren Frequenz durch die Kapazität C und die Selbstinduktion L bestimmt ist. Durch Abstufung der Selbstinduktion (Stöpsel 1) können verschiedene Wellen eingestellt werden.

84. Sender des Systems der tönenden Funken. (Max Wien 1905.)

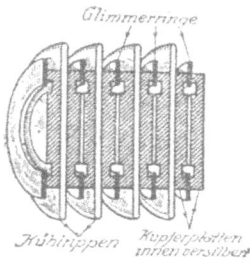

Die Löschfunkenstrecke besteht aus einzelnen Kupferscheiben, die durch Glimmerringe auf $1/2$ mm voneinander getrennt sind. Die übergehenden kurzen Funken löschen rasch aus, so daß in der Sekunde 500 bis 1000 Funken übergehen können. Verwendet man 500periodigen Wechselstrom zum Aufladen des Kondensators, so kann man die Spannung des Wechselstroms am Tonschieber O so regulieren, daß z. B. bei jedem Spannungsmaximum ein Funke überspringt, das ergibt 1000 Funken in der Sekunde. Der offene Schwingungskreis wird durch die stark gedämpften Schwingungen des Stoßkreises zu einer schwachgedämpften Schwingung angestoßen. Die Abstimmung der Antenne erfolgt durch die Antennenspule ($R_d$) und das Variometer ($V_s$), wobei das Antennenamperemeter A den größten Ausschlag anzeigt.

Die Energie (A) des Stoßkreises ist durch die Funkenzahl (N), durch die von der Zahl der Funkenstrecken abhängige Funkenspannung (V) sowie durch die Stoßkreiskapazität C bestimmt.

$$A = \frac{N}{2} \cdot C_1 \cdot V^2$$

Beispiel:

$N = 1000$

$C = 10000 \text{ cm} = \dfrac{10000}{9 \cdot 10^{11}}$ Farad

$V = 15000$ Volt

$$A = \frac{1000}{2} \cdot \frac{10000}{9 \cdot 10^{11}} \cdot 15000^2$$

$= 1237,5$ Watt.

Die Dämpfung der ausgesandten Wellen ist erheblich geringer wie bei dem Braunschen Sender; sie beträgt im Durchschnitt d = 0,03.

Die regelmäßige Funkenfolge des Senders ruft im Empfänger ebenso regelmäßige Schwingungszüge hervor, die nach Umwandlung in Gleichstromimpulse durch den Detektor im Empfangstelephon als musikalischer Ton wahrgenommen werden. 1000 Funken in der Sekunde erzeugen 1000 Schwingungen der Telephonmembrane, d. i. etwa den Ton C''; 500 Funken geben den um eine Oktave tieferen Ton. Der musikalische Ton kann aus dem zeitweilig auftretenden Knacken der atmosphären Störungen leicht herausgehört werden.

Der Ton gibt dem Sender außer der Wellenlänge ein weiteres Kennzeichen, durch welches er bei Störungen durch andere Stationen auf gleicher Welle leicht unterschieden werden kann. Die Löschfunkensender werden heute nur noch für

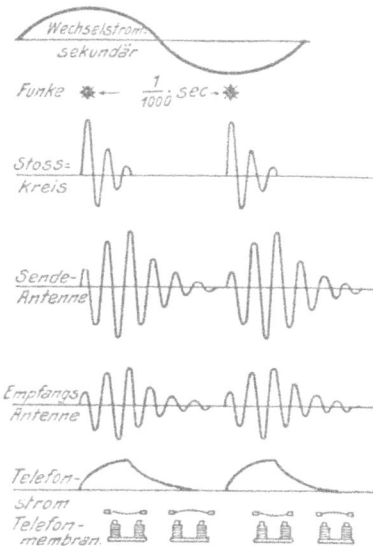

den Schiffsverkehr auf Wellen von 600—900 m verwendet. Ihr für den sicheren Empfang vorteilhaftes breites Störungsband macht sie allerdings zu den unangenehmsten Störern des Rundfunks.

Schaltet man parallel zu einem durch Gleichstrom G gespeisten Lichtbogen B eine Selbstinduktionsspule L und einen Kondensator C, so können in dem angeschalteten Kreis Schwingungen erzeugt werden, deren Frequenz durch C und L bestimmt ist. Da die durch Stromwärme und Strahlung verlorene Energie nach jeder Periode durch den ständig nachfließenden Gleichstrom wieder ersetzt wird, sind diese Schwingungen ungedämpft.

Zur Erzeugung der für die drahtlose Telegraphie erforderlichen Schwingungen hoher Frequenz (n = 100000 bis 1000000) und großer Energie dient die Poulsenlampe, bei der gute Kühlfähigkeit und gleichmäßiges Brennen des Lichtbogens in folgender Weise erzielt wird:

a) Der Lichtbogen brennt in einer die Wärme gut leitenden Atmosphäre (Wasserstoffgas oder Spiritusdampf).

b) Die positive Elektrode besteht aus einer durch Luft oder Wasser gekühlten Kupferröhre K.

c) Die negative Elektrode aus Kohle rotiert langsam vor der Kupferelektrode vorbei, so daß ein Festbrennen des Lichtbogens und eine Unterbrechung der Schwingungen verhindert wird.

d) Der Lichtbogen wird durch die nahe zu beiden Seiten befindlichen Drosselspulen D magnetisch angeblasen und kühlt sich infolge der hiebei entstehenden Verlängerung leichter ab.

Der Schwingungsvorgang. Die oszillatorische Entladung des durch die Gleichstrommaschine G aufgeladenen Kondensators über den Lichtbogen wird dadurch ermöglicht, daß die an die Kohlen angelegte Spannung bei zunehmender Stromstärke sinkt (fallende Charakteristik).

## 85. Die Erzeugung ungedämpfter Schwingungen. (Dudell-Poulsen.)

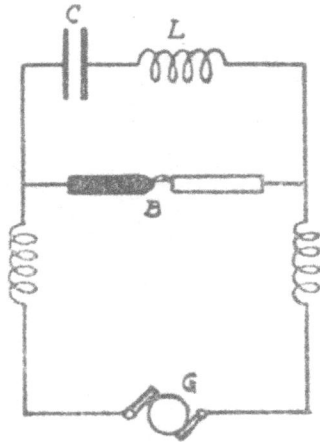

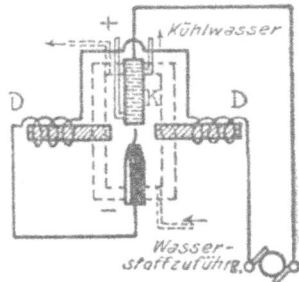

## 86. Der Lichtbogensender.

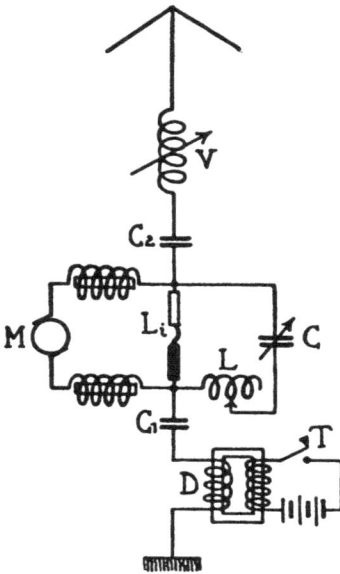

Beispiel:

$C = 10000$ cm
$V = 5000$ Volt
$N = 60000$
$(\lambda = 5000$ m)

$$A = 60000 \cdot \frac{10000}{2 \cdot 9 \cdot 10^{11}} \cdot 5000^2$$
$$= 8325 \text{ Watt.}$$

Der Lichtbogen ($L_l$) ist direkt in die Antenne eingeschaltet, wobei der Gleichstrom durch die beiden Blockkondensatoren ($C_1$ und $C_2$) von der Erde und der Antenne abgesperrt wird. Die Wellenlänge wird an der dem Lichtbogen parallel liegenden Selbstinduktion L und dem Kondensator C eingestellt. Die Abstimmung der Antenne auf die Welle des Primärkreises (C, L) erfolgt durch das Variometer V.

Das Tasten wird hier ohne Unterbrechung des Lampenstromes mit Hilfe der in der Antenne liegenden Tastdrossel D bewirkt. Ihre Wirkungsweise beruht darauf, daß der dem hochfrequenten Antennenstrom entgegengesetzte induktive Widerstand, bzw. die Dämpfung der Drossel, durch eine passend gewählte Gleichstrommagnetisierung beim Schließen der Taste erheblich herabgesetzt wird. In den Tastpausen ist der Antennenstrom infolge der starken Dämpfung der Drossel fast gleich Null; der Lichtbogen verzehrt nur geringe Energie. Beim Schließen der Taste verschwindet die Drosseldämpfung; der Antennenstrom steigt plötzlich auf seinen Höchstwert.

Die Schwingungsleistung A in der Antenne läßt sich berechnen aus der Kapazität des Primärkondensators C, der Aufladespannung V der Antenne, sowie aus der Frequenz N. Mittels großer Generatoren oder durch Parallelschaltung mehrerer mittelgroßer Generatoren lassen sich bedeutende Energien auf die Antenne bringen.

Die Abstimmschärfe ist infolge der Konstanz der Amplituden beim Lichtbogensender größer wie beim Funkensender. Infolgedessen ist auch die Störbeeinflussung durch Wellen von mehr als 1% verschiedener Länge gering.

Verwendung. Der Lichtbogensender ist besonders für Großstationen mit 50—100 kW Schwingungsenergie und Wellen von 2—25 km geeignet.

Die direkte Erregung einer Antenne durch einen Wechselstromgenerator bietet wegen der erforderlichen hohen Frequenz der Maschine große konstruktive Schwierigkeiten.

Will man nun z. B. eine Frequenz n = 30000 in einer Maschine mit p = 200 Polen erzeugen, so müßte das Polrad sich u = 18000 mal in der Minute drehen; die hierbei entstehende Umfangsgeschwindigkeit erreicht bereits die für Stahl maximal zulässige Grenze von 300 m/Sek. Trotz dieser Schwierigkeiten ist es Fessenden und Alexanderson gelungen, Maschinen zu konstruieren, welche Wechselströme von der Frequenz 100000 liefern (z. B. Radio Central bei New York).

Bei unseren deutschen Großstationen in Nauen und Eilvese erzeugt man durch Maschinen großer Leistung (600 Kilowatt) einen Wechselstrom mittlerer Frequenz (n = 6000) und erhöht dann stufenweise dessen Frequenz durch besondere Schaltungen innerhalb oder außerhalb der Maschine.

Die Statorwicklung (S) der Hochfrequenzmaschine wird von der Gleichstrommaschine (G) erregt; im Rotor (R) wird dann ein Wechselstrom von der Frequenz n induziert, dessen Amplitude durch Resonanz in dem auf die Frequenz n abgestimmten Schwingungskreis ($C_1$ $L_1$) erhöht wird. Würde nun der von dem Wechselstrom durchflossene Rotor stillstehen, so würde er in der Statorwicklung einen Wechselstrom gleicher Frequenz (n) induzieren; da er sich aber synchron mit der Periode des in ihm fließenden Wechselstromes dreht, muß die Frequenz des im Stator induzierten Wechselstromes doppelt so groß, also gleich 2 n sein (erste Reflexion). Auch dieser Wechselstrom wird über einen auf die Frequenz 2 n abgestimmten Kreis ($C_2$, $L_2$) kurz geschlossen. Das entstehende Wechselfeld des Stators induziert seinerseits im Rotor wieder einen Wechselstrom von der Frequenz 3 n, der über die abgestimmte Kapazität $C_3$ geleitet wird (zweite Reflexion). Der Rotorstrom von der Frequenz 3 n wirkt

## 87. Erzeugung von Hochfrequenzströmen in Maschinen.

$$n = \frac{u}{60} \cdot \frac{p}{2}$$

## 88. Die Hochfrequenzmaschinenschaltung von R. Goldschmidt.

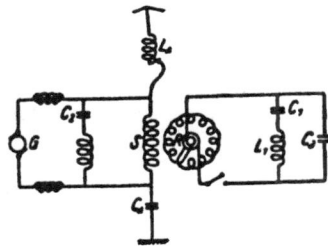

Sendewellen von Eilvese

| 14,7 km | 9,7 km |
|---|---|
| Ant.-Kapazität = 35000 cm | |
| Ant.-Leistung A = 440 kW | |
| Ant.-Strom J = 450 Amp. | |

### 89. Die Frequenzsteigerung durch ruhende Transformatoren.
#### (Epstein-Graf Arco.)

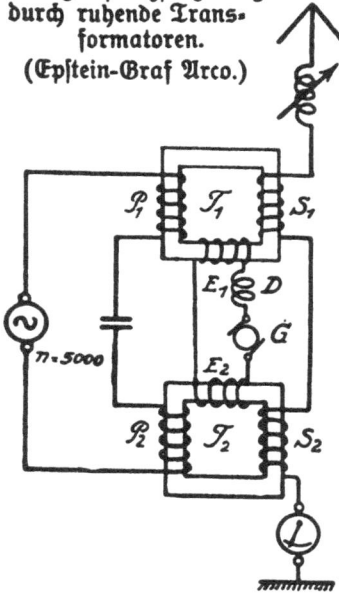

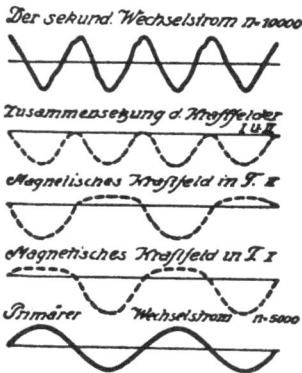

Der sekund. Wechselstrom n=10000

Zusammensetzung d. Kraftfelder I u. II

Magnetisches Kraftfeld in T. II

Magnetisches Kraftfeld in T. I

Primärer Wechselstrom n=5000

Generator:

| Leistung | A = 500 kW |
|---|---|
| Frequenz | n = 6000 |

Sendewellen:

15,8 km (n = 18000)
6,3 „ (n = 48000)
Ant.-Leistung A = 400 kW
Ant.-Strom J = 400 Amp.

wiederum auf den Stator zurück und erzeugt in diesem einen Wechselstrom von der Frequenz 4 n (dritte Reflexion), der zur Erregung der durch $L_A$ und $C_A$ abstimmbaren Antenne dienen kann.

Die größte Station dieses Systems ist in Eilvese bei Hannover errichtet.

Diese beruht auf der magnetischen Sättigung des Eisenkerns eines Elektromagneten, über welche hinaus jede Steigerung des Magnetisierungsstromes zwecklos ist.

Überlagert man nun dem Sättigungsgleichstrom eines Transformators einen Wechselstrom, so wird derselbe, solange er den Gleichstrom unterstützt, die Magnetisierung nur äußerst wenig verändern, fließt er jedoch dem Gleichstrom entgegen, so ruft er eine beträchtliche Abnahme der Magnetisierung hervor.

Diese Erscheinung wird nun in folgender Weise zur Frequenzverdoppelung verwendet. Die beiden Transformatoren $T_1$ und $T_2$ werden von der Gleichstrommaschine (G) aus durch die beiden in entgegengesetztem Sinne gewickelten Spulen $E_1$ und $E_2$ bis zur Sättigung magnetisiert. Die Drossel D verhindert das Rückschwingen der Wechselströme in die Maschine G. Der primäre Wechselstrom (n = 5000) wird über die beiden gleichsinnig gewickelten Spulen $P_1$ und $P_2$ geführt und bewirkt durch Überlagerung über den Sättigungsgleichstrom die in nebenstehenden Kurven dargestellten Änderungen der Magnetisierung in den beiden Transformatoren.

Durch Zusammenwirken der Magnetisierungsänderungen wird in den Sekundärspulen $S_1$ und $S_2$ ein Induktionsstrom hervorgerufen, der eine doppelt so hohe Frequenz (2 n) besitzt als der primäre Wechselstrom. Die doppelte Frequenz kann nun in gleicher Schaltung auf die vierfache Frequenz transformiert und dann auf die Antenne übertragen werden.

Die größte Station dieses Systems ist Nauen, deren Betriebskonstanten am Rande aufgeführt sind.

# G. Der Detektorempfänger.

a) Der Primärkreisempfänger ist zusammengesetzt aus dem abstimmbaren Antennen- oder Primärkreis (a), der die ankommenden Wellen auffängt, und einem Detektorkreis (b), der die Schwingungsenergie der Antenne aufnimmt und sie in Gleichströme, die ein Telephon erregen, umwandelt.

Der Antennenkreis besteht aus einer an die Antenne und die Erde angeschlossenen abstufbaren Selbstinduktionsspule $L_1$ und einem Drehkondensator $C_2$.

Durch Abstufung der Selbstinduktion (Stöpsel 1) kann der Empfänger auf verschiedene Wellenbereiche und durch Drehen des Kondensators auf einzelne Wellen scharf eingestellt werden. Um ferner bei derselben Antenne Wellen von möglichst verschiedener Länge empfangen zu können, wendet man folgende Schaltungen an:

1. Schaltung lang: Selbstinduktionsspule und Drehkondensator sind parallel geschaltet und wirken daher verlängernd auf die Antenne. Die Kapazität des Kondensators C addiert sich einfach zur Antennenkapazität $C_A$, die wirksame Gesamtkapazität des Primärkreises ist also: $C' = C_A + C$.

2. Schaltung kurz: Selbstinduktion und Kondensator sind hintereinander geschaltet. Die durch die Spule hervorgerufene Verlängerung wird durch den Kondensator zum Teil aufgehoben bzw. die Antenne wird bei kleinem Wert der Selbstinduktion und des Kondensators unter ihre Eigenschwingung verkürzt. In diesem Falle sind $C_A$ und $C_2$ hintereinander geschaltet, die Gesamtkapazität $C'$ ist: $\dfrac{C_A \cdot C_2}{C_A + C_2}$.

Der Detektorkreis besteht aus einer Kopplungsspule $L_2$, die mit einem Detektor und einem Telephon in Serie geschaltet ist.

90. Der Detektorempfänger.
(Empfang gedämpfter Wellen.)

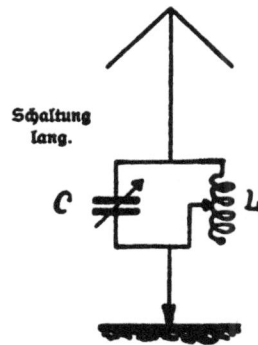

Schaltung lang.

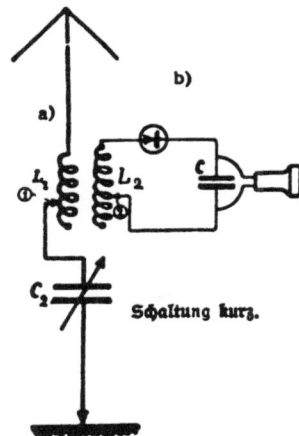

Schaltung kurz.

Klapptransformator.

Parallel zum Telephon liegt ein Blockkondensator C, der sich durch die aperiodischen Spannungsstöße im Detektorkreis auflädt und sich dann wieder über das Telephon entlädt. Die Detektorspule $L_2$ wird zweckmäßig aus dünnerem (0,1 mm) Draht hergestellt und erhält die 2= bis 3fache Windungszahl. Die Koppelung mit der Antennenspule kann durch Ineinanderschieben, Übereinanderklappen (Klapptransformator), sowie auch durch Änderung der Zahl der Windungen der Detektorspule mittels des Stöpsels 2 geändert werden.

Der Detektorkreis ist wegen des hohen Widerstandes des Detektors (ca. 500 Ohm) und des Telephons (ca. 1000—4000 Ohm) nicht schwingungsfähig. Die Entladungen gehen aperiodisch vor sich (vgl. S. 42).

b) Das Aufsuchen der Welle. Während man am Telephon horcht, dreht man bei fester Koppelung bei verschiedenen Abstufungen der Antennenspule den Kondensator langsam über die ganze Skala. Hört man dann bei einer bestimmten Einstellung Zeichen am Telephon, so ist man im Bereich einer Sendewelle. Um nun die Welle scharf einzustellen, macht man die Koppelung allmählich loser, bis man die Zeichen nur mehr in einem ganz kleinen Bereich der Kondensatorskala hört. Je kleiner nämlich der Bereich des Empfängers ist, in welchem die gesuchte Welle gehört wird, um so weniger können gleichzeitig auftreffende Wellen von größerer oder kleinerer Länge den Empfänger stören.

c) Die Abstimmschärfe (Selektivität). Ein Maß für die Abstimmschärfe erhält man, wenn man den Empfänger von der Einstellung auf stärksten Empfang nach beiden Seiten so lange verstimmt, bis der Empfang verschwindet. Die hiezu notwendige Verstimmung des Empfängers drückt man in Prozenten der Empfangswelle aus. Ist der Empfänger z. B. auf die Welle 800 m eingestellt und verschwindet der Empfang bei den Wellen 760 bzw. 840 m, so beträgt die not-

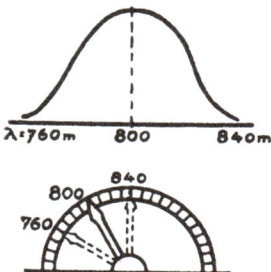

wendige Verstimmung 5%. Je kleiner
die notwendige Verstimmung ist, um so
größer ist die Abstimmschärfe. Während
für den Empfang von Morsezeichen, besonders
bei dichtem Verkehr, eine möglichst große
Abstimmschärfe erwünscht ist, darf diese für
Telephonieempfang nicht zu groß sein, da sonst
leicht Verzerrung der Sprache eintritt.

Für den Telegraphieempfang, sowie auch
zum Trennen zweier mit gleicher Stärke auf
benachbarter Welle arbeitender Telephoniesender, verwendet man den sog. Sekundär- oder
Zwischenkreisempfänger.

d) Der Zwischenkreisempfänger ge-
währt eine Erhöhung der Abstimmschärfe und
damit größere Störbefreiung.

Die Antennenschwingungen erregen zuerst
in loser Koppelung den abstimmbaren Zwischenkreis von geringer Dämpfung; von diesem aus
wird erst der Detektorkreis erregt. Der Zwischenkreis wirkt wie ein zweites, wegen seiner ge-
ringeren Dämpfung feineres Sieb für elektrische
Wellen.

Die Abstimmung des Empfängers mit
Zwischenkreis geht so vor sich, daß man zuerst
unter Ausschaltung des Zwischenkreises (Schalter
H auf P, sog. Suchschaltung) den Antennenkreis
auf die ankommende Welle abstimmt. Hierauf
wird der Zwischenkreis eingeschaltet (Schalter H
auf S) und der Kondensator C so lange gestellt,
bis im Telephon die Lautstärke am größten ist.
Infolge der durch den Zwischenkreis verzehrten
Energie wird der Empfang schwächer, jedoch
ist die Abstimmschärfe und die Möglichkeit einem
Störer auszuweichen wesentlich erhöht. Bei
enger Koppelung überdeckt die Resonanzkurve
der Störwelle diejenige der Empfangswelle; bei
loser Koppelung sind die Kurvenscheitel getrennt.

a) Die Unterbrechung des Schwin-
gungszuges. Der auf den Empfänger treffende
ungedämpfte Wellenzug kann durch den Detektor
nicht wahrgenommen werden, da die zur Er-

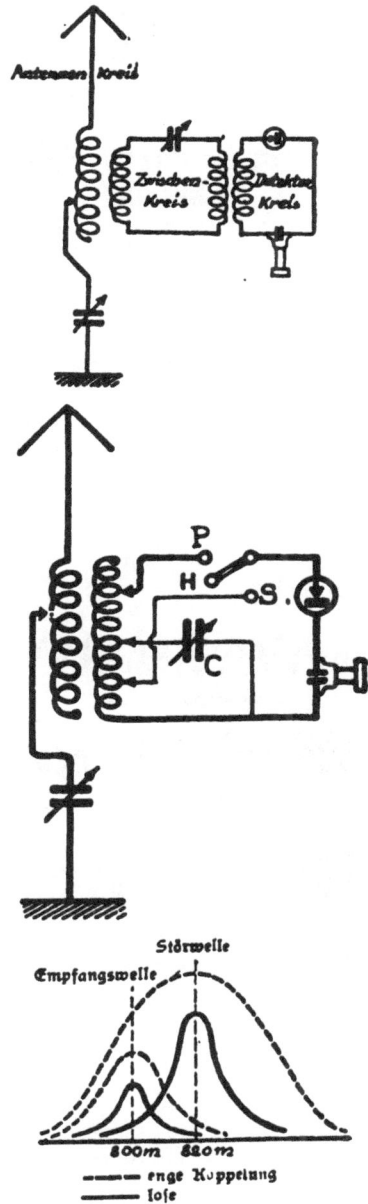

91. Der Empfang unge-
dämpfter Wellen.

Ungedämpfter Wellenzug.

Unterbrochener Wellenzug.

Detektorströme.

Telephonströme.

Antennenschwingungen

Hilfsschwingungen

Schwebungen

Telephonströme

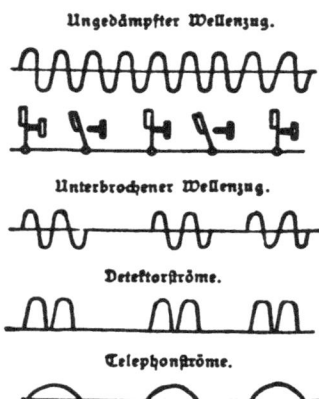

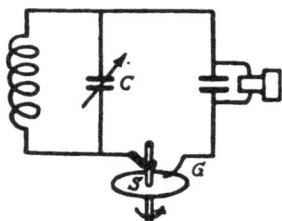

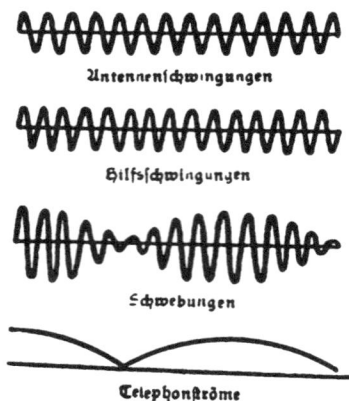

zeugung der einzelnen Stromimpulse notwendige Unterbrechung in einzelne Schwingungszüge fehlt. Man muß daher den ungedämpften Wellenzug im Empfänger zunächst künstlich durch einen Unterbrecher zerhacken, dann erst können die einzelnen Schwingungszüge durch den Detektor in gleichgerichtete Stromimpulse verwandelt und im Telephon wahrgenommen werden. Da der mechanische Unterbrecher nie ganz regelmäßig arbeitet, hört man im Telephon keinen musikalischen Ton, sondern ein Rauschen oder Krachen.

b) Der Schleiferempfang. Hier wird zur Unterbrechung des Wellenzuges eine durch ein Uhrwerk angetriebene Scheibe S verwendet, auf welche ein dünner Golddraht G leicht aufdrückt. Bei der Drehung der Scheibe vibriert der Golddraht, wobei er abwechselnd ein schnelles An- und Abschalten des Empfangskondensators C bewirkt.

c) Der Überlagerungs- oder Schwebungsempfang (Fessenden 1913) ungedämpfter Wellen kommt dadurch zustande, daß dem ankommenden Wellenzug ein auf der Empfangsstation erzeugter Wellenzug von etwas verschiedener Frequenz überlagert wird.

Ist z. B. die Schwingungszahl der aufgefangenen Welle 100 000 pro Sekunde ($\lambda = 3000$ m) und die Schwingungszahl des ungedämpften Hilfskreises um 1000 Schwingungen größer oder kleiner, also = 101 000 oder 99 000, so entstehen in der Antenne gerade 1000 Schwebungen pro Sekunde. Diese Schwebungen werden nach Gleichrichtung durch den Detektor im Telephon als musikalisch reiner Ton aufgenommen.

Verstellt man bei gleichbleibender ankommender Welle die Hilfswelle, so ändert sich die Schwebungszahl und damit der Ton. Man kann daher die Tonhöhe beliebig am Empfänger einstellen und dadurch bei Telegraphieempfang einem Störer ausweichen. Dreht man den Abstimmkondensator über einen Bereich von wenigen Graden, so hört man ein eigentümliches

Pfeifen und Zwitschern, wobei der ganze Hör-
bereich von den höchsten bis zu den tiefsten
wahrnehmbaren Tönen durchschritten wird. Die
für das Ohr günstigste Schwebungszahl ist
etwa 1400. Die hohe Abstimmschärfe des
Schwebungsempfängers erfordert daher sehr
feine Abstimmittel.

Zur Erzeugung der Hilfsschwingungen verwendete Fessenden zuerst einen Lichtbogen-
generator. Da derselbe indessen nicht konstant
genug brennt, wurde die Gleichmäßigkeit der
Schwebungen leicht gestört. Erst die Anwendung
des Röhrensenders (vgl. S. 115 ff.), der absolut
konstante Schwingungen liefert, verschaffte dem
Schwebungsempfang eine große Verbreitung.

Zur Durchführung der Eichung stellt man
den an Antenne und Erde angeschlossenen
Empfänger zunächst auf kleinste Welle, erregt die Antenne an einer Meßschleife (K) durch den
Wellenmesser (W_m) in Summerschaltung und stellt
diesen so ein, daß im Empfangstelephon größte
Lautstärke zu vernehmen ist. Die am Wellenmesser abgelesene Welle ist dann die kleinste mit
dem Empfänger aufzunehmende Welle. Hierauf dreht man den Empfangskondensator (C) von
20 zu 20 Grad weiter und stellt jedesmal den
Wellenmesser auf Resonanz. Die zu den verschiedenen Kondensatorstellungen gehörigen Wel-
lenwerte trägt man in eine Tabelle ein oder stellt
sie graphisch dar. Die Eichung muß für jede Stufe
der Selbstinduktion und zwar bei Schaltung
„lang" und bei Schaltung „kurz" vorgenommen
werden.

Aus den Eichkurven kann man dann umgekehrt die Einstellung des Empfängers für eine
bestimmte Welle entnehmen.

a) Richtempfang (R.E.). Um von einer
Empfangsstation aus nach allen Himmelsrich-
tungen die Lage von Sendestationen feststellen
zu können, stellt man zwei nach Nord-Süd und
Ost-West orientierte Richtantennen (vgl. S. 66)

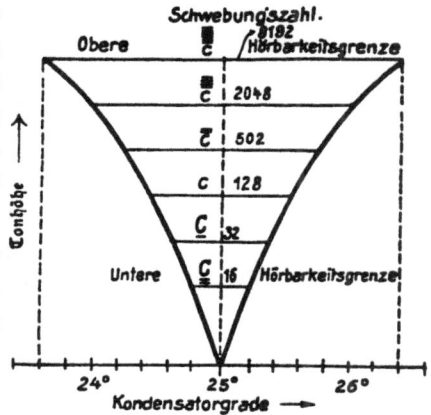

92. Eichung eines
Empfängers.

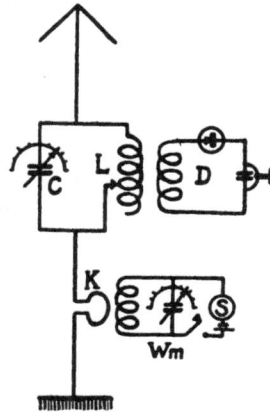

93. Richtempfang und
drahtlose Ortsbestimmung.

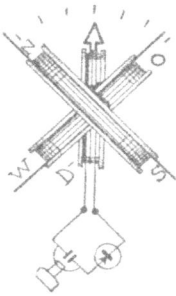

auf und führt die Enden der Antennen zu zwei gleichartigen, sich senkrecht kreuzenden Spulen NS und OW. Innerhalb der beiden Spulen ist die Detektorspule D des Empfängers drehbar angeordnet.

Entsprechend der Richtung der eintreffenden Wellenzüge, werden magnetische Felder in OW und NS induziert, die sich wieder zu einem resultierenden Feld zusammensetzen. Sobald die Ebene der Detektorspule mit der Resultierenden zusammenfällt, tritt maximale Empfangsstärke auf. Die Meßgenauigkeit beträgt ± 2°. Neuerdings ist der R. E. durch Einschaltung von Kondensatoren zur genauen Abstimmung der Antennen (G. Seibt) durch Einstellung auf das schärfer ausgeprägte Minimum sowie durch Verwendung eines Zwischenkreises so weit verbessert worden, daß die Anpeilung auf 1° genau erfolgen kann.

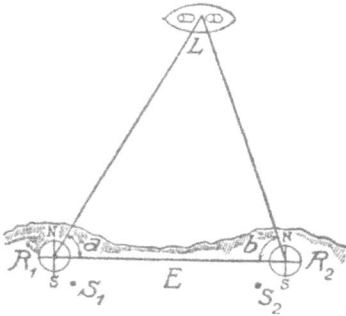

b) Die drahtlose Ortsbestimmung ist für Luftfahrzeuge und Schiffe, die bei unsichtigem Wetter ihren Standort feststellen wollen, von größter Wichtigkeit. Das Schiff (L) ist mit einer Sende- und Empfangsstation ausgerüstet. Es ruft zunächst die beiden etwa 100 km voneinander entfernten Peilstationen (Richtempfänger) $R_1$ und $R_2$ an. Die Richtempfänger stellen die Richtungen fest, aus welchen das Schiff gehört wird. Die gefundenen Winkel (a und b) werden sodann mit den nahe bei den Richtempfängern aufgestellten Sendestationen ($S_1$ und $S_2$) aus an das Schiff zurückgegeben. Der Ort des Schiffes ergibt sich dann durch Rechnung oder Konstruktion als Schnittpunkt der unter den Winkeln a und b an die ihrer Lage und Größe nach bekannte Basis E gezogenen Strahlen.

Statt der Richtempfänger verwendet man neuerdings für die drahtlose Ortsbestimmung in immer größerem Maße die drehbare Rahmenantenne.

# H. Die Elektrizitätsleitung in Luft.

Die Luft ist für gewöhnlich ein Nichtleiter der Elektrizität; unter besonderen Umständen gestattet sie jedoch den Durchgang der elektrischen Entladung. So geht z. B. zwischen zwei 1 cm voneinander entfernten Polen beim Anlegen einer Spannung von ca. 30000 Volt eine leuchtende Funkenentladung über, oder wir erhalten zwischen zwei glühenden Kohlenstäben bei 100 Volt Spannung einen hellen Lichtbogen in der Luft, der einen Strom von vielen Ampere tragen kann.

Noch auffallender und mannigfaltiger sind die Entladungserscheinungen im luftverdünnten Raume, die wir in zwei Gruppen einteilen können, nämlich in die Entladungsvorgänge zwischen kalten und die zwischen glühenden Elektroden.

In die Entladungsröhre R sind zwei Zuleitungsdrähte oder Elektroden (A und K) eingeschmolzen, an welche die Pole eines Funkeninduktors (J) mit ca. 10 cm Schlagweite angelegt werden.

Die mit dem positiven Pol verbundene Elektrode heißt Anode (A), die negative Kathode (K). Die Röhre ist durch Glasschliff mit einer Gaedeschen Quecksilberluftpumpe (P) verbunden und kann so allmählich leergepumpt werden.

Während sich anfänglich (bei Atmosphärendruck) überhaupt keine sichtbare Entladung zeigt, bemerkt man nach kurzer Zeit folgendes:

a) bei 10 mm Druck treten zwischen den Elektroden dünne, violette Lichtfäden auf (Funkenentladung).

b) Bei 4 mm Druck gehen die violetten Funken in eine rötliche Lichtsäule über, welche die ganze Breite des Gefäßes füllt.

**94. Entladungsvorgang zwischen kalten Elektroden.**

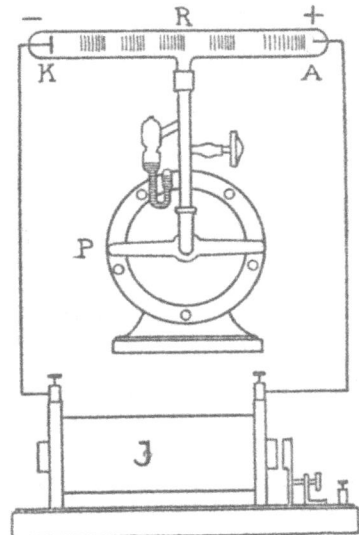

Diese sog. positive Lichtsäule ist von der Kathode durch den sog. Faradayschen Dunkelraum getrennt.

Die Kathode ist mit bläulichem Glimmlicht überzogen.

Anwendungen des positiven (Anoden-) Lichtes sind: Geißlersche Röhren, Spektralröhren, Neonlampe, Moore-Licht, Quecksilberbogenlampe.

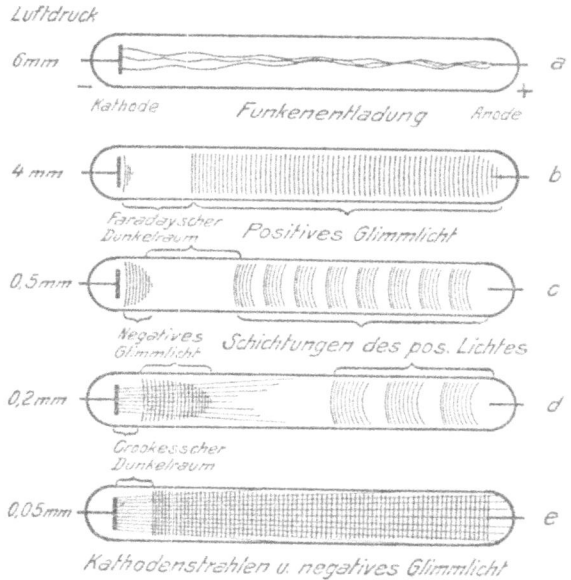

c) Bei 0,5 mm Druck zerfällt das positive Licht in einzelne, durch dunkle Räume unterbrochene Schichten.

d) Wird schließlich der Druck in der Röhre kleiner als 0,2 mm, so zieht sich das positive Licht allmählich zurück. Gleichzeitig löst sich das negative Glimmlicht von der Kathode ab, wobei zwischen der an der Kathode haftenden ersten, gelblich gefärbten Schicht und dem negativen Glimmlicht der sog. Crookessche Dunkelraum entsteht. Bei weiterer Verringerung des Luftdruckes treten aus der ersten Kathodenschicht Strahlen, welche das Glimmlicht durchsetzen und das Glas beim Auftreffen zu einer grüngelben

Fluoreszenz anregen. Es sind dies die sog. Kathodenstrahlen.

e) Die Kathodenstrahlen bilden sich bei Drucken unter 0,05 mm besonders kräftig aus, so daß die ganze Röhre in grünem Fluoreszenzlicht leuchtet.

Bei extrem hohem Vakuum (unter 0,00001 mm) geht auch beim Anlegen der höchsten Spannungen keine Entladung mehr durch die Röhre. Es kann dann eintreten, daß sich die Elektrizität, trotz eines größeren Umweges, durch die freie Luft entlädt, statt daß sie durch das Vakuum geht.

Wie in Flüssigkeiten kommt auch in der Luft die Leitfähigkeit durch die Bewegung der positiven und negativen Jonen zustande (vgl. Nr. 10). Da aber die Luft in normalem Zustande nur wenig Jonen enthält, kommt es, daß in einem schwachen Felde — etwa zwischen den Polen einer Akkumulatorenbatterie — so gut wie kein Strom durch die Luft gehen kann.

95. Erklärung der Entladungserscheinung durch die Theorie der Jonen und Elektronen.

Die Leitfähigkeit der Luft kann aber z. B. durch hohe Spannungen erheblich gesteigert werden, so daß unter plötzlichem Stromanstieg die unsichtbare Entladung in die leuchtende Funkenentladung übergeht. Man erklärt diesen Vorgang damit, daß jedes Jon, sobald es im elektrischen Felde eine genügend große Geschwindigkeit erlangt hat, die Fähigkeit erhält, neutrale Gasmoleküle beim Zusammenstoß in Jonen zu zerspalten (Stoßionisation). Die neu erzeugten Jonen werden ihrerseits wieder durch Stoß ionisierend wirken, so daß eine enorme Stromvermehrung eintreten muß. Im luftverdünnten Raume werden die Jonen viel seltener mit Luftmolekülen zusammenstoßen und daher auch schon in schwächeren Feldern, d. h. bei geringerer Spannung, die zur Stoßionisation erforderliche Geschwindigkeit erlangen.

Wenn die positiven und negativen Jonen an den Elektroden ankommen, geben sie ihre Ladungen ab.

Diese Ladungen behalten jedoch nach einer Vorstellung von Helmholtz auch nach ihrem Übergange auf den metallischen Leiter ihre Individualität bei und bewegen sich als Elektrizitätsatome oder Elektronen durch den äußeren Schließungsdraht hindurch.

Es ist bisher aber noch nicht gelungen, die positive Elektrizität frei von Materie zu beobachten; sie ist stets mit den Atomen der Materie als positives Jon verbunden. Wir müssen daher nach dem Stande der bis heute erforschten Tatsachen annehmen, daß es überhaupt nur eine Art von Elektrizität gibt, nämlich die negativen Elektronen, während die positive Elektrizität eine Eigenschaft der Materie ist, die negative Elektrizität verloren hat. Das neutrale Atom stellen wir uns danach so vor, daß um einen positiven Kern, der zugleich die Masse des Atoms enthält, gerade soviel Elektronen kreisen, daß die positive Elektrizität des Kernes aufgehoben wird. Verliert ein neutrales Atom — etwa durch Stoß — ein Elektron, so entsteht ein positives Jon; setzt sich umgekehrt ein Elektron an ein neutrales Atom fest, so bildet sich ein negatives Jon.

Den elektrischen Strom stellen wir uns danach als eine Bewegung der (negativen) Elektronen im Leiter vor. Diese Anschauung bestätigt sich durch die Tatsache, daß die Kathodenstrahlen (Abb. c und d) als frei bewegliche negative Elektronen erkannt wurden.

Die Messung der Geschwindigkeit und der spezifischen Ladung der Kathodenstrahlen, d. i. des Verhältnisses der Ladung des Teilchens zu seiner Masse, ergab, daß die Masse der Elektronen 1800 mal kleiner ist als die Masse des Wasserstoffatoms. Die Elektronen sind daher nahezu masselos und werden von der Kathode je nach der angelegten Spannung mit Geschwindigkeiten von

$$10000 - 200000 \frac{km}{sek}$$ ausgeschleudert. Die Entladungsvorgänge in Nr. 94 lassen sich danach

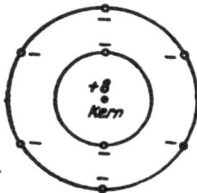

Sauerstoffatom

in folgender Weise erklären: Die ursprünglich
vorhandenen positiven Jonen fliegen auf die
Kathode zu und treiben aus ihr beim Auftreffen
negative Elektronen aus (Abb. a). Diese werden
im elektrischen Felde so beschleunigt, daß sie nach
dem im Faradayschen Dunkelraum gewonnenen
Anlauf imstande sind, durch Stoß die Luft-
moleküle zu ionisieren (Abb. b). Bei der
Stoßionisation entsteht das Licht der positiven
Säule.

Da das Leuchten der Entladungsröhre durch
die Stoßionisation hervorgerufen wird, ist es
verständlich, daß mit steigender Entladung und
Verringerung der Jonenzahl das positive Licht
verblaßt. Schließlich fliegen die von der Kathode
austretenden Elektronen, ohne merkliche Jonisation zu erregen, geradlinig und mit großer
Geschwindigkeit durch die Röhre, bis sie auf die
Glaswand treffen und diese zur Fluoreszenz
anregen (Abb. c).

Zur Unterhaltung der Entladung müssen
aber auch dann noch genügend + Jonen vorhanden sein, die bei ihrem Auftreffen auf die
Kathode die Elektronen auslösen. Hieraus erklärt es sich, daß im äußersten Vakuum zwischen
kalten Elektroden kein Strom übergehen kann.

Das höchste praktisch erreichbare Vakuum
ist etwa $\frac{1}{10\,000\,000}$ mm; es ist dann nur noch
der milliardste Teil der ursprünglich vorhandenen
Zahl von Molekülen vorhanden. Diese ist allerdings noch so groß, daß in 1 ccm des Raumes
sich noch 28 Milliarden Moleküle befinden.

Die Elektronenauslösung aus der Kathode
kann außerordentlich erleichtert werden, wenn
man sie zum Glühen bringt; durch die Tempe-
raturerhöhung wird nämlich die Geschwindigkeit der zwischen den Molekülen der Kathode
sich in dauernder Bewegung befindlichen Elektronen so gesteigert, daß sie, an die Metalloberfläche
gelangend, die molekulare Anziehungskraft über-
winden und frei in den Raum austreten können.

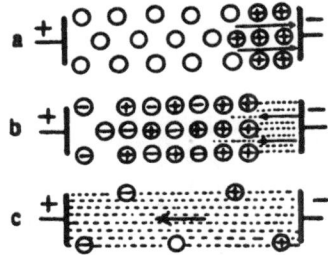

96. Elektrische Entladung
zwischen einer glühenden
und einer kalten Elek-
trode.

Legt man an die Glühkathode eine negative und an die Anode eine positive elektrische Spannung, so fliegen die Elektronen zur Anode und bilden dadurch den elektrischen Strom, der nunmehr auch im höchsten Vakuum bestehen kann. Die Heizung der Kathode, die man zweckmäßig in Gestalt eines dünnen Drahtes ausführt, geschieht am besten durch Anschließen an einen Akkumulator.

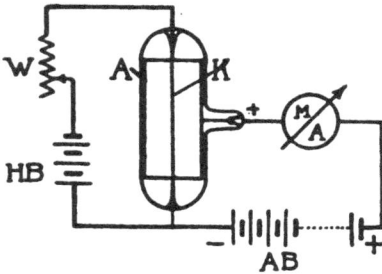

**Nachweis des Emmissionsstromes.** In der Achse einer zylindrischen, hochevakuierten (0,0001 mm-) Röhre befindet sich ein dünner Wolframdraht K, der über einen Heizwiderstand W durch eine Akkumulatorenbatterie (HB) zum Glühen gebracht wird.

Der Glühdraht ist umgeben von einem Metallzylinder A mit einer seitlichen Zuleitung. Schließt man sodann an den Glühfaden den negativen, an den Metallzylinder den positiven Pol einer Batterie (AB) von 50 Volt an, so zeigt das im Anodenstromkreis liegende Milliamperemeter (MA) einen Ausschlag von einigen Milliampere an. (Edisoneffekt.)

Dieser sog. Emissionsstrom ist bestimmt durch die Zahl der in der Sekunde übergehenden Elektronen und hängt daher von der Länge, Dicke und dem Material des Drahtes, von seiner Temperatur, und der angelegten Anodenspannung ab.

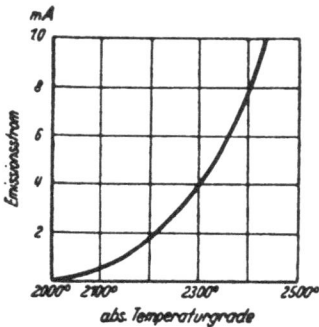

a) **Die Abhängigkeit der Emission eines Wolframdrahtes von der Temperatur** ist nebenstehend graphisch dargestellt. Die anfänglich verschwindend kleine Emission setzt plötzlich bei einer Temperatur von ca. 2000° abs. [1]) ein und steigt dann sehr steil an. Bei 1% Heizstromänderung ändert sich die Emission um etwa 12%. Die Heizstromstärke muß also zur Konstanthaltung der Emission sehr sorgfältig reguliert werden.

---

[1]) Die hier und im folgenden angegebenen Temperaturgrade sind absolute. Da der absolute Nullpunkt bei —273° C liegt, so sind 2300° abs. = 2027° C. Der Schmelzpunkt des Wolframs liegt bei 2800° abs.

Je höher die Temperatur des Fadens ist, um so kürzer ist seine Lebensdauer. Bei den älteren Verstärkerröhren mit Wolframfäden heizte man gewöhnlich mit 0,5 Ampere und 2,5 Volt Heizspannung. Die Lebensdauer dieser Röhren war dann etwa 1000 Stunden.

b) Die Abhängigkeit des Anodenstromes von der Anodenspannung veranschaulicht nebenstehende Kennlinie. Danach nimmt die Emission mit zunehmender Anodenspannung erst ganz langsam zu, wächst dann zu einer geraden Linie steil an, um dann schließlich wieder langsamer in die horizontale Sättigungslinie einzubiegen. Der merkwürdige Verlauf der Kennlinie wird durch die sog. Raumladung verursacht.

Die den Glühfaden dicht umgebenden Elektronen wirken nämlich dem elektrischen Felde zwischen Anode und Kathode entgegen und drosseln den Elektronenübergang zur Anode bei niederen Anodenspannungen ganz ab. Erst wenn bei zunehmender Anodenspannung die Elektronen aus der Umgebung des Fadens abgesaugt sind, können auch die neu austretenden Elektronen ungehindert zur Anode fliegen und zwar um so rascher, je höher die Anodenspannung ist.

Die Sättigungsstromstärke. Die Zunahme des Elektronenstromes steigt indessen mit der Anodenspannung nicht beliebig an, sondern erreicht bei konstanter Heizstromstärke einen Sättigungswert ($J_s$), über welchen hinaus jede weitere Spannungssteigerung ohne Einfluß auf den Anodenstrom bleibt. Der Strom ist gesättigt, d. h. es werden alle von der Glühkathode ausgehenden Elektronen übergeführt. Die Sättigung des Anodenstromes findet für eine gegebene Emission bei einer bestimmten Anodenspannung, der Sättigungsspannung, statt. Steigert man bei konstanter Anodenspannung die Heizung, so kommt die erhöhte Emission wegen der gleichzeitig zunehmenden Raumladung im Anodenstrom zu-

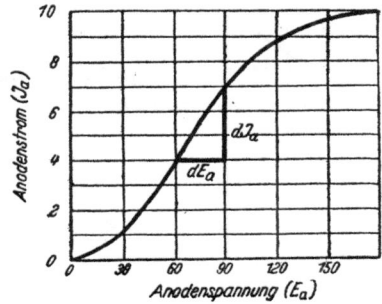

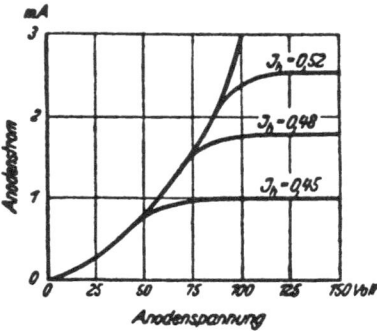

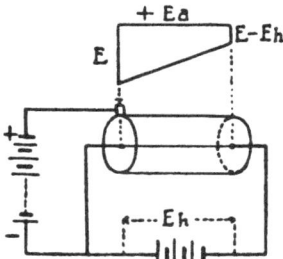

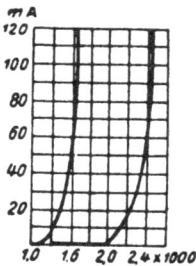

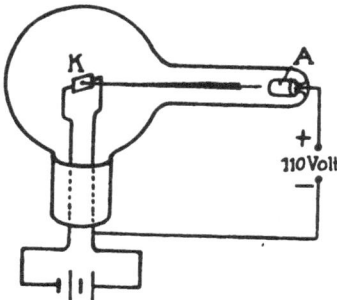

Wehneltröhre.

nächst nur in geringem Maße zum Ausdruck. Erst wenn auch die Anodenspannung entsprechend gesteigert wird, wird ein erhöhter Sättigungsstrom erreicht. Nebenstehend ist z. B. der Anodenstrom für drei verschiedene Heizstromstärken $J_h$ in Abhängigkeit von der Anodenspannung dargestellt.

Bei der Festlegung der Spannung zwischen Heizdraht und Anode muß man beachten, daß im Heizdraht ein Spannungsabfall = der Heizspannung ($E_h$) stattfindet, so daß jeder Punkt des Heizdrahtes gegen die Anode eine etwas andere Spannung hat. Die Emission ist am positiven Ende des Fadens etwas geringer als am negativen, wo der größte Spannungsunterschied herrscht. Für alle Überlegungen und Rechnungen bezieht man die Spannungen gegen den Heizdraht auf das negative Ende desselben.

c) Die Abhängigkeit der Emission vom Fadenmaterial. Die Emission der ursprünglich (bis 1920) verwendeten blanken Wolframfäden beträgt pro Watt Heizleistung 2—6 mA. Wolframfäden werden heute nur noch für Senderöhren, bei welchen Heizströme bis 100 Ampere erforderlich sind, verwendet.

Die Oxydfäden. Verwendet man als Glühkathode einen mit einem Oxyd der Erdmetalle (Kalzium, Barium, Strontium) überzogenen dünnen Platin-Iridiumdraht, so erhält man bei gleicher Temperatur einen erheblich größeren Emissionsstrom als bei Verwendung eines blanken Drahtes (Wehnelt 1903).

In der Wehneltröhre ist die Kathode (K) ein dünnes Platinblech mit einem Fleck Bariumoxyd. Wurde das Platinblech durch einen Akkumulator geheizt, so traten beim Anlegen von 110 Volt aus dem Oxyd deutlich sichtbare Kathodenstrahlen aus. Die Wehneltröhre war der Ausgangspunkt für die erste Verstärkerröhre von Lieben (1910). Während diese Röhren noch ein niederes und daher sehr inkonstantes Vakuum besaßen, ist es der fortschreitenden Vakuumtechnik der letzten zwei Jahrzehnte gelungen, auch

Oxydröhren ebenso wie die Wolframröhren mit äußerst hohem und konstanten Vakuum (1 Zehnmillionstel mm Quecksilber) herzustellen. Als Träger des Oxyds verwendet man meist Platin-Iridiumfäden von 0,1 mm Durchmesser.

Die Emission beginnt schon bei Rotglut (ca. 820⁰), und liefert pro Watt Heizleistung einen Emissionsstrom von 30—60 mA. Beim Betrieb der Röhre nutzt sich der bis zur leichten Rotglut erhitzte Oxydträger überhaupt nicht ab, nur das Oxyd verdampft sehr langsam. Starke Überheizung führt leicht zur Zerstörung des Fadens. Man muß daher stets einen Heizwiderstand vorschalten und die vorgeschriebene Heizspannung durch ein Drehspulenvoltmeter kontrollieren.

Die neueren Oxydfäden bestehen häufig aus Bariumoxyd mit 10—12% Strontiumbeimengung; sie zeichnen sich durch hohe Emission (40 bis 120 mA pro Watt Heizleistung), größte Haltbarkeit und zeitliche Konstanz aus.

Statt der Oxyde werden auch Hydride (Wasserstoffverbindungen), Azide (Stickstoffverbindungen) der Erdalkalien verwendet, die bei hoher Emission gegen Überheizung ziemlich unempfindlich sind.

Die thorierten Fäden bestehen aus einem Kerndraht aus Wolfram, dessen Oberfläche mit einer atomstarken Schicht von Thorium bedeckt ist. Der dünne (0,01—0,02 mm-)Draht gerät schon bei einem Heizstrom von 0,06—0,07 Amp. in Gelbglut, wobei man pro Watt Heizleistung je nach der Anodenspannung Emissionsströme von 30—80 mA erzielen kann. Die thorierten Fäden sind gegen Überheizung sehr empfindlich; wird der Faden nur wenige Prozente überheizt, so verdampft die dünne Thoriumschicht, die Emission bleibt aus, die Röhre wird taub. Man kann den Faden im Gegensatz zum Oxydfaden durch stärkeres ca. 30 Sekunden langes Überheizen wieder regenerieren, es bildet sich eine neue Thoriumschicht, so daß die Röhre nachher bei normaler Heizung wieder arbeitet. Da die Thoriumfäden bei der Betriebstemperatur noch elastisch sind, neigen sie zum Klingen, sonst sind sie frei vom Eigengeräusch. Da die Oxyde und das Thor gegenüber Gasresten sehr empfindlich sind, wird in die Röhren zur Erhaltung des Vakuums eine Spur Magnesium gebracht, durch welches etwa austretende Gasreste sofort absorbiert werden. Das Magnesium wird auf der erhitzten Anode zum Verdampfen gebracht, worauf es sich unter Bindung der noch vorhandenen Gasreste als feiner Metallspiegel auf die kühle Röhrenwand niederschlägt. (Verspiegelung der Röhre.)

Die Bariumfäden. Auf einem dünnen Wolframfaden wird das Barium als hauchdünner Metallüberzug aufgetragen (Metalldampfverfahren), der dann in der Röhre selbst in Oxyd verwandelt wird. Der dünne Faden benötigt nur einen geringen Heizstrom und ist mechanisch und gegen Überheizung unempfindlich. In Dunkelrotglut liefert er pro Watt Heizleistung 40 bis 100 mA Emission. Neuerdings ist es auch gelungen aus homogenem Barium Glühfäden herzustellen, die bei geringster Heizung eine sehr hohe Emission (40—100 mA pro Watt) besitzen. Da die emittierende Schicht nicht verdampfen kann, besitzt der Faden eine fast unbegrenzte Lebensdauer.

d) Emission bei schlechtem Vakuum. Ist das Vakuum der Entladungsröhre schlecht (über 0,001 mm), so zeigt die Emissionskennlinie einen unregelmäßigen Verlauf, indem z. B. nach Erreichung des Sättigungsstromes bei weiterer Spannungserhöhung von einem bestimmten Punkte an nochmals ein starker Stromanstieg eintritt. Dies beruht darauf, daß positive und negative Jonen gebildet werden, die gleichfalls auf die Elektroden zufliegen und dadurch den Emissionsstrom verstärken. Häufig treten auch an bestimmten Stellen der Kennlinie sprunghafte Änderungen auf, die durch das plötzliche Hervorbrechen von Jonen verursacht sind.

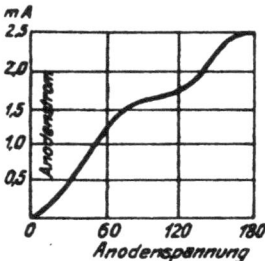

e) Die Ventilwirkung der Glühkathodenröhre. Da im hohen Vakuum der Strom-
übergang ausschließlich durch die von der Glühkathode ausgehenden negativen Elektronen erfolgt, so leuchtet es ein, daß ein Stromdurchgang
nur erfolgt, wenn an den Glühdraht der negative
Pol der Anodenbatterie angelegt wird. Erteilt
man dem Glühfaden eine positive Spannung,
so werden die Elektronen an ihrem Austritt
gehindert, es geht kein Strom durch die Röhre.

Bringt man daher eine Wechselspannung
an die Röhre, so geht immer nur der Wechsel
hindurch, bei welchem der Glühfaden negativ
aufgeladen wird; der entgegengesetzte Wechsel
wird abgedrosselt. Man kann daher eine derartige Röhre als Gleichrichter oder Ventil für
Wechselstrom benutzen. Eine vollständige Abdrosselung des Stromes beim Anlegen des positiven Poles an den Glühfaden findet jedoch nur
im hohen Vakuum statt; enthält die Röhre noch
Luft, so kann durch die Bildung von positiven
Jonen, die auf die Kathode (diesmal der Blech-
zylinder) zufliegen, ein Jonenstrom zustande
kommen. Die Stärke des Jonenstromes kann
direkt als Maß für den Grad der Verdünnung
in der Röhre dienen.

# J. Die Dreielektroden=Röhre.

**97. Die Kathodenröhre mit Gitter.**

**(Elektronenrelais.)**

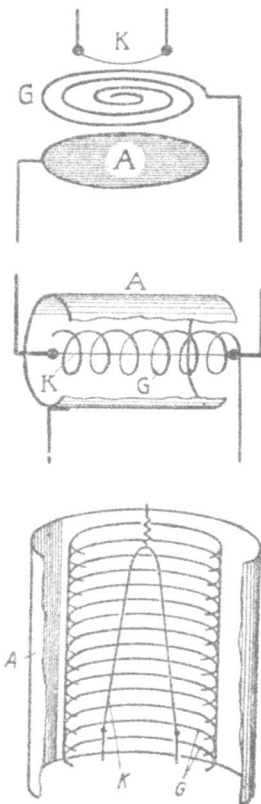

Die Kathodenröhre erlangte ihre allgemeine Bedeutung für die drahtlose Telegraphie erst durch Einführung einer dritten Elektrode, des fog. Gitters zwischen Glühdraht und Anode.

a) Bau der Röhre. Bei den erften heute nicht mehr verwendeten Röhren war die Anode als flacher Teller ausgebildet, dem der Glühfaden in 2 bis 3 mm Abftand gegenüberftand. Das Gitter beftand aus einer flachfpirale aus dünnem Draht.

Bei der zweiten fehr verbreiteten Röhrenform befteht die Anode aus einem aus Nickelblech gebogenen Zylinder von ca. 6 mm Durchmeffer, in deffen Achfe der etwa 20 mm lange Heizdraht ausgefpannt ift. Das Gitter aus Molybdändraht liegt als Spirale zwifchen Glühdraht und Anode und ift mit einer befonders forgfältig ifolierten Zuführung verfehen.

Neuerdings werden vielfach längere Heiz=fäden verwendet, die man V=förmig anordnet. Man gibt dann der Anode und dem Gitter die form eines flachgedrückten (elliptifchen) Zy=linders.

Solange das Gitter fich ohne äußere Verbindung in der Röhre befindet, wird es durch die auftreffenden Elektronen fchwach negativ geladen; dadurch wird der Raumladungseffekt gleichfam wieder hervorgerufen und der Anoden=ftrom etwas abgefchwächt. Legt man aber an das Gitter eine pofitive oder negative Spannung, fo kann hierdurch der Emiffionsftrom in weiten Grenzen gefteuert werden, worauf wir nun näher eingehen wollen.

b) Die an die Röhre angefchloffenen Stromkreife.

Wir unterscheiden außerhalb der Röhre
folgende Kreise:

1. Den Heizkreis, bestehend aus dem Heiz-
akkumulator HB, dessen Strom über den
regulierbaren Heizwiderstand dem Glühfaden zugeführt wird.

2. Den Anodenkreis, der durch Anschluß des
negativen Poles der Anodenbatterie AB an
den Glühfaden und des positiven Poles an
die Anode gebildet wird. Zur Messung
des Anodenstromes ist ein Milliamperemeter
eingeschaltet.

3. Den Gitterkreis, der durch Verbindung der
Gitterspannungsquelle mit dem negativen
Ende des Glühdrahtes einerseits und dem
Gitter anderseits entsteht. Zur Messung
des Gitterstromes ist ein empfindliches Gal-
vanometer ($10^{-6}$ Amp.) eingeschaltet.

c) Aufnahme der Kennlinie. An die
Röhre wird eine konstante Anodenspannung (z. B.
100 Volt) angelegt und die Heizspannung gleichfalls sorgfältig konstant gehalten. An das Gitter
können von einer aus frischen Taschenelementen
zusammengesetzten Batterie (GB) positive und
negative Spannungen in Stufen von 1,5 Volt angelegt werden. Zu Beginn der Messung wird das
Gitter direkt mit dem negativen Ende des Heizfadens verbunden und der zugehörige Anodenstrom am Milliamperemeter abgelesen und auf
Koordinatenpapier eingetragen.

Auf der horizontalen Achse (Abzisse) werden vom Nullpunkt aus die positiven und negativen Werte der Gitterspannung in Volt nach
rechts und links, und die Anodenstromstärken in
Milliampere auf den zugehörigen Senkrechten
(Ordinaten) nach oben abgetragen. Zur Gitterspannung Null gehöre ein Anodenstrom von
5,5 Milliampere. Wir legen jetzt ein Trockenelement (1,5 Volt) mit dem negativen Pol an das
Gitter und mit dem positiven Pol an das negative
Ende des Glühfadens. Der Anodenstrom geht
zurück auf 3,5 Milliampere. Man fährt nun in

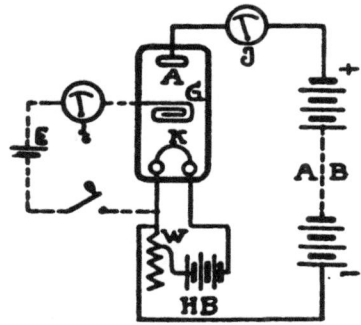

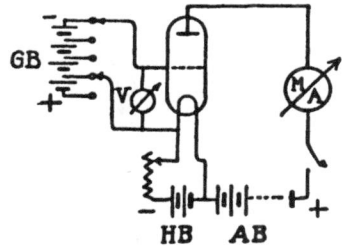

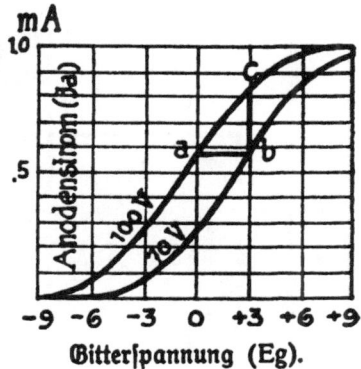

derselben Weise fort, indem man nacheinander dem Gitter Spannungen von — 3, — 4,5, — 6 Volt usw. gibt und die zugehörigen Werte des Anodenstromes abliest und einträgt.

Bei einer gewissen negativen Spannung (etwa bei — 8 Volt) wird der Anodenstrom Null; hier liegt der Anfang der zu zeichnenden Kennlinie. Hierauf schaltet man die Gitterbatterie ganz ab und legt dann ein Element nach dem anderen mit vertauschten Polen wieder an, so daß also das Gitter gegen den Glühfaden nacheinander Spannungen von + 1,5, + 3, + 6 ... Volt erhält. Der Anodenstrom steigt dann allmählich an, bis das Hinzufügen neuer Elemente (bei etwa + 9 Volt) keinen Einfluß auf den Anodenstrom mehr ausübt. Wir haben den Sättigungspunkt erreicht, welcher die obere Grenze der Kurve bildet. Man verbindet nun die eingetragenen Punkte mit freier Hand durch eine Kurve. Aus der Kennlinie ersieht man, daß die Änderung des Anodenstromes mit der Spannung des Gitters etwa in der Mitte der Kennlinie, wo dieselbe geradlinig verläuft, am größten ist. In diesem Bereiche rufen kleine Wechselspannungen am Gitter erheblich verstärkte und der Spannungsänderung proportionale Wechselströme im Anodenkreis hervor.

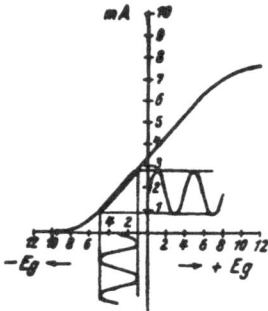

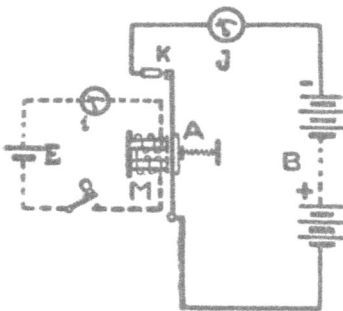

d) Die Wirkungsweise der Kathodenröhre läßt sich vergleichen mit derjenigen eines Stromrelais'. Bei diesem wird durch Schließen des äußerst schwachen Primärstromes (i) der Elektromagnet M erregt, der Anker A angezogen und durch den Kontakt K der erheblich stärkere Strom (J) der Sekundärbatterie B geschlossen.

Der primäre Stromkreis entspricht dem Gitterkreis, der Elektromagnet dem Gitter, der Anker dem Elektronenstrahl, der Sekundärstrom dem Anodenstrom. Die Kathodenröhre wirkt daher wie ein masseloses Relais (Elektronenrelais); sie kann den schwächsten und in beliebig raschem Wechsel kommenden Stromimpulsen folgen und hierauf beruht ihre große Bedeutung.

a) **Die Steilheit der Kennlinie** gibt ein Maß für den Verstärkungsgrad der Röhre. Sie ist bestimmt durch das Verhältnis: und stellt nichts anderes dar als die trigonometrische Tangente in dem betrachteten Kurvenpunkte. Für die oben dargestellte Kennlinie ist z. B. für Punkt b:

Die Steilheit ist einmal bestimmt durch die Röhrenkonstruktion und ist z. B. bei einer zylindrisch angeordneten Anode um so größer, je näher die Anode und das Gitter am Heizfaden liegen und je länger der Heizdraht ist, (daher auch V-förmige Heizdrähte). Von wesentlichem Einfluß auf die Steilheit ist auch die Emission der Röhre. Die Zunahme der Emission und Steilheit durch die neueren Oxydröhren gegenüber den alten Wolframröhren ist nebenstehend veranschaulicht.

Weiterhin ist die Steilheit für dieselbe Röhre abhängig von dem Punkte der Kennlinie, an welchem man arbeitet. Meistens ist die Steilheit in der Mitte der Kennlinie, wo der Strom dem halben Sättigungswert entspricht, am größten. Die Mitte der Kennlinie wählt man daher durch geeignete Einstellung der Gittervorspannung als Arbeitspunkt, wenn man die Röhre als Verstärker verwendet. Die Verstärkung wird dann um so größer sein, je größer die Steilheit S der Röhre ist.

b) **Der Gitterstrom.** Die aus dem Glühfaden austretenden Elektronen werden bei positivem oder schwach negativem Gitter zum Teil abgefangen und geben Anlaß zu dem sog. Gitterstrom ($J_g$), während der Rest der Elektronen zur Anode fliegt und den Anodenstrom ($J_a$) bildet.

Die Richtung des Gitterstromes ist ebenso wie die des Anodenstromes entgegengesetzt der Elektronenbewegung, also vom Gitter durch die Röhre zum Glühfaden.

Bei gesättigtem Emissionsstrom und konstanter positiver Anodenspannung (z. B. 100 Volt) wird der Gitterstrom um so größer, je

**98. Innere Eigenschaften der Röhre.**

$$S = \frac{\text{Zunahme d. Anodenstromes}}{\text{Zunahme d. Gitterspannung}}$$
$$= \frac{d\,J_a}{d\,E_g} \text{ bei konstanter Anodenspannung.}$$

$$S = \frac{2,4 \cdot m\,A}{3\,V} = 0,8\ \frac{mA}{Volt}$$

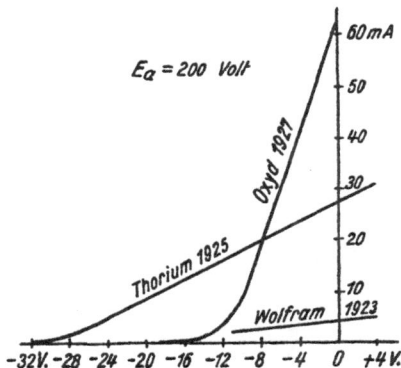

ſtärker poſitiv das Gitter gegen den Glühfaden gemacht wird. Da die Elektronen ſchon bei ihrem Austritt aus der Kathode eine gewiſſe Geſchwindigkeit beſitzen, ſo iſt der Gitterſtrom bei dem Spannungsunterſchied Null gegen die Kathode noch nicht ganz Null. Er iſt bei den Verſtärkerröhren etwa 1 Mikroampere ($10^{-6}$ Ampere). Sobald aber das Gitter etwa 1 bis 3 Volt ſtärker negativ als der Glühfaden iſt, kann es keine Elektronen mehr aufnehmen; der Gitterſtrom wird praktiſch gleich Null.

Die Unterdrückung des Gitterſtromes ſpielt beſonders bei der Anwendung der Kathodenröhre als Verſtärker eine große Rolle, wo es darauf ankommt, den Anodenſtrom möglichſt leiſtungslos zu ſteuern.

Man muß die Gittervorſpannung dann ſo ſtark negativ wählen, daß ſie auch bei Überlagerung der poſitiven Halbwelle der angelegten Wechſelſpannung negativ bleibt.

Bei ſchlechtem Vakuum kann allerdings auch bei negativen Ladungen des Gitters ein Gitterſtrom von entgegengeſetzter Richtung durch das Auftreffen poſitiver Jonen auf das Gitter entſtehen, der genau dem Anodenſtrom proportional, jedoch nach unten anſteigt. Das Auftreten des Jonen-Gitterſtromes iſt ein ſicheres Zeichen für das Vorhandenſein von Gasreſten (ſchlechtes Vakuum), das häufig mit einem Aufleuchten der Röhre verbunden iſt.

c) Der Durchgriff der Röhre und die Steuerſpannung. Der Einfluß der Anodenſpannung auf die Elektronenemiſſion wird durch das Gitter erheblich geſchwächt, da nur ein Teil der elektriſchen Kraftlinien durch die Maſchen des Gitters „hindurchgreifen" kann. Man bezeichnet den für den Elektronenſtrom wirkſamen Bruchteil der Anodenſpannung als den „Durchgriff" (D) der Röhre und drückt ihn in Prozenten aus. (Barkhauſen.)

Iſt die Gitterſpannung $E_g$, die Anodenſpannung $E_a$, ſo erhalten wir für die Steuerung

des Emissionsstromes die sogenannte Steuerspannung $E_{st}$ . . . . . . . . . . . . . . .

$$E_{st} = E_g + D \cdot E_a$$

Der Emissionsstrom ist dann bei konstanter
Heiztemperatur nur von der Steuerspannung abhängig, gleichgültig wie sich diese im einzelnen aus
der Gitter- und Anodenspannung zusammensetzt.
Insbesondere bleibt der Emissionsstrom unverändert, solange die Steuerspannung konstant
bleibt. Man kann daher jede Zunahme der
Gitterspannung durch eine entsprechende Abnahme der Anodenspannung ausgleichen und
erhält für die Berechnung des Durchgriffes die
Beziehung: . . . . . . . . . . . . . . . .

$$D = \frac{\text{Zunahme der Gitterspannung}}{\text{Abnahme der Anodenspannung}}$$
(bei konstantem Emissionsstrom).

Zur Bestimmung des Durchgriffs nimmt
man für zwei verschiedene Anodenspannungen
von 70 und 100 Volt die Kennlinie nach
S. 105 auf. Dabei stellen wir fest, daß die bei
der höheren Anodenspannung aufgenommene
Kennlinie die gleiche Gestalt wie die erstere
besitzt und sich nur nach links verschiebt. Es erklärt sich dies nach obigem daraus, daß man zur
Erzielung des gleichen Anodenstromes bei höherer
Anodenspannung das Gitter stärker negativ
machen muß.

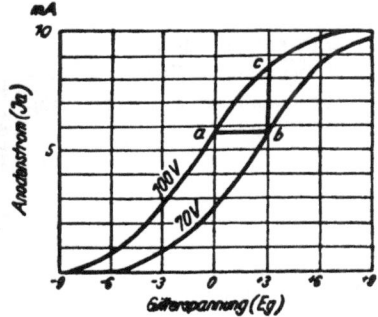

Zur genauen Ermittlung des Durchgriffs
zieht man an einer möglichst steilen Stelle der
Kennlinie eine Wagrechte von einer Kennlinie
zur nächsten und trägt den Abstand der beiden
Schnittpunkte a, b auf der Grundlinie ab. Sie
ergibt sich aus nebenstehender Figur zu 3 Volt.
Der Durchgriff der Röhre ist dann:

$$D = \frac{3 \text{ Volt}}{30 \text{ Volt}} = \frac{1}{10} \text{ oder } 10\%$$

Der Durchgriff ist durch die Bauart der
Röhre bestimmt und um so größer, je weit-
maschiger das Gitter ist. Er beträgt bei den Verstärkerröhren 10—20%, bei Senderöhren 1—10%.

Die Gitterspannung, für welche der Anodenstrom bei einer bestimmten Anodenspannung
gleich Null wird, nennt man die Verschiebespannung. Da für diesen Punkt auch die Steuerspannung Null sein muß, ergibt sich:

$$E_g = - D \cdot E_a$$

Die Verschiebespannung muß bei gegebenem
Durchgriff einer Röhre durch passende Wahl der

Anodenspannung so groß gemacht werden, daß der steilste, geradlinige Teil der Kennlinie in das Gebiet negativer Gitterspannung fällt.

d) **Der innere Widerstand der Röhre.** Liegt an einer Röhre eine Anodengleichspannung $E_a$ und beträgt der durchfließende Anodenstrom $J_a$, so ist der Gleichstromwiderstand der Röhre:

$$W = \frac{E_a}{J_a},$$

Dieser Gleichstromwiderstand hat indessen nur geringe praktische Bedeutung, da bei allen Anwendungen der Kathodenröhre entweder dem Gitter- oder dem Anodenkreis schwache Wechselströme überlagert werden. Wir führen daher den „inneren Widerstand der Röhre" gegen Stromschwankungen ein, der bestimmt ist durch den Bruch:

$$W_i = \frac{d\,E_a}{d\,J_a} =$$
$$= \frac{\text{Änderung d. Anodenspannung}}{\text{Änderung d. Anodenstromes}}$$
(bei konstanter Gitterspannung).

Man kann den inneren Widerstand ($W_i$) aus der Kennlinie des Anodenstromes (vgl. S. 105) in Abhängigkeit von der Anodenspannung im Bereich eines geradlinig verlaufenden Kurvenstückes ermitteln.

An der Stelle $E_a = 60$ Volt ruft z. B. eine Änderung der Anodenspannung um 30 Volt eine Änderung des Anodenstromes um 3 Milliampere hervor. Es ist also:

$$W_i = \frac{30\ \text{Volt}}{0{,}003\ \text{A}} = 10000\ \Omega$$

Der innere Widerstand läßt sich ferner wie der Widerstand einer Flüssigkeit in der Wheatstoneschen Brücke mit Wechselstrom messen.

Aus dem Verlauf der Kennlinie ergibt sich, daß der innere Widerstand der Röhre von dem gewählten Arbeitspunkt abhängt. Der Widerstand ist nämlich an der Stelle der größten Steilheit der Kurve am kleinsten, nimmt mit der Verflachung der Kurve zu und wird in den horizontal verlaufenden Kurvenstücken unendlich groß.

e) **Der innere Gitterwiderstand $W_g$** wird in gleicher Weise wie der Röhrenwiderstand definiert:

$$W_g = \frac{d\,E_g}{d\,J_g}$$

Für $E_g = 5$ V sei z. B.:
$$dE_g = 0{,}2\ \text{Volt}$$
$$d\,J_g = 0{,}1\ \text{Mikroampere}$$

Er kann durch Aufnahme der Gitterstromkurve in Abhängigkeit von der Gitterspannung bei konstanter Anodenspannung ermittelt werden.

Um eine gute Verstärkerwirkung zu erreichen, soll $W_g$ größer als 10 Megohm sein. Es folgt daraus, daß wir in die Gebiete negativer Gitterspannung (etwa bis — 1 Volt) rücken müssen, wo der Gitterstrom nahe gleich Null ist.

$$W_g = \frac{d\,E_g}{d\,J_g} = 2 \cdot 10^6\,\Omega$$

f) Beziehung zwischen S, D und $W_i$. Die drei Größen S, D, $W_i$, welche das Verhalten der Röhre bei der Verstärkung schwacher Wechselströme bestimmen, lassen sich durch Aufnahme zweier Kennlinien bei verschiedener Anodenspannung für jeden Arbeitspunkt der Röhre ermitteln. Durch Multiplikation der aus den Kennlinien S. 109 abgelesenen Werte für S, D, $W_i$ erhält man die Beziehung:

$$S = \frac{bc}{ab}$$
$$D = \frac{ab}{30\,V}$$
$$W_i = \frac{30\,V}{bc}$$

welche uns die Möglichkeit gibt, aus zweien von den drei Größen S, D, $W_i$ die dritte zu berechnen.

$$S.\,D.\,W_i = 1$$

a) Direkte Heizung mit der durch einen Transformator herabgesetzten Netzspannung. Um die in der doppelten Frequenz des Netzstromes erfolgenden Temperaturschwankungen und den dadurch verursachten Netzstromton möglichst herabzudrücken, verwendet man kurze und dicke Oxydfäden (sog. Kurzfäden) mit großer Wärmeträgheit und geringem Spannungsabfall (0,5 bis 1,5 Volt).

**99. Wechselstromröhren.**

Eine weitere Ursache für den Netzstromton ist das fortgesetzte Schwanken der negativen Gitterspannung beim Anschließen an das eine Ende des abwechselnd positiv und negativ aufgeladenen Heizfadens. Man kann diese dadurch beheben, daß man das Gitter an die von den Wechselspannungen unbeeinflußte Mitte des Fadens anschließt, was praktisch mit Hilfe eines dem Heizfaden parallelen Potentiometers (P) ausgeführt wird, dessen Mittelkontakt man einerseits über die Gitterbatterie an das Gitter und andererseits an die Anoden—Minusleitung anschließt. Durch Verstellen des Kontaktes erhält man den Punkt, an dem der Netzstromton sein Minimum erreicht. Zur Verringerung des Wechselstromwiderstandes des

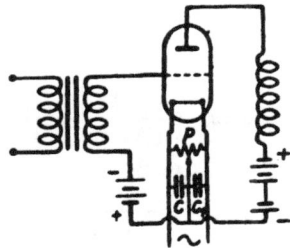

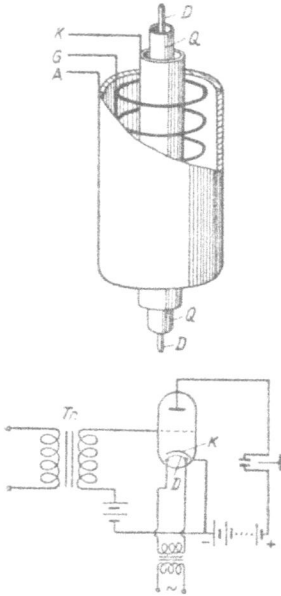

**100. Die Wirkung der
Röhren-Schaltung.**

$$i_a = S \cdot e_g$$

$$S_a = \frac{1}{D\,(W_i + R_a)}$$
$$i_a = S_a \cdot e_g$$
$$= \frac{e_g}{D\,(W_i + R_a)}$$

Potentiometers dienen die beiden Überbrückungs-
kondensatoren C und $C_1$.

b) **Indirekte Heizung.** Der Wolfram-
glühdraht D wird durch den Netzstrom auf helle
Rotglut gebracht; er ist von einem Porzellan- oder
Quarzröhrchen (Q) umgeben, das sich ebenfalls auf
Rotglut erhitzt. Über diesem befindet sich als
Kathode ein mit Oxyd überzogenes Metallröhr-
chen (K), das gleichfalls zum Glühen gebracht
einen kräftigen von den Schwankungen des Heizstromes unabhängigen Emissionsstrom liefert.
Das Gitter (G) und die Anode (A) sind als Spirale
bzw. Zylinder ausgeführt. Die Kathode wird an
den Minuspol der Anodenbatterie angeschlossen
und geerdet (vgl. Schaltschema).

a) **Das Arbeitsgesetz der Röhre.** Überlagert man der Gleichspannung des Gitters eine
kleine Wechselspannung vom Effektivwert $e_g$, so
läßt sich der dem Anodengleichstrom überlagerte
effektive Wechselstrom $i_a$ aus der Kennlinie
ermitteln. Es ist nämlich:

Dieses ist jedoch nur dann richtig, wenn die
Anodenspannung direkt an die Anode angeschlossen ist.

Wenn aber der Anodenstromkreis einen
hohen Ohmschen Widerstand $W_a$ oder einen
Wechselwiderstand $R_a$ enthält, so wird bei sich
änderndem Anodenwechselstrom die Anodenspannung und damit der Emissionsstrom erheblich geschwächt (sog. Anodenrückwirkung). Die
Stromänderung im Anodenkreis kann man dann
nicht mehr aus der statischen Kennlinie ($E_a$ =
const) entnehmen, sondern aus der Arbeitskennlinie ($E_a' = E_a - i_a \cdot R_a$), deren Steilheit ist:

Wir müssen dann schreiben:

Diese Gleichung stellt die Abhängigkeit des dem
Anodengleichstrom überlagerten Wechselstromes
($i_a$) von der Gitterwechselspannung $e_g$ dar; sie
entspricht dem Ohmschen Gesetz eines Wechsel-
stromkreises, dessen E. M. K. $\frac{e_g}{D}$, dessen innerer
Widerstand $W_i$ und dessen äußerer Widerstand

$R_a$ ift. für $R_a = 0$ geht die Formel über in die aus der Kennlinie bei konftanter Anodenfpannung abzulefende Gleichung:

b) Die Spannungsverftärkung der Röhre. Legt man in den Anodenkreis der Röhre einen hohen Ohmfchen Widerftand $W_a$ (0,5—3 Megohm), fo beträgt die an den Enden des Widerftandes $W_a$ liegende fog. Klemmenfpannung $(e_a)$ der Röhre:

Das Verhältnis der von $W_a$ abnehmbaren Spannung $e_a$ zu der zugeführten Gitterfpannung $e_g$, die fog. Spannungsverftärkung der Röhre ift dann:

$V$ nimmt mit wachfendem Widerftande $W_a$ erft fchnell dann langfamer zu. Praktifch erhält man das Optimum der Spannungsverftärkung, wenn $W_a$ etwa 4 bis 6 mal fo groß wie $W_1$ genommen wird und wenn man Röhren großer Steilheit von möglichft kleinem Durchgriff (3 bis 5%) verwendet.

Durch den Spannungsabfall an dem hohen Anodenwiderftand $(i_a \cdot W_a)$ wird die an der Röhre wirkfame Anodengleichfpannung, und damit der Anoden-Sättigungsftrom erheblich verringert; man kann alfo mit Röhren von fehr geringer Emiffion arbeiten. Vergl. die nebenftehende ftatifche und Arbeitskennlinie einer Röhre für Spannungsverftärkung.

Die Arbeitskennlinie verläuft um fo flacher, je größer der Anodenwiderftand $W_a$ ift; da bei der geringen Emiffion die Raumladung fehr zurückgeht, verläuft die Arbeitskennlinie fchon im Anlauf ziemlich geradlinig. Gegenüber der fteilften Stelle der ftatifchen Kennlinie ift der mittlere Teil der Arbeitskennlinie nach links verfchoben, weshalb man bei Spannungsverftärkern die negative Vorfpannung etwas größer (2—3 Volt) nehmen muß, damit keine Verzerrung eintritt.

Die Spannungsverftärkung $(V)$ berechnet fich nach der Formel:

c) Die maximale Leiftung des Wechfelftromes im Anodenkreis. Befindet fich

$$i_a = \frac{e_g}{D \cdot W_1}$$
$$= S \cdot e_g$$

$$e_a = i_a \cdot W_a$$
$$= \frac{e_g}{D} \cdot \frac{W_a}{W_1 + W_a}$$

$$V = \frac{e_a}{e_g} = \frac{1}{D} \cdot \frac{W_a}{W_1 + W_a}$$
$$= S_a \cdot W_a$$

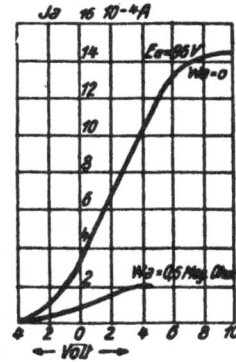

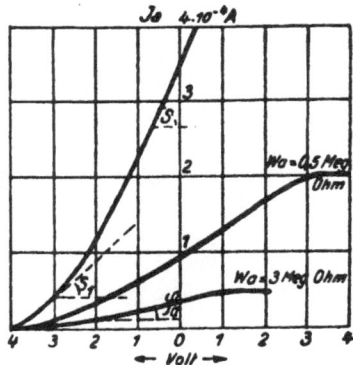

$$V = S_a \cdot W_a$$

Beifpiel:

$$S_a = 0,65 \cdot 10^{-6} \frac{Amp}{Volt}$$

$$\underline{W_a = 3 \cdot 10^6 \; Ohm}$$

$$V = 1,95 \cdot 10 = 19,5$$

$$N_a = i_a{}^2 \cdot W_a = \left(\frac{e_g}{D}\right)^2 \frac{W_a}{(W_i + W_a)^2 + R_L{}^2}$$

$$W_a = W_i$$

$$N_{a\,max.} = \frac{e_g{}^2}{4D^2W_i} = \frac{e_g{}^2 \cdot S}{4 \cdot D}$$

$$G_r = \frac{4\,N_{a\,max.}}{e_g{}^2} = \frac{S}{D}.$$

Beispiel: Röhre R. E. 97

$$S = 0,7$$
$$D = 20\%$$
$$G_r = 3,5$$

$$G_s = \frac{e_g{}^2}{N_u}$$

$$N_u = i_g \cdot e_g = \frac{e_g{}^2}{R_g}$$

$$G_s = R_g$$

$$ü = \sqrt{\frac{N_a}{N_u}}$$

im Anodenkreis eine Spule mit dem Ohmschen Widerstand $W_a$ (z. B. ein Telephon oder ein Transformator), so ist die an die Spule abgegebene Leistung:

Die Leistung $N_a$ wird bei induktionsfreier Belastung ($R_L = 0$) ein Maximum, wenn:

Man erhält also eine andere Bedingung wie für die Spannungsverstärkung.

Unter der Güte der Röhre verstehen wir nun den Ausdruck $G_r$:

Die Güte ist danach um so größer, je steiler die Kennlinie verläuft und je kleiner der Durchgriff der Röhre ist.

Das erstere leuchtet ohne weiteres ein; durch die Verkleinerung des Durchgriffes wird die schädliche Anodenrückwirkung auf den Anodenwechselstrom verringert.

Damit man bei Verkleinerung des Durchgriffs nicht in das Gebiet positiver Gitterspannung kommt, muß die Anodenspannung etwas erhöht werden.

d) Die Güte der Schaltung. Aus dem Ausdruck für die max. Leistung im Anodenkreis sieht man den großen Einfluß einer hohen Gitterwechselspannung ($e_g$). Aufgabe der Schaltung ist es nun mit der kleinen unverstärkten Leistung $N_u$ eine möglichst hohe Wechselspannung $e_g$ an das Gitter zu bringen. Unter der Güte der Schaltung versteht man daher den Ausdruck:

Bezeichnet man den zwischen Gitter und Heizdraht wirksamen Widerstand mit $R_g$, so ist:

Setzt man diesen Wert in die Gleichung für $G_s$ ein, so erhält man:

Die Güte der Schaltung ist daher gleich dem Gitterwiderstand. Zur Erzielung eines hohen Verstärkungsgrades ist der wirksame Gitterwiderstand durch Unterdrückung des Gitterstromes möglichst hoch (über 1 Megohm) zu erhalten.

e) Der lineare Verstärkungsgrad (Leistungsverstärkung) einer Röhre ist:

oder nach Einsetzung der obigen Werte für die höchstmöglichen Leistungen im Gitter- und Anodenkreise:

$$\mathfrak{u}_{max} = \frac{1}{2} \sqrt{\frac{S}{D} \cdot R_g}$$

Da die Bedingungen für die Erreichung dieser Höchstleistungen (Anpassung der äußeren an den inneren Widerstand, vollständige Unterdrückung des Gitterstromes usw.) praktisch nie sämtlich erfüllt werden können, ist der Ausdruck unter der Wurzel noch mit einem Faktor f, der den sog. Anoden- und Gitterwirkungsgrad enthält, zu multiplizieren. Wir erhalten also:

$$\mathfrak{u} = \frac{1}{2} \sqrt{f \cdot \frac{S}{D} \cdot R_g}$$

101. Kathodenröhre als Schwingungserzeuger. (A. Meißner 1913.)

a) Die Schwingungserzeugung mit Hilfe der Kathodenröhre beruht auf der sog. Rückkopplungsschaltung der Kathodenröhre. Der zu erregende Schwingungskreis (C, L) wird in den Anodenkreis der Röhre gelegt und durch die Gitterspule $L_2$ mit dem Gitterkreis induktiv gekoppelt. Anodenkreis und Gitterkreis wirken daher außerhalb der Röhre durch die sog. Rückkopplung (L, $L_2$) aufeinander ein. Man kann ebenso den Schwingungskreis an Gitter und Kathode und die Rückkopplungsspule in den Anodenkreis legen.

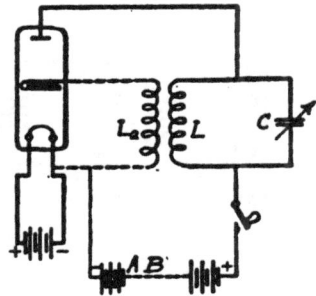

b) Der Schwingungsvorgang. Wird im Schwingungskreise (C, L) etwa beim Anlegen der Anodenspannung (AB) eine schwache Schwingung angestoßen, so überträgt sich diese durch die Rückkopplung auf den Gitterkreis. Die Spannungsschwankungen am Gitter rufen verstärkte Stromschwingungen im Anodenkreis hervor, welche die ursprünglichen Schwingungen in C, L verstärken. Die so verstärkten Schwingungen werden durch die Rückkopplung mit dem Gitterkreis abermals verstärkt und summieren sich wieder zu den Schwingungen in C, L. Das Aufschaukeln der Schwingungen erreicht einen Grenzwert, der durch die Größe und Konstruktion der Röhre und die angelegte Anodenspannung bestimmt ist. Von nun an verlaufen die Schwingungen in gleichbleibender Stärke, also ungedämpft. Die Frequenz kann mit C und L beliebig eingestellt werden.

8*

Das Aufschaukeln der Schwingungen und ihre Erhaltung auf gleichhoher Amplitude beruht darauf, daß der durch die Gitterspannungen gesteuerte Anodenstrom der ursprünglich gedämpften Schwingung des Kreises im richtigen Takte und in der geeigneten Phase Energie zuführt. In ähnlicher Weise werden die von Natur aus gedämpften Schwingungen eines Uhrpendels, durch die von der Hemmung bei jeder Schwingung übertragenen Impulse, auf gleicher Amplitude gehalten. Die geeignete Phase ergibt sich aus folgender Überlegung:

1. Während der Entladungsstrom des Kondensators in der Spule von b nach a fließt, muß am Gitter eine positive Spannung induziert werden, damit der zunehmende Anodenstrom dem Schwingungskreis Energie zuführen kann.

2. Fließt der Entladungsstrom des Kondensators dagegen von a nach b, also dem Anodenstrom entgegen, so muß am Gitter eine negative Spannung induziert werden. Der Anodenstrom wird abgeschwächt; es geht keine Energie an den Schwingungskreis über. Der Kondensator kann sich entladen.

3. So oft der Entladungsstrom bei seinem Richtungswechsel durch Null hindurchgeht, ist auch die Gitterspannung gleich Null; es findet keine Beeinflussung der Schwingung statt.

Praktisch folgt hieraus, daß der Wicklungssinn der Spule $L_2$ so gewählt sein muß, daß die induzierten Spannungen gerade um 180° in der Phase gegen die an den Enden der Spule $L_1$ herrschenden Spannungen verschoben sind.

Das gegenseitige Aufschaukeln der Schwingungen im Anodenkreis und Gitterkreis läßt sich vergleichen mit der Verstärkung von Ankerstrom und Feldmagnetismus in den selbsterregenden Dynamomaschinen (dynamoelektrisches Prinzip von W. Siemens, vgl. S. 28).

Sind die Spannungsschwankungen des Gitters z. B. bei loser Rückkopplung gering, so schwankt der Anodenstrom um die halbe Sätti-

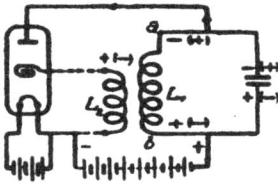

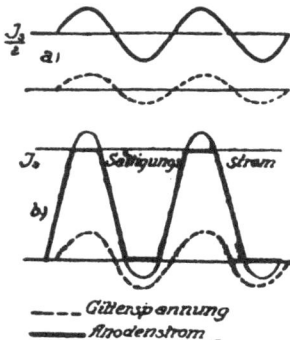

gungsstromstärke wellenförmig auf und ab (Fig. a).
Bei festerer Kopplung und höheren Gitterspannungen nimmt die Anodenstromkurve die
trapezförmige Gestalt an (Fig. b), denn der
Anodenstrom kann einerseits den Sättigungsstrom
nicht überschreiten und bleibt Null auch bei starker
negativer Gitterladung; die letztere Schwingungs-
form ermöglicht die größte Energieausbeute und
wird daher bei Röhrensendern stets angewendet.

Statt des geschlossenen Schwingungskreises
kann auch ein offener Antennenkreis durch
Rückkopplung mit der Kathodenröhre zu Schwingungen erregt werden; man erhält dann einen
Röhrensender (vgl. 155 ff.).

c) Kapazitive Rückkopplung. Bei der
kapazitiven Rückkopplung ist die Spannung
zwischen Anode und Gitter einerseits und Gitter
und Kathode anderseits durch Kondensator C
und Spule L geteilt. Die an den Enden der
Anodenspule $L_2$ auftretenden Spannungsschwankungen rufen am Kondensator C Spannungsschwankungen mit $180^0$ Phasendifferenz hervor,
womit die Bedingung für die Schwingungserzeugung erfüllt ist. Die Rückkopplung wird
um so fester, je größer C gemacht wird. Durch
Abstimmen des Gitterkreises L $C_1$ auf den
Anodenkreis $L_2$ $C_2$ wird die Schwingungsfähig-
keit der Anordnung gesteigert. Dieses Selbstschwingen der Röhren tritt daher bei Hoch-
frequenzverstärkern häufig ungewollt ein.

In der Huth-Kühn-Schaltung fällt der
Kondensator C ganz fort, die Rückkopplung wird
lediglich durch die innere Kapazität zwischen
Anode und Gitter bewirkt. Da die Kopplung
durch die Röhrenkapazität (3 bis 10 cm) auch
bei kurzen Wellen gering ist, so findet eine Schwingungserregung durch Rückkopplung nur dann
statt, wenn Anoden- und Gitterkreis nahezu aufeinander abgestimmt sind. Durch Verstimmung
der Kreise gegeneinander kann die Rückkopplung loser gemacht werden, wobei die Schwingungsenergie naturgemäß sehr zurückgeht.

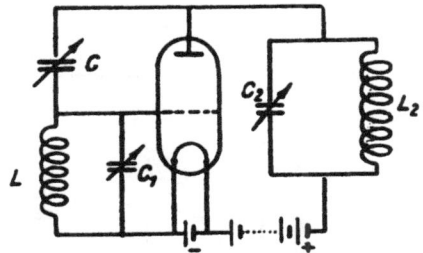

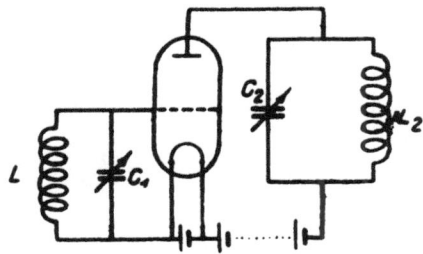

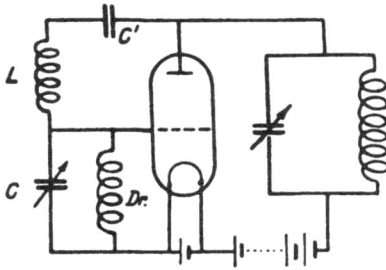

Liegt der Kopplungskondensator (C) am
Gitter, so muß durch eine parallel gelegte
Drossel D dem bei der Schwingungserzeugung
entstehenden Gittergleichstrom der Abfluß ermöglicht und durch einen Blockkondensator C'
ein direkter Übergang des Anodengleichstroms
verhindert werden. Der aus L und C zusammengesetzte Kreis wird erst durch Parallelschaltung
eines Kondensators oder Antenne—Erde geschlossen und damit schwingungsfähig.

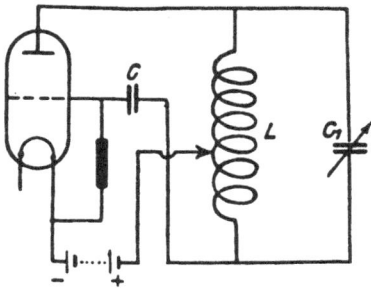

d) Eine galvanische Rückkopplung entsteht schließlich dadurch, daß man das Ende der
direkt an die Anode angeschlossenen Spule L
zum Gitter führt und einige Windungen ober-
halb zum positiven Pol der Anodenbatterie ab-
zweigt (Dreipunktschaltung). Die Spule L
liegt also mit dem oberen Teile im Anoden- und
mit dem unteren im Gitterkreis und bewirkt
so die Rückkopplung, die um so fester wird, je
näher der Abzweigpunkt an die Anodenseite
der Spule rückt.

# K. Das Audion.

Die Kathodenröhre fand als Detektor zum Empfang elektrischer Wellen ihre erste praktische Verwendung in der Funkentelegraphie. Ursprünglich (Fleming 1905) wurde eine Röhre mit einer glühenden und einer kalten Elektrode verwendet, welche die auf den Anodenkreis wirkenden Antennenströme in gleichgerichtete Schwingungsimpulse verwandelte, die in einem angeschalteten Telephon hörbar wurden. Diese Wirkung beruht ebenso wie beim Kristalldetektor (vgl. S. 55) auf der Krümmung der Röhrenkennlinie im unteren Knick. Auch neuerdings wird diese sog. Anodengleichrichtung angewendet, wobei man durch eine negative Gittervorspannung den Arbeitspunkt an den unteren Knick der Kennlinie legt. Die Röhre arbeitet dann als Hochfrequenzverstärker mit nachfolgender Gleichrichtung. Selbstverständlich läßt sich auch der obere Knick der Kennlinie zur Gleichrichtung benutzen, wobei man zur Festhaltung seiner Lage in den Anodenkreis einen Widerstand (ca. 20000 Ohm) einschaltet.

Erheblich empfindlicher ist die Gittergleichrichtung, wobei man in dem Gebiet größter Krümmung der Gitterstromkennlinie arbeitet.

Die Gleichrichtung erfolgt dadurch, daß die Vergrößerung des Gitterstromes durch die positiven Wechsel die Verringerung durch die negativen Wechsel überwiegt. Sie ist am wirksamsten in der sog. Audionschaltung.

Das Audion wirkt als Detektor mit darauffolgendem Niederfrequenzverstärker, und man kann daher mit diesem eine bedeutend höhere Lautstärke erzielen als mit dem Kristalldetektor.

In der „Audionschaltung" der Kathodenröhre mit direktem Anschluß an die Antenne wird

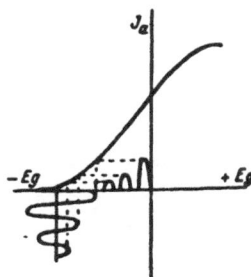

102. Audion ohne Rückkopplung.

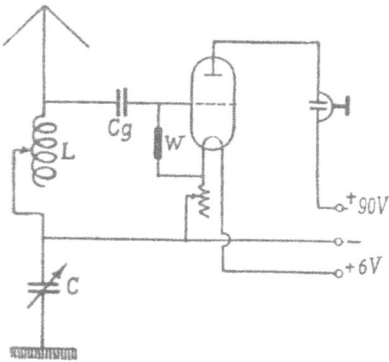

in die Gitterzuführung ein Kondensator $C_g$ von ca. 300 cm geschaltet. Zwischen Gitter und Kathode ist ein Hochohmwiderstand (W) von 1 bis 3 Millionen Ohm (Megohm) gelegt. Die Antennenschwingungen werden hier direkt an den Gitterkondensator und an das negative Ende des Glühfadens geführt. Falls der Empfänger einen Zwischenkreis hat, schließt man von den beiden Kondensatorklemmen aus an die Röhre an. Im Anodenkreis liegt das Telephon T mit Überbrückungskondensator.

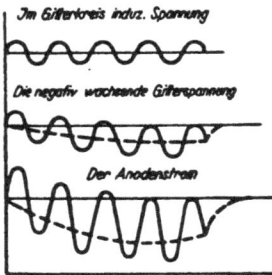

Die Hochfrequenzschwingungen erteilen der von der Röhre abgewandten Seite des Kondensators $C_g$ und damit auch dem Gitter abwechselnd positive und negative Ladungen, durch welche auch entsprechende Stromschwankungen im Anodenkreise hervorgerufen werden. Erhält z. B. das Gitter über den Kondensator eine positive Ladung, so heben die auf das Gitter treffenden Elektronen zunächst dessen positive Ladung auf und erteilen ihm darüber hinaus eine schwache negative Ladung. Geht nun die angelegte Wechselspannung durch Null hindurch, so verschwindet die Kondensatorladung, während das Gitter um den Betrag der Elektronen, die es im positiven Ladungszustande angenommen hatte, mehr negativ bleibt.

Durch den darauffolgenden negativen Spannungsimpuls der Antenne wird das Gitter negativ geladen. Im negativen Ladungszustande nimmt das Gitter keine Elektronen auf, es bleibt aber nach Ablauf der ersten Schwingung um die kleine während des positiven Wechsels aufgenommene Elektronenmenge negativer als vor Einsetzen der Schwingung.

Während der nächsten positiven Halbperiode erhält das Gitter wiederum eine positive Ladung, die aber infolge der noch zurückgebliebenen negativen Ladung nicht so hoch ansteigen kann wie beim erstenmal. Solange aber die positiven Halbperioden der Gitterspannungen zunehmen, werden Elektronen vom Gitter aufgefangen; die

Im Gitterkreis induz. Spannung

Die negativ wachsende Gitterspannung

Der Anodenstrom

mittlere Spannung des Gitters sinkt immer weiter ins Negative. Mit der Gitterspannung wird auch der durch sie gesteuerte Anodenstrom gleichfalls schwingend abnehmen.

Das Sinken der Gitterspannung ins Negative wird begrenzt durch das Abfließen der Elektrizität über den hohen, zwischen Gitter und Glühfaden liegenden Widerstand W. Je höher man diesen Widerstand macht, desto negativer kann das Gitter werden.

Nach dem Aufhören der Gittererregung fließt die gesamte überschüssige negative Elektrizität über den Widerstand ab, undes stellt sich die Ruhegitterspannung und damit der Anfangszustand der Röhre wieder ein.

Wirken auf das Gitter gedämpfte oder modulierte Wellenzüge, so überlagern sich dem Anodengleichstrom infolge der Audionwirkung einzelne hochfrequente Schwingungszüge mit verstärkter Amplitude, die über den Überbrückungskondensator dem Telephonausweichen können.

Die Schwingungszüge des Anodenstromes wirken mit ihren Mittelwerten auf die Telephonmembrane ein. Der im Telephon hörbare Ton ist daher bestimmt durch die Wellenzüge der letzten Kurve in nebenstehender Abb. unten also entweder durch die Funkenfrequenz im Sender oder bei Telephonieempfang durch die Modulation der Amplituden der Schwingungen.

a) Schaltung. Die Rückkopplung besteht darin, daß man die im Anodenkreis nutzlos schwingende, einmal verstärkte Hochfrequenzenergie, welche über den Telephonkondensator fließen kann, dem Antennen- oder Zwischenkreis und damit dem angeschlossenen Gitter nochmals zuführt. Die Kopplung kann hierbei induktiv durch eine Spule ($L_1$) oder kapazitiv durch einen Drehkondensator erfolgen. Durch diese Schaltung kann die Dämpfung der in der Antenne und im Empfänger selbst abklingenden Schwingungen erheblich reduziert und damit

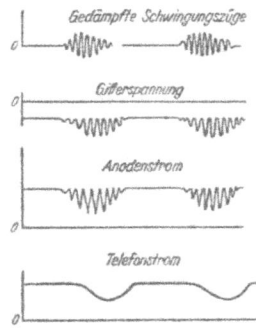

Gedämpfte Schwingungszüge

Gitterspannung

Anodenstrom

Telefonstrom

103. Audion mit Rückkopplung.

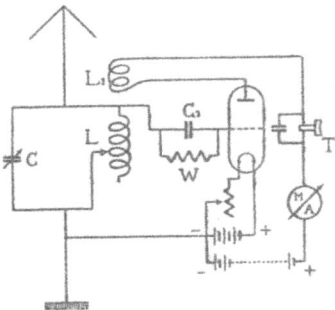

der Empfang weiter verstärkt werden. Die Dämpfung der Schwingungen in der Antenne ist eine schädliche, sofern sie durch den Ohmschen Widerstand der Antennendrähte, durch Isolations- und Erdungsverluste und durch Rückstrahlung hervorgerufen wird; nutzbringend für den Empfang ist nur die durch Abgabe von Energie an den Audionkreis verursachte Dämpfung. Durch die Rückkopplung kann man dem Empfänger so viel Energie zuführen, daß der größte Teil (z. B. 99%) des Verbrauchs in der Antenne (schädlicher Widerstand) und im Empfänger (Nutzwiderstand) gedeckt wird. Die Fernerregung hat also nur 1% zu leisten.

Man kann die Gesamtdämpfung des Empfängers praktisch zu Null machen. Die Rückkopplung wirkt daher wie ein negativer Widerstand, der die dämpfende Wirkung eines gleichgroßen positiven Widerstandes aufhebt. Die Zuführung der Energie wird durch den Grad der Rückkopplung reguliert. Dies kann bei induktiver Kopplung durch Nähern oder Ineinanderdrehen der beiden Spulen $L_1$ und $L$ geschehen. Hiebei ist zu beachten, daß auch bei gleichbleibendem Werte von $L_1$ und Verringerung der parallel liegenden Kapazität $C$ die Kopplung fester wird, da die Schwingungsenergie sich dann hauptsächlich in der Spule $L$ befindet und an ihren Enden eine höhere Spannung entsteht, die wiederum stärker auf das Gitter wirkt. Will man daher den Kopplungsgrad konstant halten, so muß man beim Abstimmen nach einer Verringerung der Kapazität $C$ die Rückkopplungsspule $L_1$ von der Gitterkreisspule $L$ etwas entfernen (die Rückkopplung lockern) und umgekehrt.

b) Wirkung der Rückkoppelung.

In I sehen wir die einer Tonfrequenz entsprechenden gedämpften Wellenimpulse, die im Telephon als einzelne Stromimpulse gehört werden.

In II macht sich die Wirkung der Rückkopplung durch eine Verringerung der Dämpfung und eine entsprechende Steigerung der Intensität der Telephonstromimpulse bemerkbar.

In III halten die Schwingungen stetig an; ihre Intensität schwankt nur nach Maßgabe der überlagerten gedämpften Schwingungsserien. In diesem Stadium würden aber die Schwingungen gerade noch aussetzen, sobald die äußere Anregung durch die Wellen des gedämpften Senders aufhört.

IV. Geht man über diesen Punkt hinaus zu noch festerer Rückkopplung, dann ist zur Unterhaltung der Schwingungen die Anregung von außen durch den Sender nicht mehr erforderlich — die Dämpfung wird negativ — es entsteht ein Selbstschwingen der Röhre mit der Frequenz der durch C und L bestimmten Welle. Arbeitet man mit einer offenen Antenne, so strahlt diese die Eigenschwingungen der Röhre aus und stört die Nachbarstationen im weiten Umkreis, was natürlich streng vermieden werden muß. Verwendet man eine Rahmenantenne, so ist die Strahlung sehr gering, und es können nur ganz nahe Stationen gestört werden.

Es ist daher für den experimentierenden Funkfreund von größter Wichtigkeit, daß er sich mit den Methoden zur rechtzeitigen Erkennung des Eintretens des Selbstschwingens und den Maßnahmen zur Verhinderung der Strahlung vertraut macht.

Das Selbstschwingen des Audions kann durch folgende Anordnungen festgestellt werden: a) durch ein in den Anodenkreis gelegtes Milliamperemeter (Meßbereich 0 bis 5 Milliampere[1]). Das Instrument zeigt bei loser Rückkopplung den Anodenstrom an, der bei einer gewöhnlichen Audionröhre ca. 2 bis 6 Milliampere beträgt. Sowie bei Näherung der Spulen $L_1$ und L (vgl. Abb. auf S. 121) die Schwingungen einsetzen, geht der Anodenstrom

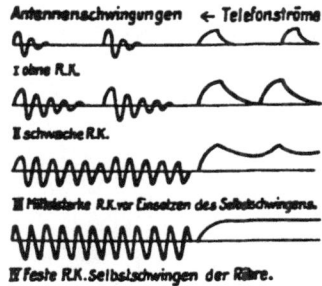

104. Erkennung des Selbstschwingens des Audions.

---

[1]) Hierzu läßt sich jedes empfindliche Drehspulenvoltmeter verwenden, wenn man den Energie verzehrenden, hohen Vorschaltwiderstand kurzschließt.

scharf bis auf die Hälfte oder auf noch weniger des ursprünglichen Wertes zurück.

Das Zurückgehen des mittleren Anodenstromes ist das einfachste und sicherste Mittel zur Erkennung des Einsetzens der Schwingungen.

b) Prüfung mit Hilfe des Telephons. Man hört bei hartem Einsetzen der Schwingungen im Telephon ein Knacken, bei weichem Einsetzen ein leises Rauschen. Die Art des Einsetzens der Schwingungen hängt von der Gittervorspannung ab; letztere ist bei hartem Einsetzen zu stark positiv, bei weichem Einsetzen zu stark negativ. Will man das Audion auf höchste Empfindlichkeit einstellen (z. B. bei Fernempfang), so muß man die Gitterspannung so wählen, daß die Schwingungen weich einsetzen; zur genauen Einregulierung der Gittervorspannung verwendet man einen Spannungsteiler in nebenstehender Anordnung.

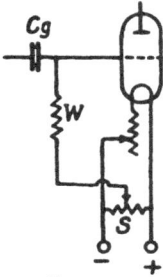

c) Prüfung mittels Meßkreises in Summererregung.

Erregt man den Schwingungskreis ($C_1 L_1$) in loser Kopplung durch einen abgestimmten Meßkreis ($C_2 L_2$) in Summerschaltung, so hört man bei loser Rückkopplung und scharfer Abstimmung der Kreise deutlich den Summerton. Koppelt man fester, so macht sich das Einsetzen der Schwingungen durch die plötzliche Zerstörung des Tones, der in ein Rauschen übergeht, bemerkbar.

Der Funker kann also auf die verschiedenste Weise kontrollieren, ob sein Audion schwingt und kann danach die zulässige Einstellung seiner Rückkopplung bis nahe an den Punkt des Einsetzens der Schwingungen ermitteln.

a) Audion mit induktiver Rückkopplung und aperiodischer Antenne. Eine erhebliche Verringerung der Antennen-Rückstrahlung (etwa auf den 10. Teil oder auf noch weniger) wird bereits durch Einfügung eines Zwischenkreises ($L_2 C_2$) erzielt. Da hier zuerst der Zwischenkreis erregt wird und dieser erst die Antenne in Schwingung

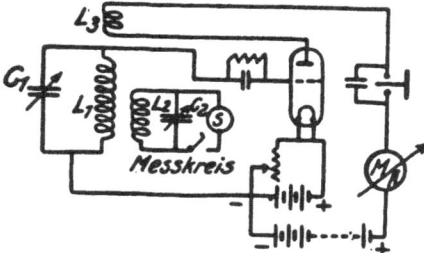

105. Audion mit Zwischenkreis.

verſetzt, ſo kann man durch loſe Kopplung die
Jntenſität der Antennenſtrahlung ganz erheblich
reduzieren. Wird ferner eine aus zwei bis drei
Windungen ($L_1$) beſtehende aperiodiſche Antenne
loſe angekoppelt, ſo wird ſelbſt bei ſchwingendem
Zwiſchenkreis die Ausſtrahlung durch die Antenne
ſehr herabgedrückt. Die Abſtimmſchärfe dieſer
Schaltung iſt deshalb ſehr groß, die Abſtimmung
ſelbſt ſehr einfach, da nur ein Kondenſator des nach
Wellenlängen geeichten Zwiſchenkreiſes ($L_2 C_2$)
zu bedienen iſt und die Antenne unverändert
bleibt. Da die nicht abgeſtimmte Antenne dem
Zwiſchenkreis nur wenig Energie entzieht, iſt
deſſen Dämpfung gering.

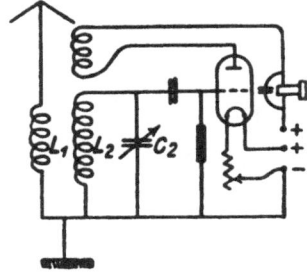

b) Audion mit kapazitiver Rückkopplung
(G. Leithäuſer). Da das Audion dann am emp-
findlichſten iſt, wenn der Apparat kurz vor dem
Selbſtſchwingen ſteht, iſt es von größter Wichtigkeit, dieſen Punkt möglichſt ſcharf einzuſtellen.
Dies iſt bei Anwendung einer induktiven Rückkopplung ſehr mühſam. Jn der nebenſtehenden
Schaltung iſt eine Feinregulierung der Rückkopplung durch einen Drehkondenſator $C_2$ im
Anodenkreiſe möglich. Der Zwiſchenkreis ($L_1, C_1$)
des Empfängers iſt einerſeits über den Gitterkondenſator an das Gitter und anderſeits
direkt an den Glühfaden angeſchloſſen. Die
Selbſtinduktion des Zwiſchenkreiſes beſitzt noch
einige freie Windungen $L_2$, die im ſelben Sinne
mit den Windungen $L_1$ laufen und über einen
Drehkondenſator $C_2$ mit der Anode des Rohres
verbunden ſind. Die zum Zuſtandekommen der
Schwingungen erforderliche Phaſenverſchiebung
von $180^0$ wird hier durch den Kondenſator $C_2$
hervorgerufen. Jm Anodenkreis liegt das Telephon oder die Primärſpule eines Transformators für Tonfrequenz, die zu einem Verſtärker
führt.

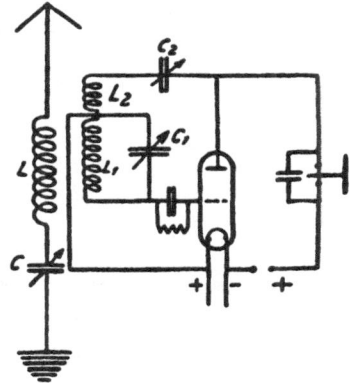

Die Rückkopplung kann hier durch Regelung des Kondenſators $C_2$, deſſen Kapazität
maximal ca. 500 cm beträgt, ſehr fein eingeſtellt
werden. Je größer die Kapazität, um ſo mehr

Strom geht von der Anode zum Gitter über und um so fester wird bei unveränderten Werten von $L_1$ und $L_2$ die Rückkopplung. Die Einstellung der Welle im Zwischenkreis erfolgt durch Abstufung der Spule $L_1$ und Drehen des Kondensators $C_1$. Bei der hohen Empfindlichkeit dieser Schaltung kann man mit außerordentlich loser Kopplung des Zwischenkreises auf die Antenne arbeiten und damit die Gefahr des Strahlens der Antenne sehr herabdrücken.

c) Strahlsichere Rückkopplungsschaltung mit Vorröhre. Die durch kapazitive Rückkopplung ($C_3$) in dem Zwischenkreis ($C_2$, $L_2$) erzeugten Schwingungen wirken hier auf die im Anodenkreis als Hochfrequenzverstärker wirkende Vorröhre $R_1$ ein; sie können natürlich durch die angeschlossene Antenne unmöglich zur Ausstrahlung kommen. Dadurch, daß zwei getrennte Anodenbatterien AB und $A_1 B_1$ verwendet werden, können auch über die Anodenbatterie keine Rückkopplungen auf die Antenne eintreten. Die genannte Schaltung ist daher eine hinreichend strahlsichere und dürfte dem Amateur besonders empfohlen werden.

Das Gerät E 266, das auf Schiffs- und Landstationen für den Telegraphieempfang große Verbreitung gefunden hat, gestattet bei kleinstem Zusammenbau mit Hilfe von auswechselbaren Spulensätzen auf große Entfernungen jede Senderart zu empfangen. In einem pultförmigen eisernen Gehäuse ist die Röhre mit Heizwiderständen, der Abstimmkondensator, Gitterkondensator ($C_g$) -Potentiometer ($S_p$) und -Ableitungswiderstand ($W_g$), der Parallelkondensator zur Anodenbatterie und der Telephontransformator $T_r$ eingebaut. Die Antennen-Verkürzungskondensatoren ($C_a$) sind ebenso wie die Wellen- und Kopplungsspulen in flache Holzkörper eingebaut und werden auf das Gerät aufgesteckt. Von den Spulen sind je zwei baulich vereinigt und gegeneinander fest einstellbar.

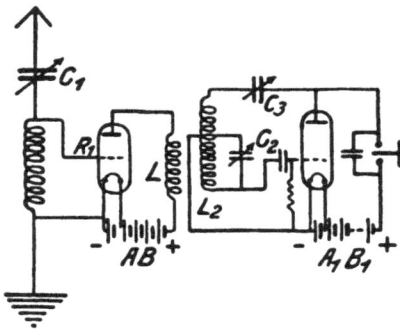

106. Audiongerät für Wellen von 300—20 000 m (Typ E 266, Telefunken).

Normaler Wellenbereich:

| Spulensatz | Wellen |
|---|---|
| I | 300— 600 m |
| II | 600— 1 200 „ |
| III | 1 200— 2 400 „ |
| IV | 2 400— 5 000 „ |
| V | 5 000—10 000 „ |
| VI | 10 000—20 000 „ |
| VII | 20 000—40 000 „ |

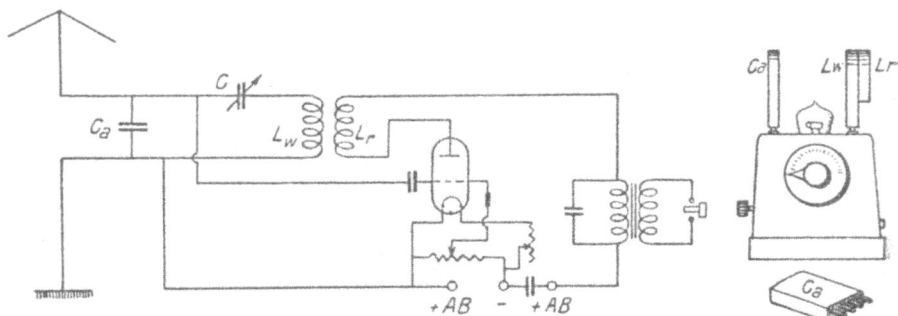

Das Gerät E 266 in Primärkreis-Audionschaltung.

1. Die Primärkreis-Audionschaltung. Hochantenne und Erde werden über die in einem Stecker eingebauten Verkürzungskondensatoren $C_a$ an den aus der festen Wellenspule $L_w$ und dem Drehkondensator C bestehenden abstimmbaren Gitterkreis angeschlossen (Kopplung auf Suchschaltung).

Die im Anodenkreis liegende Rückkopplungsspule $L_r$ kann gegen die feststehende Wellenspule $L_w$ gedreht werden. Im Anodenkreis liegt ferner ein durch Kondensator überbrückter Telephontransformator $T_r$, an welchen mit zwei Steckbuchsen das Telephon (2000 Ohm) angeschlossen wird. Zum Empfang gedämpfter Sender arbeitet man entweder bei loser Rückkopplung, wobei die Röhre nur als Audion wirkt, oder mit mittlerer Rückkopplung, wodurch die Dämpfung in den Empfangskreisen reduziert und die Lautstärke und Störungsfreiheit erhöht wird. Zum Empfang ungedämpfter Sender macht man die Rückkopplung fest und verstimmt den Empfangskreis ein wenig gegen die Sendewelle, so daß ein Überlagerungston entsteht.

2. Die Sekundärkreis-Empfängerkopplung dient zur Anschaltung des Gerätes an einen Primär-Detektorempfänger. Im abstimmbaren Gitterkreis liegt hinter der Wellenspule $L_w$ noch eine Kopplungsspule $L_k$, die zur induktiven Ankopplung des Detektorempfängers mit einer dritten Spule $L_d$ dient (sog. Empfängerkopplung). Der Gitterkreis wirkt hier als Sekundär-

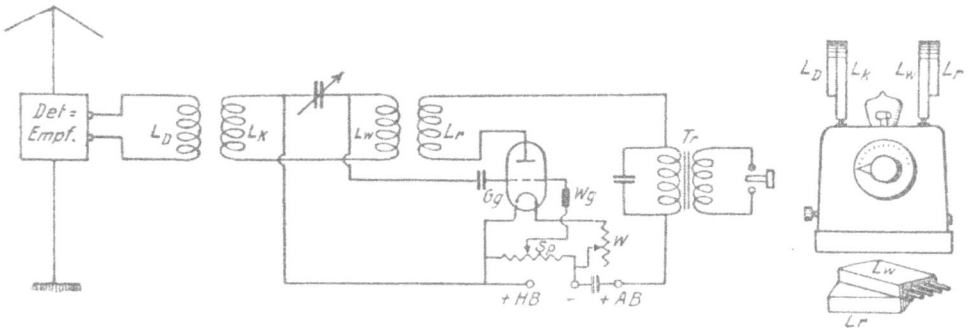

Das Gerät E 266 in Sekundärkreis-Empfängerkopplung.

107. Audionempfang ungedämpfter Wellen und Telephonieempfang.

kreis, da der Detektorempfänger bereits (primär) auf die Empfangswelle abgestimmt ist.

3. Hintereinanderschaltung von zwei Geräten. a) Sekundärempfang mit Dämpfungsreduktion und Rückkopplung. Statt des Detektorempfängers wird das Gerät in Empfängerkopplung an ein zweites Gerät in Primärkreis-Audionschaltung angeschlossen.

Primärempfang mit Überlagerung. Für Wellen über 6000 m erzielt man einen lautstärkeren Überlagerungsempfang, indem man ein zweites Gerät mit fester Rückkopplung zur Erzeugung der Hilfsschwingungen verwendet, die man auf den Gitterkreis des ersten als Audion geschalteten Gerätes in loser Kopplung überlagert. Das Telephon wird an das erste Gerät angeschlossen. Das Aufsuchen der Welle erfolgt am ersten Gerät wie in Schaltung 1.

a) Telegraphieempfang. Zum Empfang ungedämpfter Wellen verstimmt man die Antenne ein klein wenig gegen die Empfangswelle. Es entstehen dann durch Überlagerung der in der Röhre durch Rückkopplung erzeugten mit den von der Antenne aufgefangenen Schwingungen Schwebungen (vgl. S. 88), die nach Gleichrichtung und Glättung im Telephon als Ton wahrgenommen werden. Die Höhe des Tones hängt von dem Unterschied der Schwingungszahlen der ankommenden und der durch die Röhre erzeugten Wellen ab. Dreht man daher

über den Antennenkondensator hinweg, so macht
sich das Vorhandensein einer ungedämpften
Sendestation durch ein kurzes Pfeifen bemerkbar, indem die ganze Conskala von den höchsten
zu den tiefsten Tönen einmal herunter und
dann hinauf bestrichen wird.

b) Telephonieempfang. Kommt man
mit dem Audion in den Bereich eines Telephoniesenders, so hört man beim Feststellen des Antennenkondensators keine Morsezeichen, sondern einen
dauernden Ton, der durch Überlagerung der Trägerwelle des Senders über die Eigenschwingung
des Audions entsteht. Man muß nun genau auf
die Lücke zwischen den beiden tiefsten Tönen
einstellen, in welcher der Ton verschwindet und
unter Lockerung der Rückkopplung warten, bis
man Musik oder Sprechen deutlich hört. Da
die Trägerfrequenz (n) durch die Modulation
in ein Frequenzband von der Breite n $\pm$ 8000
umgewandelt wird, so werden bei scharfer Abstimmung des Audions auf die Trägerfrequenz und
geringer Dämpfung die Seitenfrequenzen benachteiligt (vgl. Kennlinie).

Damit die Klangwiedergabe durch den Verlust der Seitenbänder nicht verzerrt wird, soll
die Dämpfung des Audionkreises nicht unter
0,01—0,04 liegen.

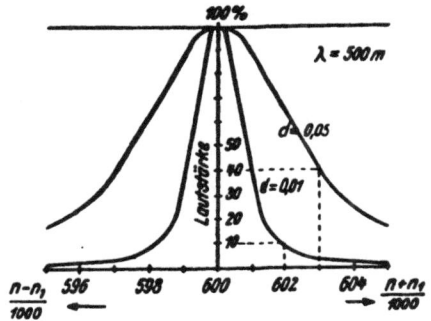

# L. Verstärker und Röhren-Empfangsschaltungen.

Die hohe Empfindlichkeit der Kathodenröhre als Relais macht sie besonders geeignet zur Verstärkung der von einer Antenne aufgefangenen schwachen Wechselströme, die mit dem Telephon nicht mehr nachweisbar sind.

Es handelt sich dabei um Wechselströme, die Bruchteile eines Hundertmillionstel Ampere betragen und die erst nach 100- bis 1000facher Verstärkung das Telephon erregen können. Zur Verstärkung dieser schwachen Wechselströme bieten sich zwei grundsätzlich verschiedene Möglichkeiten: entweder man schaltet die Röhre hinter den Detektor und verstärkt die niederfrequenten Impulse, oder man legt die Röhre vor den Detektor, so daß die hochfrequenten Antennenschwingungen vor ihrer Gleichrichtung verstärkt werden.

Wir unterscheiden danach den Niederfrequenz- (N. f.) und den Hochfrequenz- (H. f.) verstärker.

**108. Kopplungselemente der Verstärker.** Zur Kopplung der Röhren untereinander sowie zum Anschluß des Detektors und des Telephons verwendet man Transformatoren, Drosseln und Widerstände.

a) Die Transformatoren. Bei N.f.-Verstärkern werden durchweg Transformatoren mit geschlossenem Eisenweg (Kerntransformatoren) verwendet. Die übereinander liegenden Primär- und Sekundärwicklungen aus Kupferdraht von 0,03 bis 0,05 mm Dicke, mit Seide isoliert, werden zur Verringerung der Spulenkapazität in einzelne Scheiben unterteilt. Das Übersetzungsverhältnis beträgt für Eingangstransformatoren 1 : 5 bis 1 : 20, für Durchgangstransformatoren 1 : 3 bis 1 : 6.

Die Windungszahlen werden so gewählt, daß der Wechselstromwiderstand der Primär- bzw. Sekundärwicklung möglichst dem Widerstand der Eingangs- bzw. Ausgangsseite angepaßt ist. Diese Anpassung läßt sich auf der Sekundärseite des Transformators, an welcher der hohe Gitter-widerstand (10 Megohm) liegt, nur annähernd durchführen, zumal auch die Eigenkapazität der Wicklungen (durchschnittlich 60 bis 80 cm) nicht zu groß werden darf. Gebräuchlich sind auf der Primärseite 5000 bis 20000, auf der Sekundärseite 15000 bis 60000 Windungen. Der Isolationswiderstand des Transformators auf der Sekundärseite muß wenigstens 10 Megohm betragen. Die Spulen müssen so gut isoliert sein, daß sie bei einer Gleichspannungsbelastung von ca. 400 Volt nicht durchschlagen.

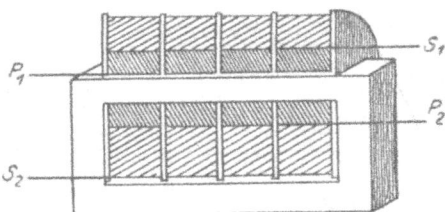

Die H.f.-Transformatoren enthalten wegen der stark dämpfenden Hysteresis- und Wirbelstromverluste meist keinen Eisenkern. Da ferner die magnetische Fernwirkung mit der Frequenz zunimmt, können Primär- und Sekundärwicklung des H.f.-Transformators weiter auseinander gelegt werden, wodurch auch eine höhere Selektivität erzielt wird. Wichtig ist eine gute Isolation; als Spulenkörper verwendet man daher meistens Pertinax, als Isolation des 0,1 bis 0,2 mm starken Kupferdrahtes Email oder Baumwolle. Durch Unterteilung der Spulen in einzelne Scheiben kann die Eigenkapazität herabgedrückt werden. Die Windungszahl der Primärspule richtet sich nach dem Wellenbereich und liegt für Wellen von 300 bis 1000 m zwischen 100 bis 300, für Wellen von 1000 bis 5000 zwischen 300 und 600. Das Verhältnis der Windungszahlen wird meist 1:1 bis 1:2 genommen.

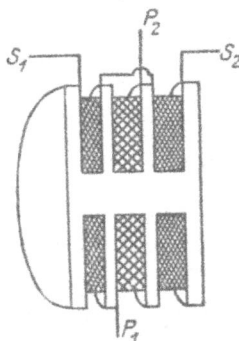

b) Drosseln. Als N.f.-Drosseln verwendet man am bequemsten die Sekundärwicklung eines Transformators.

Die H.f.-Drosseln werden aus 0,1 bis 0,05 mm starken emailliertem oder seideumsponnenem Kupferdraht auf eine Pertinazspule von 20 bis 50 mm Durchmesser gewickelt.

Die Windungszahl liegt für Wellen von 1000 bis 3000 m zwischen 300 und 900, der Ohmsche Widerstand zwischen 100 und 300 Ohm. Zur Abflachung der Resonanzkurve empfiehlt es sich, an die Kupferwicklung noch etwa 10% Nickelindraht aufzuwickeln.

c) Hochohmwiderstände werden in gleicher Weise zur Kopplung von N.f.- und H.f.-Verstärkern sowie als Gitterwiderstände verwendet. Die größte Verbreitung haben die Silitstäbe (Siliziumkarbid) mit Widerstandswerten von 10000 Ohm bis 10 Megohm gefunden. Bei H.f.-Verstärkung wirkt die Eigenkapazität der Stäbe (ca. 20 cm) nachteilig, außerdem sind sie etwas hygroskopisch. Diese Nachteile werden vermieden bei den in luftleere Schutzrohre eingeschlossenen Widerständen geringster Kapazität. Als Widerstandskörper wird entweder eine fein zerstäubte Metallschicht (Loewe) oder ein verkohlter Zellulosefaden (Leithäuser) verwendet.

Behelfsmäßig kann man sich einen Hochohmwiderstand durch einen auf Hartgummi oder Porzellan zwischen zwei Klemmen gezogenen Graphitstrich, den man zum Schutze gegen Feuchtigkeit mit Schellack überzieht, herstellen.

a) Der Zweifachverstärker in Transformatorenkopplung. Man schickt die schwachen Detektorströme in die Primärspule des Eingangstransformators $Tr_1$. Das Ende der Sekundärspule führt man an das Gitter, ihren Anfang an die Kathode der Röhre $R_1$. Durch den Spannungsabfall an dem in der negativen Zuleitung liegenden Heizwiderstand erhält das Gitter eine negative Gittervorspannung von 1 bis 1,5 Volt. Die Anode der Röhre $R_1$ wird mit dem Anfang, der positive Pol der Anodenbatterie mit dem Ende der Primärwicklung des Durchgangstransformators $Tr_2$ verbunden. Die Sekundärspule von $Tr_2$ wird in gleicher Weise an Gitter und Kathode von $R_2$ angeschlossen

Loewe-Hochohmwiderstand.

**109. Schaltung des N. F.-Verstärkers.**

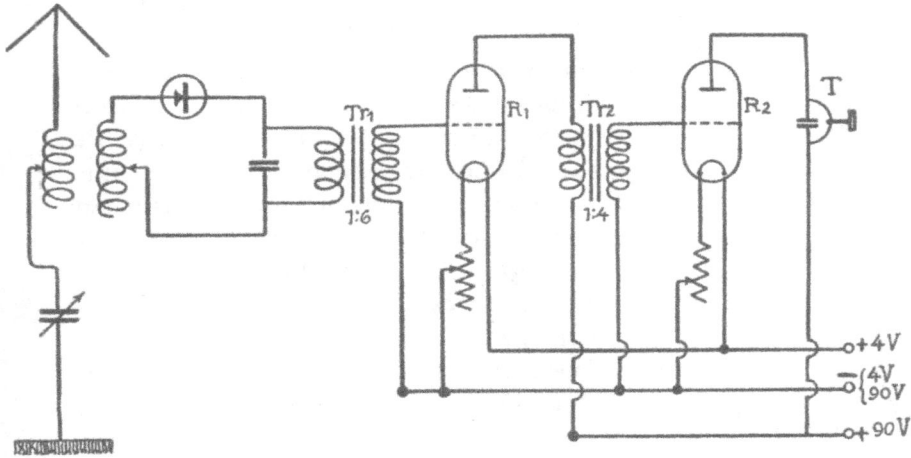

wie $Tr_1$ an $R_1$. Das Telephon liegt im Anodenkreis der zweiten Röhre und wird überbrückt
durch einen Blockkondensator von 1000 bis
2000 cm Kapazität, der die Resonanzlage des
Telephons verbreitert und damit die Spitzen
der Konkurven abrundet.

Mehr als drei Stufen werden in der Trans-
formatorschaltung gewöhnlich nicht verwendet,
da dann leicht Verzerrungen durch Resonanz
und Pfeifen durch unvermeidliche Rückkopplung
auftritt.

b) Die Widerstandskopplung. Die von
der Antenne aufgefangenen Wechselspannungen
werden direkt dem Gitter und Glühfaden der
ersten als Audion geschalteten Röhre zugeführt.
Das Gitter erhält eine negative Vorspannung von
2—3 Volt.. Im Anodenkreis des Audions liegt
ein hoher Ohmscher Widerstand $W_a$, an dessen
Enden infolge des Ohmschen Spannungsabfalles
$(i_a \cdot W_a)$ erhöhte Wechselspannungen auftreten,
die über einen Kondensator C dem Gitter der
zweiten Endverstärkerröhre zugeführt werden.
Der sehr sorgfältig isolierte Kondensator C schützt
das Gitter gegen die hohe Anodengleichspannung.
Der Gitterableitungswiderstand $W_g$ sorgt dafür,
daß die mittlere Gitterspannung für den günstigsten Arbeitspunkt der Kennlinie eingestellt bleibt.

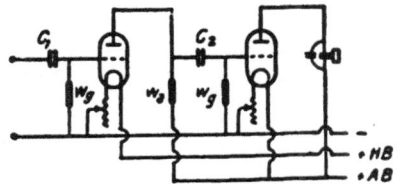

Das Telephon mit Telephonkondensator liegt im Anodenkreis der letzten Röhre. Reichen die an dem Widerstand $W_a$ abgenommenen Spannungen zur wirksamen Betätigung der Endverstärkerröhre noch nicht aus, so schaltet man eine zweite Röhre in Widerstandskopplung hinter die erste. Die Bemessung der Kopplungswiderstände hängt wesentlich von dem inneren Widerstand der Röhre ab. Zur Erzielung hoher Spannungsverstärkung soll nach S. 113 der Durchgriff der Röhre möglichst klein sein. Dabei ist aber zu beachten, daß mit abnehmendem Durchgriff der innere Widerstand der Röhre: . . . . . . . . . . . .

$$W = \frac{1}{S.\,D.}$$

zunimmt und daher auch der Kopplungswiderstand $W_a$ zur Erzielung einer günstigen Verstärkung groß gewählt werden muß. Außerdem erfordert ein kleiner Durchgriff eine hohe Anodenspannung, um den geradlinigen Teil der Kennlinie in das Gebiet negativer Gitterspannung zu bringen.

Verwendet man eine gewöhnliche Verstärkerröhre (D = 10%, $W_i$ = 30000 Ohm), so genügt zur Kopplung ein Widerstand: $W_a = 4 W =$ 120000 Ohm; als Gitterableitwiderstand wählt man $W_g = 0,5$ Megohm und als Gitterkondensator $C_g = 10000$ cm. Die Spannungsverstärkung einer Röhre ist dann etwa 7—9 fach. Durch Verwendung von Spezialröhren mit einem Durchgriff von 3—5% und einem inneren Widerstand von 200000 bis 300000 Ohm läßt sich mit einem Kopplungswiderstand von 3 Megohm, einem Gitterableitungswiderstand von 5 Megohm und einem Gitterkondensator $C_g = 500$ cm etwa eine 20 fache Spannungsverstärkung erzielen.

Der hohe Anodenwiderstand setzt die wirksame Anodengleichspannung bedeutend herab, so daß auch der Anodenstrom sehr klein wird (0,01—0,03 mA). Man kommt daher mit Röhren sehr geringer Emission aus, die nur einen geringen Heizstrom brauchen, was für die Lebensdauer der Röhre sehr günstig ist.

In Anbetracht der geringen Stromstärke und Spannungen ist es wichtig, sämtliche Leitungsteile sehr gut zu isolieren, blanke Flächen dürfen nur auf Pertinax oder Trolit befestigt werden. Die Kapazität $C_2$ muß so bemessen sein, daß ihr kapazitiver Widerstand klein gegenüber dem Gitterwiderstand der folgenden Röhre ist, damit die Wechselspannungen ohne Verluste übertragen werden. Da die innere Röhrenkapazität und die der Zuleitungen zusammen ca. 30 cm beträgt, so reicht ein Kondensator von 200—500 cm aus. Macht man ihn größer, so werden die hohen Töne benachteiligt, was leicht zu Verzerrungen der Klangfarbe führt.

Die Widerstandskopplung hat gegenüber der Transformatorkopplung den Vorzug, daß sie mit geringstem Anodenstrom und infolgedessen geringster Heizleistung, für jede Frequenz gleichmäßig also aperiodisch verstärkt.

Praktisch liegt allerdings dem Kopplungswiderstand die Kapazität der Röhre und der Zuleitungen parallel, deren Widerstand von der Frequenz abhängt; infolgedessen nimmt auch der Verstärkungsgrad etwas mit der Frequenz ab. Es ist daher wichtig, die schädlichen Kapazitäten klein zu halten.

Eine Übergangsstufe von der Widerstandskopplung zur Transformatorkopplung stellt die Drosselkopplung dar. Als Anodenwiderstände werden hier Drosselspulen eingeschaltet, deren Widerstand $R_a$ sich aus dem Ohmschen Widerstand $W_a$ und dem induktiven Widerstand ($W_L$) zusammensetzt. Es ist: . . . . . . . . . .

$$Ra = \sqrt{W_a{}^2 + W_L{}^2}.$$

Verwendet man Röhren mit 30000 Ohm innerem Widerstand, so läßt sich mit Drosseln von 40 bis 50 Henry für mittlere Frequenzen ein genügend großer Kopplungswiderstand erzielen.

c) Die Endverstärkung. Zur Erzielung großer Leistungen, wie sie z. B. im Betrieb mehrerer großer Lautsprecher erforderlich sind, verwendet man als letzte Röhre eine sog. Endverstärkerröhre. Es sind dies Röhren, durch welche

meift bei höherer Anodenfpannung (200—500
Volt) ein Anodenftrom von 20—70 mA bei möglichft großer Leiftungsabgabe gefteuert wird. Arbeitet man mit normalen Anodenfpannungen, fo
find Röhren mit großem Durchgriff (15—20%)
erforderlich, um eine genügend große Verfchiebe-
fpannung (D · E$_a$) zu erzielen.

### 110. Verftärkungsgrad.

$$a = \frac{1}{2} \sqrt{f \cdot \frac{S}{D} \cdot R_g}.$$

Der Wirkungsgrad eines Leiftungsverftärkers
läßt fich nach S. 115 durch die Formel für die
lineare Verftärkung (ü) berechnen: . . . . . .

Der Einfluß der Röhre ftellt fich in den
Größen S und D dar. Man verwendet daher
zur N.F.-Verftärkung hochevakuierte Röhren mit
großer Steilheit (z. B. 2 mA/Volt) und arbeitet
in der Mitte des geradlinigen Teiles der Kennlinie. Der Durchgriff der Verftärkerröhren liegt
für die erften Stufen zwifchen 10 und 12%, für
die Endftufe zwifchen 15 und 20%. Bei zu kleinem
Durchgriff rückt die fteilfte Stelle der Kennlinie
bei normalen Anodenfpannungen leicht aus dem
Bereich der negativen Gitterfpannung.

Der Einfluß der Schaltung auf die Verftärkung fteckt in den Größen Rg und f. Der
Gitterwiderftand (Rg) muß zur Erzielung einer
guten Verftärkung durch Unterdrückung des
Gitterftromes (negative Vorfpannung des Gitters)
richtige Wahl der Anodenfpannung und forgfältige Jfolierung aller mit dem Gitter in Verbindung ftehenden Leitungen möglichft hoch
(auf etwa 10 Megohm) gehalten werden.

Damit auch durch den an das Gitter angefchloffenen Transformator keine Verringerung
des Gitterwiderftandes hervorgerufen wird, muß
der Jfolationswiderftand der Sekundärfeite etwa
10 Megohm betragen. Ferner muß die Kapazität
der Wicklungen auf ein Mindeftmaß, ca. 70 cm,
befchränkt werden, denn fie ftellt einen kapazitiven
Nebenfchluß zum Gitterwiderftand dar.

Von großem Einfluß auf den Verftärkungs-
grad (Faktor f) ift fchließlich die richtige Wahl
des äußeren Widerftandes der Schaltung im
Verhältnis zum inneren Widerftand der Röhre.

für eine hohe Leistungsabgabe z. B. in der Endröhre soll der äußere Widerstand gleich dem inneren sein. Reicht hiezu der Wechselwiderstand einer oder mehrerer hintereinander geschalteter Telephone nicht aus, so empfiehlt sich die Anwendung eines Ausgangstransformators. Dieser wandelt die Anodenwechselspannung in eine niedrigere um, die dann dem Lautsprecher oder Telephon zugeführt wird. Ist das Übersetzungsverhältnis des Transformators z. B. 3 : 1, so belastet nunmehr das Telephon mit seinem neunfachen Widerstand den Anodenkreis. Da der Wechselwiderstand eines Telephons ca. 10 000 Ohm beträgt, so wäre damit der wirksame Anodenwiderstand 90 000 Ohm.

Unter Beachtung der genannten Bedingungen wird die Lautstärke am Telephon durch eine Röhre 10- bis 15 fach, durch zwei Röhren 100- bis 200 fach, durch drei Röhren 1000- bis 3000 fach verstärkt.

Neben dem Verstärkungsgrad ist die Verzerrungsfreiheit des Verstärkers von großer Wichtigkeit. Auch diese hängt teils von der Röhre, teils von der Schaltung ab.

a) Verzerrungen durch die Röhre können entstehen: wenn der Arbeitspunkt nicht in der Mitte des geradlinigen Teiles der Kennlinie oder wenn er im Bereich positiver Gitterspannung liegt; Anoden- und Gitterspannung sind daher sorgfältig auszuwählen. Übertreten die angelegten Gitterwechselspannungen den geradlinigen Bereich der Kennlinie, so wird die Röhre übersteuert, man muß dann die Spannungen durch Austausch des Eingangstransformators gegen einen solchen mit geringerem Übersetzungsverhältnis oder durch Parallelschalten eines Widerstandes von 300 000 bis 600 000 Ohm zu dessen Sekundärseite herabsetzen.

b) Verzerrungen durch die Schaltung können im Transformator durch den Wechsel- und Anodengleichstrom eintreten. Jeder Transformator hat nämlich eine bestimmte Eigen-

111. Verzerrungen beim N.F.-Verstärker.

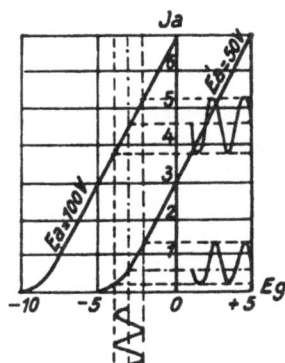

Einfluß der Anodenspannung auf die Verzerrung.

frequenz, die bei der hohen Induktivität von
100 bis 150 Henry und der ihr parallel liegenden
Kapazität von 60 bis 80 cm etwa zwischen
1000 und 1500 liegt.

Wird nun eine Welle gleicher Frequenz empfangen, so wird diese durch Resonanz stark
hervorgehoben. Es kann diese Resonanzwirkung
für den Telegraphieempfang erwünscht sein, für
den Telephonieempfang, wo alle Frequenzen
gleichmäßig verstärkt werden müssen, führt sie zur
Verzerrung. Man muß also für den Telephonieempfang von der Frequenz unabhängige Transformatoren verwenden, bei welchen durch eine
hohe Dämpfung die Resonanzkurve möglichst
flach verläuft.

Die Verzerrung durch den Anodengleichstrom tritt insbesondere in der letzten Verstärker-
stufe auf und kommt dadurch zustande, daß das
Eisen des Transformators bei einer gewissen
Stromstärke gesättigt ist. Geht man über diese
Sättigung hinaus, so tritt eine Verzerrung der
Übertragung ein. Die Amperewindungszahl
der Transformatoren ist daher so bemessen, daß
die Sättigung nicht erreicht wird. Erst bei starken
Anodenströmen, wie sie zum Betrieb von Kraft-
verstärkern erforderlich sind, muß man den Anodengleichstrom durch eine Schutzschaltung vom
Ausgangstransformator bzw. vom Lautsprecher
fernhalten.

**112. Richtlinien für den Bau von H.F.-Verstärkern.**
Sind die vom Empfänger aufgenommenen
Wellenimpulse so schwach, daß sie zur Erregung
des Detektors oder Audions nicht mehr ausreichen, so kann der Niederfrequenzverstärker
direkt nicht mehr angewendet werden. Es müssen
dann die hochfrequenten Schwingungen zunächst
im Hochfrequenzverstärker so weit verstärkt
werden, bis die Reizschwelle des Detektors
— einige hundertstel Volt — überschritten wird.
Da die Kathodenröhre keine Trägheit besitzt,
läßt sie sich zur Verstärkung hochfrequenter
Wechselströme grundsätzlich in gleicher Weise
wie bei niederfrequenten Strömen verwenden.

Die hochfrequenten Schwingungen gehen mit großer Leichtigkeit über eine kleine Kapazität und geben dadurch Anlaß zu ungewollten Nebenschlüssen und Rückkopplungen. Man muß daher beim H.F.-Verstärker die Kapazität der Röhre der Zuleitungsdrähte untereinander und gegen Erde, ebenso die Eigenkapazität der Transformator- und Drosselspulen so klein wie möglich halten und insbesondere auch Röhren geringer innerer Kapazität (mit kapazitätsarmen Sockeln) verwenden.

Da ferner bei den hohen Frequenzen die induktiven Kopplungen auf größere Entfernungen wirken, dürfen Spulen, zwischen denen eine Kopplung nicht erwünscht ist, nicht zu nahe stehen und ihre Windungen nicht parallel laufen. Man stellt sie zueinander senkrecht oder so, daß ihre Achsen gegeneinander versetzt sind. Eine Abschirmung der Spulen durch geerdete Metallzwischenwände ist zur Verhinderung ungewollter induktiver Kopplungen besonders wirksam.

Die Übertragung der vom Anodenkreis der ersten Röhre abnehmbaren Spannungen auf das Gitter der zweiten Verstärkerröhre oder des Audions kann beim H.F.-Verstärker grundsätzlich durch dieselben Kopplungsmittel erfolgen wie beim N.F.-Verstärker, nämlich durch Transformatoren, Drosseln oder Widerstände (siehe S. 132 ff.).

**113. Schaltung des H.F.-Verstärkers.**

a) Die Transformatorenkopplung kann unter Anwendung eines H.F.-Transformators in gleicher Weise ausgeführt werden wie beim N.F.-Verstärker. Bei langen Wellen (z. B. beim Zwischenfrequenzverstärker können auch Transformatoren mit fein verteiltem Eisenkern verwendet werden.

b) Sperrkreiskopplung. Im Anodenkreis der ersten Röhre liegt ein aus Selbstinduktion und Parallelkondensator C gebildeter Schwingungskreis. Wird dieser Kreis auf die Empfangswelle abgestimmt, so bietet er den Strömen der Empfangswelle einen sehr hohen Widerstand,

$$R_{res} = \frac{\pi}{d}\, 2\pi \text{ u. L.}$$

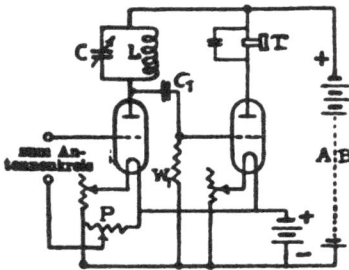

der sich aus der Resonanzfrequenz $\pi$, der Dämpfung d und der Selbstinduktion L nach nebenstehender Formel berechnet: . . . . . . (Stromresonanz siehe S. 36), während längere oder kürzere Wellen über die Spule fortgeleitet werden. Der Kreis wirkt also als Sperrkreis für die betreffende Frequenz und erhöht damit die Selektivität des Gerätes ganz erheblich. Gleichzeitig treten an der Zu- und Ableitung des Kreises hohe Spannungswerte von der Frequenz der Empfangswelle auf, die über einen Kondensator ($C_1 = 200$ cm) auf das Gitter der nächsten Röhre übertragen werden. Durch den Kondensator wird der Übergang der hohen Gleichspannung der Anode an das Gitter verhindert. Durch den Gitterableitungswiderstand $W_1$ von 2 Megohm wirkt die zweite Röhre gleichzeitig als Audion, so daß man das Telephon direkt in den Anodenkreis der zweiten Röhre legen kann.

c) Die Drosselkopplung des H. f.-Verstärkers.

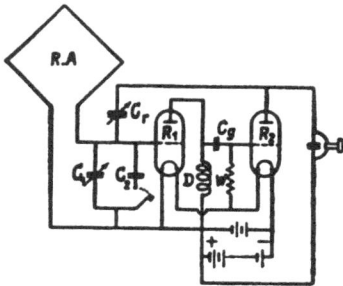

In der nebenstehenden Schaltung besteht der Empfangskreis aus der Selbstinduktion L des auf den Rahmen (R.A.) aufgewickelten Drahtes und dem parallel geschalteten Drehkondensator $C_1$, dessen Kapazität (ca. 500 cm) noch durch Anschalten eines festen Parallelkondensators $C_2$ (ca. 450 cm) vergrößert werden kann. Die beiden Röhren sind genau so geschaltet wie oben, nur ist hier statt des Widerstandes eine Drosselspule D zur Kopplung beider Röhren verwendet.

Die Drossel soll bei einem Ohmschen Widerstand von ca. 1000 Ohm eine Selbstinduktion von ca. $10^7$ bis $10^8$ cm erhalten. Zur Erhöhung der Induktivität und Abflachung der Resonanzkurve kann ein sehr fein verteiltes Eisendrahtbündel als Kern verwendet werden. Ihr induktiver Widerstand würde dann bei einer Frequenz von 500000 (Welle $\lambda = 600$ m) 30000 Ohm betragen.

Die Anwendung der Drossel ist für mittlere Wellenlängen von 400 bis 800 m empfehlenswert. Für kürzere Wellen (unter 400 m) wirkt die Kapazität der Drossel, die immerhin 40 bis 60 cm beträgt, nachteilig. Schaltet man mehrere Stufen hintereinander, so empfiehlt es sich, die Windungszahl der Drosselspulen von Stufe zu Stufe zu steigern.

Zur Dämpfungsverminderung im Empfangskreis ist dieser mit dem Anodenkreis der zweiten Röhre durch den Drehkondensator $C_r$ (500 bis 1000 cm) kapazitiv gekoppelt. Durch diese Rückkopplung wird eine abermalige Verstärkung des Empfanges ermöglicht. Außerdem können durch eine kleine Verstimmung des Empfangskreises gegen die Empfangswelle mit der Rückkopplung auch ungedämpfte Wellen empfangen werden.

Um kapazitive Nebenschlüsse zu vermeiden, wähle man den Verbindungsdraht von der Anode über den Gitterkondensator zum Gitter so kurz wie möglich; auch empfiehlt es sich zur Herabsetzung der Pfeifneigung, dieses Leitungsstück mit einer isolierenden Zwischenschicht und einem Metallrohr, das geerdet ist, zu umgeben.

Falls die Schwingungen auch in der Minimalstellung des Rückkopplungskondensators nicht aussetzen, legt man zwischen Anode und Kathode der zweiten Röhre einen Überbrückungskondensator, wodurch die Drosselwirkung des Telephons zum Teil aufgehoben wird. Je größer dieser Überbrückungskondensator, um so mehr Strom geht durch diesen und um so loser wird die Rückkopplung.

Statt der Drosselspulen kann man bei langen Wellen (über 1000 m) auch einen hohen Ohmschen Widerstand verwenden und erhält

d) die Widerstandskopplung des H.F.-Verstärkers.

Hier liegt im Gitterkreis der ersten Röhre ($R_1$) ein mit der Antenne gekoppelter Schwingungskreis ($C_2 L_2$), der auf die Empfangswelle abstimmbar ist. In den Anodenkreis der ersten Röhre ist ein Widerstand $W_1$ gelegt, an dessen Enden die einmal verstärkten Hochfrequenzströme

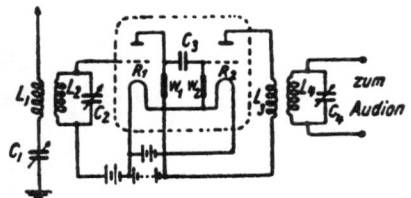

Spannungsſchwankungen mit vergrößerter Amplitube hervorrufen.

Die angeſtauten Spannungen werden über den Kondenſator $C_3$ (= 300 cm) auf das Gitter der zweiten Röhre ($R_2$) übertragen. Im Anodenkreis der Röhre $R_2$ liegt eine Kopplungsſpule $L_3$, welche die verſtärkten Hochfrequenten Schwingungen auf einen abgeſtimmten Schwingungskreis ($L_4$, $C_4$) überträgt; die hochfrequenten Schwingungen des letzteren werden dem Audion und dem N.f.-Verſtärker zugeführt. Die Anodenbatterie wird zweckmäßig durch einen Kondenſator 1000 cm für die Hochfrequenz überbrückt. Das Gitter der erſten Röhre erhält eine negative Vorſpannung.

e) Die Grenzwelle der H.f.-Verſtärkung. Der kapazitive Nebenſchluß der ſchädlichen Kapazitäten der Röhren und der Zuleitungen zum Ohmſchen Widerſtand $W_a$ beſtimmt die kürzeſte Welle, für welche eine Verſtärkung noch möglich iſt.

Beträgt die ſchädliche Kapazität 30 cm, ſo ergeben ſich für den kapazitiven Widerſtand $R_c = \dfrac{1}{\omega C}$ für verſchiedene Wellen die nebenſtehenden Werte: . . . . . . . . . .

| λ m | $R_c$ |
|---|---|
| 200 | 3 200 Ohm |
| 1 000 | 16 000 " |
| 2 000 | 32 000 " |
| 10 000 | 160 000 " |

$$R_a = \frac{1}{\sqrt{\dfrac{1}{W_a^2} + (\omega C)^2}}$$

Der kapazitive Widerſtand $R_c$ addiert ſich mit dem parallel liegenden Ohmſchen Widerſtand ($W_a$) zu dem Kopplungswiderſtand $R_a$: . . . . . .

Dieſer Widerſtand ſowie der die Verſtärkung beſtimmende Bruch $\dfrac{R_a}{R_a + W_1}$ nimmt mit der Frequenz ($\omega$) bzw. mit der Kürze der Welle $\left(\dfrac{1}{\lambda}\right)$ ab, ſo daß für eine beſtimmte Grenzwelle überhaupt keine Verſtärkung mehr eintritt.

Für eine normale Verſtärkerröhre ($W_1$ = 30 000 Ohm) liegt die Grenzwelle etwa bei 250 m. Eine wirkſame Verſtärkung erhält man dann erſt bei Wellen von 750—1000 m an.

Um kürzere Wellen wirkſam in der Widerſtandskopplung zu verſtärken, mußte man die ſchädliche Kapazität durch engen Zuſammenbau mit kapazitätsarmen Widerständen verringern. Außerdem war es notwendig, die Güte der Röhre durch Verringerung des Durchgriffs und Erhöhung der Steilheit zu steigern. Bei normalem Aufbau mit einem Kopplungswiderstand von 100 000—200 000 Ohm können auf diese Weise noch Wellen von 200 m verstärkt werden. Eine weitere Verbesserung des H.f.-Verstärkers wurde durch Einbau der gesamten kapazitätsfreien eng zusammengebauten Anordnung des Verstärkers mit Kopplungsgliedern und Verbindungsleitungen in eine einzige evakuierte Röhre erreicht. (Mehrfachröhre von Loewe).

a) Die Aufhebung von Verzerrungen der Röhre. Die der Primärspule des Eingangstransformators $Tr_1$ zugeführten Niederfrequenzschwingungen eines Detektors oder Audions gehen von den Enden der Sekundärspule je zu einem Gitter der entgegengeschalteten Röhren $R_1$ und $R_2$. Die an den Gittern auftretenden Wechselspannungen ($e_1$ und $e_2$) sind in der Phase um $180^0$ verschoben; wenn also das eine Gitter positiv geladen ist, führt das andere negative Spannung. Die entgegengesetzten Gitterspannungen rufen im Anodenkreis entsprechende verstärkte Stromwechsel hervor. Dabei ist angenommen, daß durch Arbeiten in dem gekrümmten Teil der Kennlinie der Röhre der positive Wechsel höher ist wie der negative, also eine Verzerrung eintritt. Die Stromwechsel in den Anodenkreisen werden der Primärspule des Ausgangstransformators $Tr_2$ zugeführt. Da sie von entgegengesetzten Enden kommen, arbeiten sie sich in bezug auf die Magnetisierung des Eisenkerns entgegen, d. h. in jedem Augenblick wirkt nur die Differenz der Stromimpulse. Sind beide Stromwechsel gleich groß und gleichphasig, so addieren sich die Wirkungen in bezug auf den Magnetkern.

Die geometrische Subtraktion der Amplituden der unsymmetrischen Wechselströme $i_1$ und $i_2$ gibt den völlig symmetrischen Gesamtanodenstrom von höherer Amplitude, der dann über die

**114. Gegentaktverstärker.**

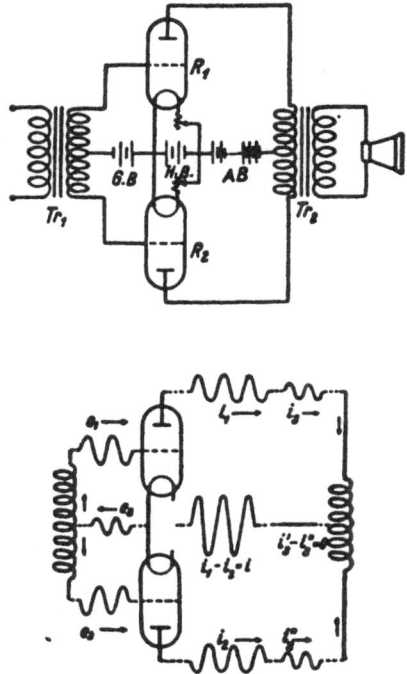

Sekundärspule des Ausgangstransformators in den Lautsprecher tritt. Der Ausgleich der Verzerrung durch die Gegenwirkung der Röhren findet nur dann statt, wenn die Lampen genau übereinstimmende Kennlinien besitzen und wenn die beiden Hälften des Ein- und Ausgangstransformators genau symmetrisch gebaut sind.

b) **Die Erhöhung der Leistung.** Da die Gitterwechselspannung geteilt wird, so daß jede Röhre nur mit der Hälfte der Gesamtspannung belastet wird, kann man dem Eingangstransformator bei der Gegentaktschaltung doppelt so hohe Wechselspannungen zuführen wie bei der gewöhnlichen Verstärkerschaltung.

c) **Die Beseitigung von Störungen der Stromquellen.** Die Stromquellen liegen völlig symmetrisch in den beiden Röhrenkreisen. Eine gemeinsame Heizbatterie speist die beiden parallel geschalteten Heizfäden, ebenso wird den beiden Gittern die gleiche Vorspannung über je eine Transformatorhälfte aus einer Batterie zugeführt, und schließlich erhalten auch die beiden Anoden über die Primärspule des Ausgangstransformators von einer Batterie aus ihre Spannung. Nehmen wir nun an, in einer der Batterien (z. B. der Gitterbatterie) würde die gleichmäßige Stromzuführung durch einen Stromstoß gestört, so würde sich diese Störung auf zwei Wegen nach den Gittern der Röhre $R_1$ und $R_2$ fortpflanzen. Die auftretenden Schwankungen der Gitterladung $e_{g1}$ und $e_{g2}$ haben diesmal die gleiche Phase, ebenso die Störströme $i_s$ und $i_s'$ in den Anodenkreisen; ihre Differenz ist gleich Null, im Transformator $Tr_2$ heben sich ihre Wirkungen auf. In gleicher Weise werden Störungen in der Stromversorgung des Heiz- und Anodenkreises durch die Gegenwirkung der beiden Röhren aufgehoben.

Die Gegentaktschaltung ist besonders geeignet bei Verwendung von Netzanschlüssen, da sie alle vom Netz herrührenden Störwellen kompensiert. Reicht die Verstärkung von zwei im

Gegentakt geschalteten Röhren nicht aus, so
schaltet man unter Verwendung eines Zwischen-
transformators ein zweites oder drittes Röhren-
paar an.

Außerdem wird die Gegentaktschaltung bei
den Kurzwellensendern bevorzugt. Von den verschiedenen Möglichkeiten zur Erregung eines
Sendekreises in Gegentaktschaltung ist in nebenstehendem Schema diejenige mit abstimmbarem
Anodenkreis (C, L) und aperiodischem Gitterkreis
dargestellt, welche bis zu den größten Sende-
leistungen verwendet werden kann.

Diese kann durch künstliche Dämpfung der
Kreise und durch Anwendung von Ausgleichsschal-
tungen (Neutrodyn) erfolgen.

115. Behebung der
Schwingungsneigung.

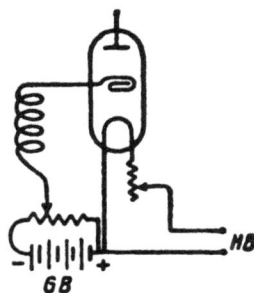

a) Die künstliche Dämpfung ist verhältnismäßig einfach zu erreichen, sie hat jedoch
den Nachteil, daß durch die verursachten Energieverluste der Verstärkungsgrad etwas herabgesetzt wird. Eine gewisse Dämpfung wird
schon durch eine feste Antennenkopplung hervorgerufen, da diese die Röhre stark belastet.

Auch die Hervorrufung des für gewöhnlich
unterdrückten Gitterstromes kann die Dämpfung
erhöhen. Man verwendet hiezu eine durch
einen Spannungsteiler überbrückte Gitterbatterie GB. Durch Verschiebung des Gleitkon-
taktes nach rechts kann man dem Gitter über
die Gitterspule eine positive Spannung gegen
den Heizfaden erteilen und dadurch einen zur
Behebung der Schwingungsneigung ausreichen-
den Gitterstrom hervorrufen.

Schließlich kann man die Schwingungen auch
durch Einschalten von Ohmschen Widerständen
im Gitter- oder Anodenkreis unterdrücken. Meist
wickelt man dann auf die Kupferdrahtwicklung
der Transformatorspulen noch eine Anzahl
Windungen aus Widerstandsdraht.

b) Die Verringerung der Schwingungsneigung durch Ausgleich der Röhrenkapazität (Neutrodynschaltung). Die
Schwingungen der Röhre setzen nur dann ein,

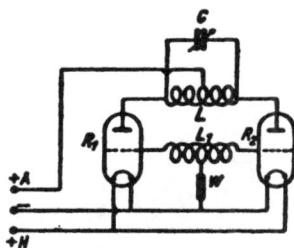

wenn die Wechselspannung am Gitter der an der Anode liegenden Spannung gerade entgegengesetzt ist (vgl. S. 116). Diese Phasenverschiebung der Spannungen wird gerade durch die zwischen Anode und Gitter liegende Röhrenkapazität hervorgerufen. Man kann nun diese Wirkung dadurch aufheben, daß man dem Gitter auf einem zweiten Wege eine gleich große und mit der Anodenspannung gleichphasige Spannung zuführt. Zu diesem Zwecke kann man z. B. mit der Anodenspule eine zweite Spule L koppeln und diese einerseits an die Kathode, anderseits über den Ausgleichskondensator C an das Gitter anschließen. Bei richtigem Anschluß der Spulenenden (die magn. Kraftfelder von $L_2$ und L müssen sich entgegenwirken) entsteht an den Enden der Spule L die entgegengesetzte Spannung wie an den Enden von $L_2$. Durch den Kondensator C findet eine nochmalige Umkehrung statt, so daß schließlich an das Gitter die Spannungen in gleicher Phase ankommen, wie sie von der Anode ausgehen.

Macht man nun die Kapazität des Ausgleichskondensators C gleich der Röhrenkapazität, so werden die am Gitter auftretenden entgegengesetzten Spannungswerte gleich groß und heben sich auf; das Gitter bleibt spannungslos, es besteht kein Anlaß zur Schwingungserzeugung.

Die Kapazität des Ausgleichskondensators ist von der Größe der Röhrenkapazität und beträgt etwa 3 bis 10 cm. Sie kann z. B. von zwei Schrauben mit flachen Köpfen gebildet werden, die sich in einem veränderbaren Abstand von ca. 0,5 cm gegenüberstehen.

Die Abgleichung des Neutrodynkondensators geschieht dadurch, daß man bei loser Kopplung $L_2$, L auf einen möglichst lauten Sender (z. B. den Ortssender) einstellt, dann die Heizung der ersten Röhre abschaltet, während die Audionröhre weiter brennt. Das Audion erhält dann die Antennenenergie nur auf dem Wege über die innere Röhrenkapazität. Diese kann nun durch paſſende Wahl der Kapazität C und der Kopplung $L_2$, L gerade neutraliſieren, ſo daß der Empfang faſt ganz verſchwindet; der Empfänger iſt damit entkoppelt.

Die Erzielung einer hohen H.F.-Verſtärkung macht für kurze Wellen (200 bis 1500 m) große Schwierigkeiten (vgl. S. 142). Beim **Zwiſchenfrequenzempfänger** überträgt man die Modulation der hochfrequenten Trägerwelle (z. B. $\lambda_e = 500$ m, $n_e = 600000$) vor ihrem Eintritt in den Hochfrequenzverſtärker auf eine längere, konſtante Zwiſchenwelle, z. B. $\lambda_z = 8000$ m, $n_z = 40000$, die man dann bei ſcharfer Abſtimmung der Kopplungselemente des Zwiſchenfrequenzverſtärkers in beliebig hohem Grade einwandfrei verſtärken kann.

**Schaltung und Wirkungsweiſe.** Die Rahmenantenne RA mit Kopplungsſpule $L_a$ wird durch den Kondenſator $C_a$ auf die Empfangswelle ($\lambda_e$) abgeſtimmt. Auf den Antennenkreis wirkt gleichzeitig ein Überlagerer ü, deſſen Frequenz $n_ü$ um 40000 Schwingungen tiefer iſt wie $n_e$, alſo:

### 116. Zwiſchenfrequenzempfänger(Superheterodyn).

$$n_ü = 600000 - 40000$$
$$= 560000$$
$$\lambda_ü = 536 \text{ m.}$$

Dieſer Frequenz ($n_ü$) entſpricht die Welle:

Im Antennenkreis ſetzt ſich die modulierte hochfrequente Trägerwelle $\lambda_e$ und die ungedämpfte Überlagerungswelle $\lambda_ü$ zu Schwebungen von der Zwiſchenfrequenz ($n_z = 40000$, $\lambda_z = 8000$ m) zuſammen, deren Amplitude nach der Tonmodulation zu- und abnimmt (vgl. die Wellenkurven a—c). Die in den Schwebungen noch enthaltenen hochfrequenten Trägerſchwingungen werden nun durch das erſte Audion, deſſen Anodenkreis ($L_z$, $C_z$) auf die Zwiſchenfrequenz abgeſtimmt iſt, herausgeſiebt, ſo daß die Modulation nur noch von der Zwiſchenfrequenz getragen wird (Wellenkurve d).

Dieſe Welle ($\lambda_z$) wird nun über einen zweiten Siebkreis in dem aus 3 bis 4 Stufen zuſammengeſetzten Zwiſchenfrequenzverſtärker (Z.F.) verſtärkt und dann dem zweiten Audion zugeführt.

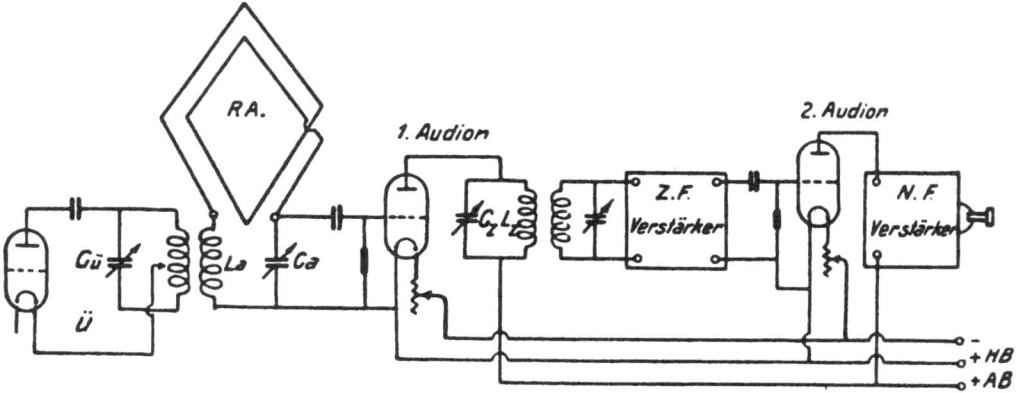

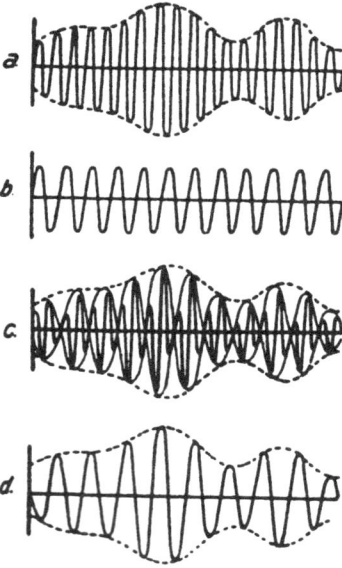

$\lambda_1 = 500 \text{ m} \quad \lambda_2 = 509$
$n_1 = 600000 \text{ m} \quad n_2 = 590000$

$n_a = n_1 - n_z$
$\quad = 560000$
$\lambda_a = 536 \text{ m}.$

$n_s = n_2 - n_a$
$\quad = 30000$
$\lambda_s = 10000 \text{ m}.$

Dort findet die Gleichrichtung der Zwischenfrequenzschwingungen und die Herausschälung der Tonschwingungen statt, die entweder direkt im Telephon oder über einen N.f.-Verstärker wahrnehmbar werden.

Da der Zwischenfrequenzverstärker mit auf die Zwischenwelle fest abgestimmten Transformatoren versehen ist, ist nur die Empfangswelle an $C_2$ und die Überlagerungswelle an $C_a$ einzustellen.

Die Zwischenfrequenz darf nicht unter $n = 20000$ ($\lambda = 15$ km) liegen, da sie sonst hörbar wird; man wählt sie daher meist zwischen 30000 und 100000 bzw. zwischen den Wellen 3000 und 10000 m.

Die hohe Selektivität des Gerätes. Zwei Rundfunksender mit dem normalen Frequenzunterschied $n = 10000$ arbeiten auf den Wellen $\lambda_1 = 500$ und $\lambda_2 = 509$ m, also mit 2% Unterschied. Treffen sie mit gleicher Intensität auf einen gewöhnlichen Empfänger, so kann man sie nicht mehr trennen.

Beim Zwischenfrequenzempfänger $n_z = 40000$, $\lambda_z = 8000$ m) muß man den Überlagerer zum Empfang von $\lambda_1$ einstellen auf die Frequenz:

Die Frequenz der störenden Welle ($n_s$) setzt sich mit der Überlagerungsfrequenz $n_a$ gleichfalls zusammen und gibt die Störfrequenz:

Sie erscheint also auf einer Welle $\lambda_1$, die 25% von der Zwischenwelle $\lambda_2$ verschieden ist und daher durch den auf $\lambda_2$ abgestimmten Zwischenfrequenzverstärker nicht mehr hindurchgelassen wird.

a) **Allgemeine Gesichtspunkte:** Der K.W.-Empfänger wird grundsätzlich in der gleichen Weise geschaltet und berechnet wie der Empfänger für lange Wellen.

Bei der praktischen Ausführung ergeben sich jedoch gewisse Schwierigkeiten, die in dem raschen Anwachsen der Frequenz mit der Kürze der Wellen ihren Grund haben. Die Schwingungsenergie in den Empfangskreisen kann nämlich durch die bei hohen Frequenzen rasch ansteigenden Isolations- und Hysteresisverlusten stark geschwächt werden, so daß die Schwingungen leicht abreißen. Will man daher Schwingungen für Wellen unter 200 m erhalten, so empfiehlt es sich nur Spulen und Kondensatoren geringer Verluste (s. S. 17 ff.) zu verwenden. Da ferner bereits geringe Kapazitäten unerwünschte Nebenschlüsse hervorrufen, muß die Kapazität der Spulen und Röhren so klein wie möglich sein.

Gegen äußere Kapazitätseinflüsse (die sog. Handkapazität) muß das Gerät geschützt werden. Geht man auf Wellen unter 100 m herab, so verwendet man am besten die kombinierte kapazitiv-induktive Rückkopplung (Leithäuser, Reinartz). Falls man mit abstimmbarer Antenne und Gegengewicht arbeitet, empfiehlt sich wegen ihrer geringen Selbstinduktion und damit ihrer kleinen Eigenwelle die Reusenantenne. Da die Abstimmung auf ganz kurze Wellen häufig Schwierigkeiten macht, verwendet man beim K.W.-Empfang meist eine nicht abgestimmte (aperiodische) Antenne, z. B. die gewöhnliche Rundfunkantenne, die mit 3 bis 4 Windungen an den Empfangskreis angekoppelt wird.

b) Der Kurzwellenempfänger in Reinartz-Leithäuser-Schaltung mit einem N. f.-Ver-

**117. Kurzwellenempfänger.**

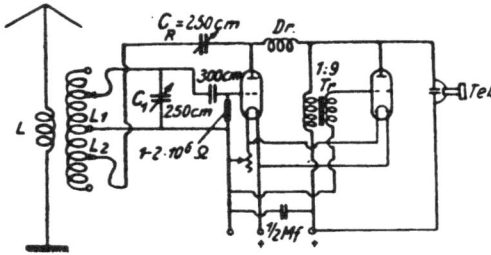

stärker für Wellen von 45 bis 120 m (Modell des D.F.V.).

Zur Aufnahme ungedämpfter Wellen macht man die Rückkopplung durch Vermehrung der Kapazität von $C_r$ so fest, daß das System schwingt und der Kreis ($C_1 L_1$) ein wenig gegen die Empfangswelle verstimmt ist. Die aperiodische Antenne wird durch eine kleine verstellbare Spule L von vier Windungen induktiv auf die Empfängerspule ($L_2$) gekoppelt. Mit der Antennenkopplung kann man gleichzeitig die Dämpfung und den wirksamen Widerstand des Gitterkreises ändern. So können z. B. die bei fester Rückkopplung entstehenden Schwingungen durch den Energieentzug bei festerer Antennenkopplung unterdrückt werden.

Die Welle des Empfangskreises ist bestimmt durch $L_1$ und $C_1$, die Rückkopplung durch die Spule $L_2$ und den Rückkopplungskondensator $C_R$. Der Anschluß von $C_1$ soll so erfolgen, daß die mit dem Rotor verbundene Klemme an den Minuspol der Heizleitung führt.

Die Spulen $L_1$ und $L_2$ werden entweder als Zylinderspule mit 3 mm Abstand der einzelnen Windungen auf einen Preßspanzylinder von 6 bis 8 cm Durchmesser oder besser als freitragende Korbspulen (f. S. 19 u. 20) gewickelt. Sie erhalten 5 Abzweigungen: eine in der Mitte, die zum geerdeten Heizdrahtende führt, zwei an den Enden und zwei dazwischen liegende Abgriffe, die bei $L_1$ fünf Windungen vom Ende, bei $L_2$ vier Windungen vom Ende liegen. Die Verkleinerung der Abstimmspule verkürzt die Welle, die der Rückkopplungsspule verringert den Grad der Rückkopplung und verzögert damit das Einsetzen der Schwingungen. Als Gitterkondensator wird am besten ein Kondensator von 150 cm Kapazität verwendet. Der Gitterableitungswiderstand von 1 bis 2 Megohm soll auf Porzellansockel isoliert sein. Die eisenlose Drosselspule Dr von ca. 120 Windungen isoliertem 0,2 mm starkem Kupferdraht hat den Zweck, die erzeugten Schwingungen von der Transformatorwicklung, die wegen ihrer hohen Kapazität für die hohe Frequenz als Kurzschluß wirken könne, fernzuhalten. Aus dem gleichen Grunde läßt man beim direkten Einschalten des Telephons in den Anodenkreis der Audionröhre den Telephonkondensator weg. Der Anschluß des N.f.-Verstärkers über den Transformator (Übersetzungsverh. 1:9) erfolgt in der üblichen Weise. Die Anodenbatterie ist durch einen Kondensator von $1/_2$ mF überbrückt. Bei dem Zusammenbau des Gerätes ist zu beachten, daß die Verbindungen möglichst kurz geführt werden und daß parallel laufende Leitungen nicht zu nahe aneinander kommen.

Eine verbesserte Schaltung des K.W.-Empfängers mit auswechselbaren Spulensystemen, geerdeter Minusbildung und Telefontransformator zeigt das folgende Schema.

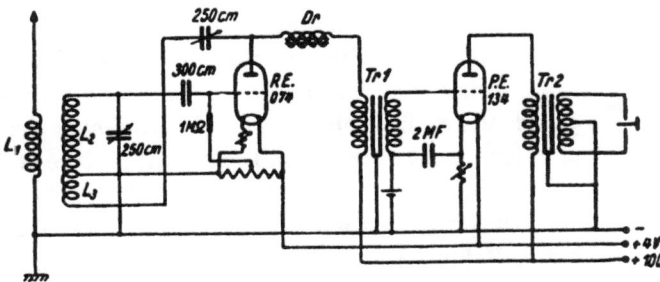

K.W.-Sender für Wellen von 15—70 m.

Die Windungszahlen für $L_2$ und $L_3$ für verschiedene Wellenbereiche ergeben sich aus nebenstehender Tabelle. Um den Empfänger unempfindlich gegen Handkapazität zu machen, setzt man die Abstimmungsknöpfe der Kondensatoren und des Potentiometers auf eine als Schirm wirkende geerdete Frontplatte aus Aluminium oder Messing.

| $\lambda_m$ | Windungszahl | |
|---|---|---|
| | $L_2$ | $L_3$ |
| 70—35 | 21 | 10 |
| 50—25 | 13 | 5 |
| 45—20 | 10 | 5 |
| 30—15 | 6 | 5 |

Einstellung und Prüfung des Gerätes. Zur Prüfung der Schwingungsfähig-

keit des Gerätes dreht man den Rückkopplungskondensator langsam von Null auf größere Werte
bis sich das Einsetzen der Schwingungen durch
ein Knacken im Telephon bemerkbar macht.

Setzen die Schwingungen erst bei hohem Ka-
pazitätswert des Rückkopplungskondensators ein,
so kann man durch stärkeres Heizen der Röhren
nachhelfen. Schwingt der Empfänger schon bei
Kondensatorstellung Null, so muß man schwächer
heizen oder die Anodenspannung verringern.

**118. Doppelgitterröhren und Schirmgitterröhre.**

Der Verstärkungsgrad einer Eingitterröhre
ist durch die schädliche Wirkung der Raumladung
(s. S. 100) sowie durch die Anodenrückwirkung
(s. S. 112) begrenzt. Diese nachteiligen Einflüsse
können durch Einbau eines positiv geladenen
Hilfsgitters verringert und der Verstärkungsgrad
auf 25 bis 35 gesteigert werden.

a) **Das Raumladungsgitter.** Zur Aufhebung der Raumladung wird das Hilfsgitter
zwischen Heizfaden und Steuergitter gebracht
und auf 2 bis 4 Volt positiv aufgeladen. Die
positive Ladung darf nicht zu hoch sein, da
durch sie die sich in der Nähe des Heizfadens
ansammelnden Elektronen nur weggeführt, jedoch
nicht aufgenommen werden sollen. Das Hilfsgitter unterstützt die Anode, so daß man den
gleichen Anodenstrom mit geringerer Anodenspannung (16—24 V statt 90 V) erreichen kann.

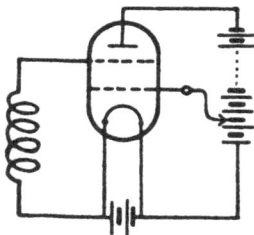

Raumladungsschaltung.

Da ferner die Elektronen bei richtiger Wahl
der Hilfsspannung in dem schwächeren Anoden-
feld sich langsamer bewegen, kann man schon
durch ganz geringe Gitterspannungen den Anodenstrom in weiten Grenzen steuern, die Steilheit
der Kennlinie wird also erhöht.

b) **Das Anodenschutzgitter.** Zum Schutze
vor der Anodenrückwirkung legt man das Hilfsgitter zwischen Anode und Steuergitter und
erteilt ihm eine positive Spannung (etwa ⁴/₅
der Anodenspannung).

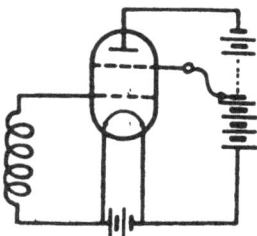

Anodenschutzschaltung.

c) **Die Schirmgitterröhre** ist eine Dop-
pelgitterröhre mit erweitertem Anodenschutz,
durch deren besonderen Bau die Gitteranoden-

Kapazität auf Bruchteile eines Zentimeters
(0,05 cm) herabgesetzt werden kann. Das Schirmgitter, das bei Hochfrequenzröhren bis in die Nähe
der Glaswand ausgebildet ist, hält nämlich die
von der Anode ausgehenden Kraftlinien zum
größten Teile vom Gitter fern, wodurch die Aufladung des Steuergitters durch Influenz und
damit die Kapazität verringert wird. Gleichzeitig
wird durch das Schutzgitter der Durchgriff der
Röhre sehr herabgesetzt (0,5—0,05%) und damit
die Spannungsverstärkung erheblich gesteigert.
Praktisch läßt sich mit der Schirmgitterröhre eine
40—60fache Spannungsverstärkung erreichen, also
etwa die 4fache Leistung einer gewöhnlichen
Röhre. Besonders wichtig ist, daß sich diese Ver-
stärkungen auch im Gebiet kurzer Wellen erzielen
lassen. Der innere Röhrenwiderstand ist infolge
des sehr kleinen Durchgriffs sehr hoch (300000 bis
500000 Ohm). Demzufolge muß man auch den
äußeren Widerstand auf einen möglichst großen
Wert bringen, was man durch Einschalten einer
Hochfrequenzdrossel oder eines Sperrkreises mit
geringer Dämpfung in den Anodenkreis erreichen
kann.

a) Audion ohne Anodenbatterie. Falls
man sich auf die Verstärkung geringer Energien,
die nur zum Telephonieempfang ausreichen, be-
schränkt, kann man die Anodenspannung für die
hochempfindlichen Doppelgitterröhren der Heizbatterie entnehmen, man braucht also keine eigene
Anodenbatterie.

Aus nebenstehendem Schaltbild ersieht man,
daß die Heizfadenspannung wegen des in der
positiven Zuführung befindlichen Widerstandes
geringer ist als die Spannung des direkt mit
der Heizbatterie (H.B.) verbundenen Raum-
ladungsgitters $G_1$. Auch die über das Telephon T
mit der Heizbatterie verbundene Anode hat
eine höhere positive Spannung wie der Heizfaden, da der Spannungsabfall im Anodenkreis
wegen des geringen Stromes kleiner ist wie
derjenige im Heizkreis. Es ist also eine genügend

**119. Schaltungen mit Doppelgitterröhren.**

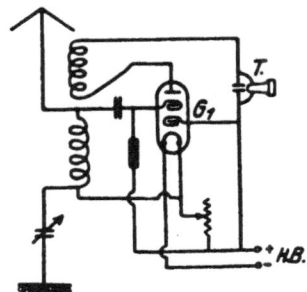

große Spannungsdifferenz vorhanden, um den Emissionsstrom zu unterhalten.

Im Betrieb zeichnet sich die Schaltung durch hohe Empfindlichkeit, außerordentlich weiches Einsetzen der Schwingungen und geringe Rück-strahlung aus.

b) Die Doppelverstärkung. Die Doppel-gitterröhre kann gleichzeitig als H.F.-Verstärker und als Audion wirken. Die hochfrequenten Antennenschwingungen werden dem mit nega-tiver Vorspannung geladenen Steuergitter G zugeführt und verstärkt auf den Anodenkreis übertragen. Über die im Anodenkreis liegende Rückkopplungsspule L wirken diese Schwingungen auf den auf die Empfangswelle abgestimmten Gitterkreis (C₂ L₂) und werden von dort dem als Audion geschalteten Raumladegitter G₁ zu-geführt. Durch die Audionwirkung der Röhre werden die Schwingungen in niederfrequente umgewandelt und nach abermaliger Verstärkung im Telephon wahrnehmbar gemacht.

Für ein erfolgreiches Arbeiten sind die rich-tige Einstellung der Gittervorspannung sowie gute Isolation der Kondensatoren und des Silit-stabes wesentlich.

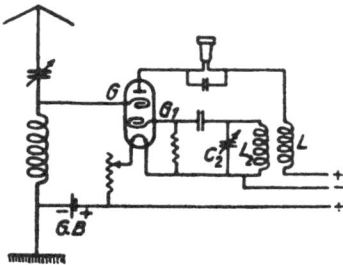

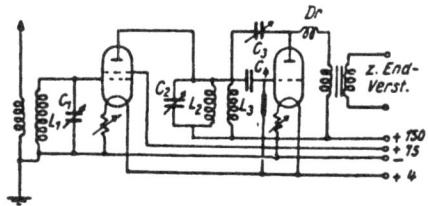

c) Schirmgitterröhre als H.F.-Stufe. Als Antenne wird eine aperiodische Hoch- oder Innenantenne verwendet, die mit dem an das Steuergitter der Schirmgitterröhre angeschlossenen H.F.-Kreis (C₁ L₁) gekoppelt ist. Um die Abschir-mung des Gitterkreises gegen den Anodenkreis zu erhöhen, wird das Schirmgitter außerhalb der Röhre durch einen geerdeten Metallschirm oder einen die Gitterseite der Röhre umschließenden Metallkasten erweitert.

Zur Erhöhung der Schirmwirkung werden auch Röhren mit äußerem Metallbelag gebaut (Telefunken).

Der in der Anodenleitung der Schirmgitterröhre liegende Sperrkreis ($C_2 L_2$) liefert bei scharfer Abstimmung den zur Erzielung einer hohen Verstärkung erforderlichen hohen äußern Widerstand. Der Sperrkreis ist über den Luftblock $C_4$ (300—500 cm) über eine kurze und gut isolierte Leitung an das Gitter des Audions angeschlossen. Der Hochohmwiderstand zur Ableitung der Gitteraufladungen ist an den Gitterkondensator angepaßt. Zur Entdämpfung des Sperrkreises und damit zur Erhöhung der Selektivität des Gerätes dient eine Rückkopplung ($C_3 L_3$). Die niederfrequenten verstärkten Audionschwankungen werden über einen Transformator dem Endverstärker zugeführt. Um die Hochfrequenz von den Batterien fernzuhalten, empfiehlt sich der Einbau von H.f.-Drosseln in die Zuleitungsdrähte und die Überbrückung der Batterien durch ausreichende Blockkondensatoren.

# M. Der Netzanschluß.

Die zur Entnahme der Anoden- und Gitterspannung sowie des Heizstromes aus dem Starkstromnetz dienenden Netzanschlußgeräte setzen sich zusammen aus dem Gleichrichter (nur beim Anschluß an das Wechselstromnetz erforderlich), dem Siebkreise zur Filtrierung des durch überlagerte Wechselspannungen verunreinigten Netzstromes und dem Spannungsteiler, durch welchen die zum Betrieb des Empfängers erforderlichen Spannungen abgezweigt werden.

Die Gleichrichter dienen dazu den Wechselstrom des Netzes, der meist 50 Perioden hat, in pulsierenden Gleichstrom umzuwandeln. Bei der Halbweggleichrichtung durch ein in die Strombahn geschaltetes elektrisches Ventil wird immer nur ein Polwechsel durchgelassen und der andere unterdrückt. Der so gewonnene durch einen Kondensator geglättete Gleichstrom pulsiert also in der Frequenz des ursprünglichen Wechselstromes.

Bei der Vollweggleichrichtung durch zwei Ventile werden beide Halbwellen gleichgerichtet, so daß dem Gleichstrom ein Wechselstrom von der doppelten Frequenz überlagert ist. Die Verdopplung der Frequenz erleichtert die Reinigung des Gleichstromes durch die Siebkreise.

Bei Netzanschlüssen werden hauptsächlich folgende Gleichrichter verwendet:

a) Der Glühkathodengleichrichter. Da jede Verstärkerröhre als Ventil wirkt, kann man sie zur Gleichrichtung nicht zu großer Energien, z. B. für Ströme unter 15 mA und unter 150 Volt verwenden, wobei man Anode und Gitter miteinander verbindet.

Bei den Spezialkonstruktionen hat man durch

### 120. Gleichrichter.

Halbweg

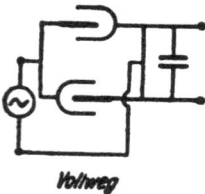

Vollweg

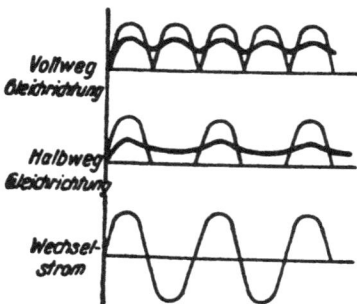

Vollweg
Gleichrichtung

Halbweg
Gleichrichtung

Wechselstrom

Glühkathoden großer Oberfläche den Sättigungsstrom bis zu 300 mA und mehr gesteigert.

1. Beim Hochvakuumgleichrichter mit
Oxydkathoden oder mit thorierten Wolframfäden
muß der entnommene Strom unter der Sättigung
bleiben. Der Spannungsabfall in der Röhre beträgt 40—60 Volt, infolgedessen müssen hohe
Spannungen (250—300 Volt) angelegt werden.
Die Energieabgabe der handelsüblichen Typen,
welche sich hauptsächlich zur Entnahme der Ano-
denspannnung oder zum Aufladen von Anodenbatterien eignen, beträgt 60—75 mA bei 200 bis
300 Volt Gleichspannung.

2. Gashaltige Gleichrichter (z. B. Rectron usw.). Zur Verringerung des inneren Spannungsabfalles sowie zur Erhöhung der Energieabgabe sind diese Gleichrichter mit Edelgas (Ar-
gon, Neon, Helium . . .) unter einem Druck von
einigen Millimeter Quecksilber gefüllt. Die
von der Glühkathode ausgehenden Elektronen
ionisieren das Gas und erhöhen damit den Anodenstrom. Da der Abstand der Anodenschwielen
von dem Kathodenblech (s) schwerer ist wie der
Kathodendunkelraum, kann keine direkte Entladung stattfinden. Die Herabsetzung des inneren
Spannungsabfalles auf 7—15 Volt erlaubt die
gashaltigen Röhren auch mit niederen Wechselspannungen zu betreiben und dadurch die zum
Laden von Heizakkumulatoren notwendigen niederen Gleichspannungen und hohen Stromstärken
(2—10 Volt, 0,5—6 Amp.) zu gewinnen.

Durch geeignete Transformatorwicklungen
kann derselbe Gleichrichter abwechselnd zur Abnahme der Anoden- und Heizspannung verwendet
werden.

b) Der Glimmlichtgleichrichter (z. B.
Anotron von Seibt, Raytheon der Osram-Ges.).
In einem mit Edelgas, z. B. Neon, Helium unter
6—10 mm Druck gefüllten Glaskolben befindet
sich eine zylinder- oder pilzförmige Elektrode (K)
von großer Oberfläche und zwei stiftförmige Elektroden (A) kleiner Oberfläche.

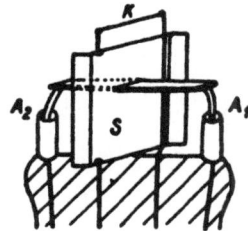

Rectron Röhre.
A₁ u. A₂ Anoden. Das Kathodenblech S ist mit den Heizfaden K einseitig verbunden.

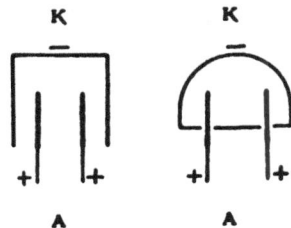

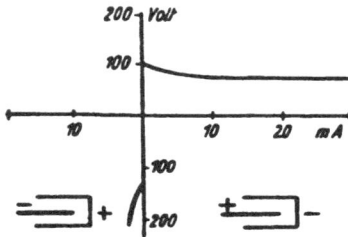

Da die Stärke des Röhrenstromes der Oberfläche der Kathode proportional ist, so fließt beim Anlegen einer gegebenen Spannung (200 bis 300 Volt) ein großer Strom durch die Röhre, wenn die große Oberfläche Kathode ist, dagegen nur ein kleiner Strom, wenn die kleine Elektrode Kathode ist. Die Röhre wirkt also als Ventil (vgl. Kennlinie).

Durch Überziehen der Kathode mit Natrium oder Bariumoxyd kann der innere Spannungsabfall auf etwa 50 Volt verringert werden. Der Glimmlichtgleichrichter wird mit hohen Spannungen (z. B. 2 × 250 Volt) betrieben und gestattet die Entnahme von Strömen von 60 bis 100 mA bei 200 Volt Gleichspannung.

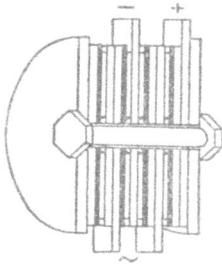

c) Der Kupferoxydgleichrichter baut sich aus mehreren Plattenelementen auf, die zur Aufreihung auf einen Preßbolzen in der Mitte durchbohrt sind. Jedes Element setzt sich zusammen aus einer Kupferplatte Cu, die mit einer dünnen Schicht von Kupferoxydul ($Cu_2 O$) überzogen ist, und einer als Gegenelektrode dienenden Bleiplatte (Pb), die fest gegen die Oxydschicht gepreßt wird. Zur besseren Ableitung der Stromwärme ist das Element zwischen zwei kupfernen Kühlplatten von größerem Durchmesser gepreßt. Legt man an die beiden Kühlplatten eine Spannung von 2 Volt, so geht in der Richtung vom Oxydul zum Kupfer ein Strom von mindestens 0,25 Amp. durch, während in der umgekehrten Richtung nur ein minimaler Strom von einigen Milliampere durchgeht (vgl. nebenstehende Kennlinie).

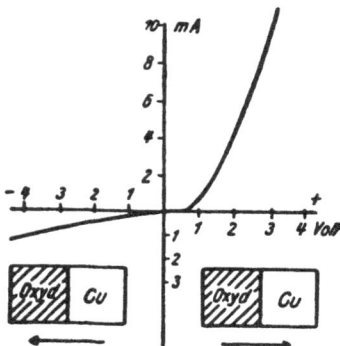

Diese Ventilwirkung beruht darauf, daß die Elektronen in der kristallinen Grenzschicht leichter vom Kupfer zum Oxyd übergehen, als in umgekehrter Richtung. Da die Bewegungsrichtung der Elektronen der Stromrichtung gerade entgegengesetzt ist, erfolgt also der Stromdurchgang nur in der Richtung vom Oxyd zum Kupfer. Eine elektrolytische Wirkung und eine Veränderung der Zwischenschicht tritt hierbei nicht auf, so daß die

Lebensdauer dieses Gleichrichters eine sehr hohe ist.

Um höhere Wechselspannungen gleichzurichten, schaltet man mehrere Plattenelemente hintereinander. Zum Laden eines 2-, 4-, 6-Volt-Akkumulators benutzt man z. B. 2, 3, 4 Elemente. Für höhere Stromstärken müssen zur Vergrößerung der Oberfläche mehrere Elemente parallel geschaltet werden.

Zur Vollweggleichrichtung wird die nebenstehende Graetzsche Brückenschaltung häufig verwendet.

Der Wirkungsgrad des Kupferoxydgleichrichters ist bei günstiger Kühlung 50%.

d) **Der elektrolytische Gleichrichter** besteht aus einer Zelle mit zwei Elektroden aus verschiedenen Metallen und einer wäßrigen Lösung als Elektrolyt. Man verwendet entweder Blei und Aluminium in doppelkohlensaurem Natron oder neuerdings Blei und Tantal in verdünnter Schwefelsäure.

Fließt durch eine solche Zelle ein Strom vom Aluminium zum Blei, so bildet sich durch Elektrolyse am Aluminium ein Niederschlag von Aluminiumhydroxyd, der dem Strom einen sehr hohen Widerstand entgegensetzt. In der umgekehrten Richtung vom Blei zum Aluminium ist die Zelle durchlässig. Die Ventilwirkung einer Zelle ist nur bis zu einer Spannung von 40 Volt vorhanden. Will man höhere Spannungen gleichrichten, so schaltet man mehrere Zellen hintereinander.

Dem Netzgleichstrom sind stets noch schwache Wechselspannungen überlagert, die nach der mehrfachen Verstärkung in einem Empfangsgerät als sog. Netzgeräusche vernehmbar sind. Um diese Störungen zu beseitigen, muß der Netzstrom vor seinem Eintritt in die Röhren gereinigt oder filtriert werden, wozu folgende Mittel dienen:

a) Der Akkumulator, der die stoßweise einlaufenden Energien aufspeichert und sie nachher stetig abgibt (Pufferschaltung). Zur Regelung

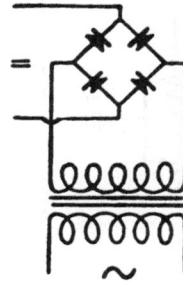

121. **Reinigung des Netzstromes.**

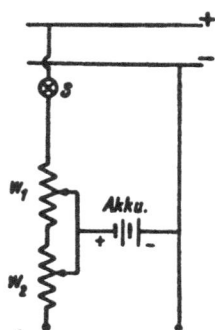

des Ladeſtromes dient die Vorſchaltlampe (S) und der Widerſtand ($W_1$), zur Einſtellung der Heizſpannung der Widerſtand ($W_2$). Es iſt zweckmäßig während des Betriebes den Akkumulator vollgeladen zu halten, d. h. den Ladeſtrom zu Null zu machen und den ganzen Heizſtrom dem Netz zu entnehmen.

b) Die aus Droſſel und Kondenſator zuſammengeſetzte Siebkette (vgl. S. 36). Die Droſſel ſpeichert bei zunehmendem Strom die überſchüſſige Energie als magnetiſches Kraftfeld auf und gibt ſie beim Abnehmen des Stromes als Selbſtinduktionsſtrom wieder in die Leitung zurück. Sie flacht alſo die Kuppen des Wechſelſtromes ab. In gleichem Sinne wirkt der Kondenſator, der überſchüſſige Spannungen aufnimmt und dieſe in den Ladungspauſen wieder abgibt. Die Droſſeln kann man in eine Zuleitung oder, was noch wirkſamer iſt, als Doppeldroſſel in beide Zuleitungen legen. Bei einer Stromentnahme von 25 mA reicht eine Doppeldroſſel von 30 Henry und ein Kondenſator von 8 bis 10 $\mu$F zur Beſeitigung des Netzgeräuſches aus.

Der Querſchnitt des Eiſenkerns der Droſſel, muß um ſo größer ſein, je größer die Gleichſtrombelaſtung iſt; ebenſo müſſen die Kondenſatoren um ſo größer gewählt werden, je ſtärkere Ströme dem Netz entnommen werden. Um daher mit nicht zu umfangreichen Droſſeln und Kondenſatoren auszukommen, empfiehlt es ſich bei Netzanſchluß Röhren mit geringem Heizſtromverbrauch zu verwenden und dieſe hintereinanderzuſchalten.

Falls die Glättung durch einen Siebkreis nicht ausreicht, ſchaltet man einen zweiten oder dritten Kreis dazu, den man dann auf die Oberſchwingungen des erſten Kreiſes abſtimmen kann. Bei ſehr geringer Stromentnahme (z. B. zur Gitteraufladung) und bei Widerſtandsverſtärkern, kann man an Stelle der Droſſeln Hochohmwiderſtände (0,1—1 Megohm) verwenden.

a) Bei Entnahme stärkerer Ströme, z. B. zum Laden von Akkumulatoren oder zum Heizen der Röhren kann man die Abstufung der Spannung durch einen Vorschaltwiderstand W bewirken. Die Drosseln der Siebkreise sind dann nur durch den Nutzstrom belastet. Nachteilig ist, daß der Spannungsabfall am Vorschaltwiderstand (I ·W) sich mit der Belastung stark ändert und daß nach Abschaltung vom Lichtnetz die Kondensatoren noch längere Zeit mit hohen Spannungen geladen bleiben.

b) Bei Entnahme schwacher Ströme, z. B. zur Aufladung der Anode oder des Gitters, verwendet man die Spannungsteilschaltung (vgl. S. 4). Beträgt die Spannung des Netzanschlußgerätes 220 bzw. 110 Volt, so legt man einen Widerstand von 12000 bzw. 6000 Ohm zwischen die Enden der Leitung. Als Abzweigwiderstand kann man einen Silitstab W von 0,6 cm² Querschnitt mit Schellen und Steckbuchsen zum Anschließen oder besser einen aus Konstantandraht (0,15 mm Durchm.) in einzelne Spulen abgeteilten Widerstand verwenden.

Die einzelnen Abgriffe am Spannungsteiler müssen zur Verhinderung der Selbsterregung durch Rückkopplung über den hohen Spannungsteilerwiderstand gegen die negative Klemme des Gerätes durch Kondensatoren $C_1$, $C_2$, $C_3$ von 1 bis 2 $\mu$F überbrückt werden.

Die abgegriffenen Spannungen ändern sich bei wechselnder Belastung nur wenig; nach Abschalten des Netzes entladen sich die Kondensatoren augenblicklich über den Widerstand des Spannungsteilers. Nachteilig ist, daß durch den Spannungsteiler stets ein Teil des Stromes fließt und die Drosseln stärker belastet werden. Um die Schwankungen des Anodenstromes beim Arbeiten der Röhre vom Gitter abzuhalten, legt man zwischen Überbrückungskondensator und Spannungsteiler einen hohen Widerstand (0,5— 1 × 10⁶ Ohm).

122. Spannungsteilung.

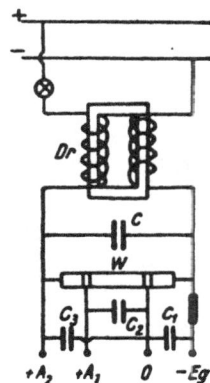

11

Die Gleichspannung wird dann, da kein Strom fließt, ungeschwächt an das Gitter über= tragen, während die Wechselspannung fast ganz am Ohmschen Widerstand liegt.

Die Einschaltung von Hochohmwiderständen kann auch in der Anodenzuleitung gute Dienste tun.

**123. Ankopplung von Antenne und Erde an den Netzempfänger.**

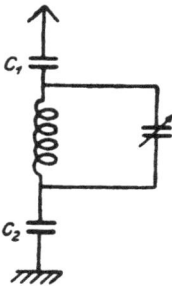

Das Gleichstromnetz besteht meistens aus drei Leitern: dem Plus=Außenleiter, dem Mittelleiter und dem Minus=Außenleiter, von welchen der Mittelleiter meistens geerdet ist. Im Hause wer= den in der Regel nur zwei Drähte verlegt, ein Außenleiter und der Mittelleiter.

Um Schläge durch die Netzspannung und Kurzschlüsse zu vermeiden, muß man bei Gleich= stromnetzanschluß folgendes beachten:

1. Die Antenne muß entweder bei galva= nischer Kopplung durch zwei Blockkondensatoren (2 $\mu$F und 1500 Volt Prüffspannung) von der Erde und von der Selbstinduktion getrennt werden, oder sie muß induktiv gekoppelt werden.

2. Die Antenne muß sorgfältig isoliert sein; Behelfsantennen dürfen nicht verwendet werden.

3. Blanke Klemmen und Steckbuchsen müs= sen gegen Berührung durch Abdeckung unzugäng= lich gemacht werden.

4. Telephon oder Lautsprecher sind durch Ausgangstransformatoren vom Empfänger zu trennen.

**124. Netzschaltungen.**

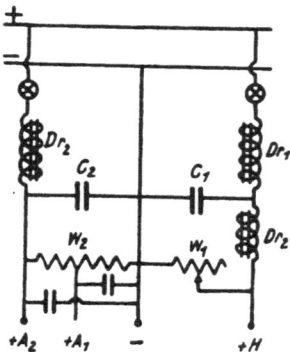

5. Eine etwa verwendete Heizbatterie ist durch Glas= oder Gummiunterlage gegen Erde zu isolieren.

a) Der Gleichstrom=Heiz= und Anoden= anschluß. Heiz= und Anodenkreis sind getrennt gesichert und können getrennt eingestellt werden.

Die Anodenspannung für die Endstufe wird an $+ A_2$, die für die ersten Stufen an $+ A_1$ ab= gegriffen.

Die Drosseln $Dr_1$ und $Dr_2$ und der Konden= sator $C_1$ dienen zur Löschung der Störspannungen im Heizkreis.

Die Einstellung der passenden Heizstromstärke wird durch den Widerstand $W_1 = 50 \Omega$ bewirkt.

Bei der Einstellung der Heizstromstärke geht man stets vom kleinsten Wert des Widerstandes $W_1$ aus. Während die Lampen brennen, darf keine Lampe mehr ausgeschaltet werden, weil sonst infolge der Belastungsänderung die übrigen Röhren gefährdet werden.

b) Wechselstrom-Heizanschluß mit Glühventilgleichrichter. Der Netzstrom wird der der Spannung angepaßten Eingangswicklung $L_1$ des Transformators zugeführt. Die Ausgangsseite enthält zwei Wicklungen; die eine ($L_2$) liefert den Heizstrom für die Gleichrichterröhre (R), die zweite ($L_3$) den gleichzurichtenden Heizstrom für den Empfänger.

Von der Mitte der sog. Anodenspule ($L_3$) geht der Draht über den Regelwiderstand $W_1$ und die Drossel $Dr_1$ zum negativen Heizanschluß (—H) ab. Von der Mitte der Heizspule $L_2$ führt über die Drossel $Dr_2$ ein Draht zur positiven Abnahmeklemme (+H). Die Reinigung des gleichgerichteten Stromes erfolgt durch die aus den beiden Drosseln und dem Kondensator (C = 20 $\mu$F) zusammengesetzten Siebkette.

Zur Vermeidung von Rückzündungen im Gleichrichter sind die beiden Hälften der Anodenwicklung mit je einem Kondensator $C_1$ von 0,1 $\mu$F überbrückt. Zur Stromersparnis und zur Verringerung der Abmessungen der Heizdrosseln empfiehlt es sich, die Röhren des Empfängers hintereinander zu schalten.

c) Wechselstrom-Anoden- und Gitteranschluß mit Glimmlichtgleichrichter. Hier kommt die Heizwicklung für den Gleichrichter in Wegfall. Die Reinigung des gleichgerichteten Stromes erfolgt durch die aus den beiden Kondensatoren ($C_1$ und $C_2$) und die Drossel ($Dr_1$) zusammengesetzte Siebkette. Die Spannungsteilung erfolgt über einen Silitwiderstand W. Die einzelnen Abzweigungen sind gegen die negative Ableitung durch Kondensatoren von 0,1 $\mu$F überbrückt. In der Gitterzuleitung (—$E_g$) ist ein Brückenwiderstand $W_1$ = 2.10⁵ Ohm eingebaut.

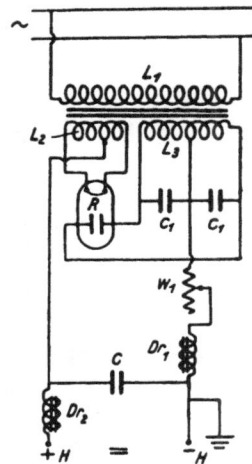

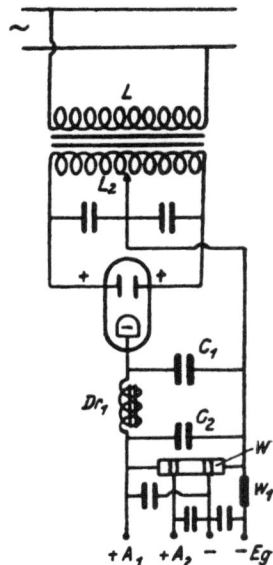

# N. Der Röhrensender.

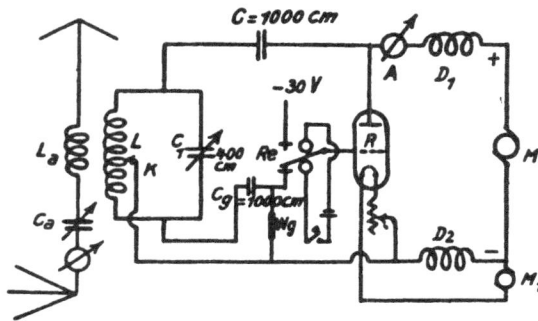

**125. Kurzwellen-Sender für Telegraphie in Dreipunkt-schaltung.**

(Wellenbereich von 40 bis 120 m.)

Dem Senderohr R wird durch eine Gleich-strom-Hochspannungsmaschine M über die Drosseln $D_1$ und $D_2$ (z. B. 100 Windungen Kupferdraht auf eine Spule von 7 cm Durchmesser) die Anodenspannung (400 Volt) zugeführt. Die Drosseln schützen die Maschine vor dem Übergang der Hochfrequenz. Die Maschine liefert durch den auf gleicher Achse sitzenden Anker $M_1$ auch den Heizstrom für die Röhre. Der Schwingungskreis (L $C_1$) besteht aus einer Spule (L) von 6 bis 8 mm starkem Kupferrohr oder Draht mit neun Windungen von 12 cm Durchmesser und einen für eine Spannungs-belastung von 1000 Volt geprüften Drehkonden-sator ($C_1$) von 400 cm größter Kapazität. Der Kreis ist über die Kondensatoren C und $C_g$ an die Anode bzw. an das Gitter der Röhre ange-schlossen, während von einem Punkte nahe der Mitte der Spule L nach dem Minuspol der Maschine M abgezweigt wird. Der Gitterkonden-sator ist zur Ermöglichung anhaltender Schwin-gungen durch einen Ableitungswiderstand Wg von 5000—10000 Ohm zu überbrücken. Der Kon-densator $C_g$ (1000 cm) verhindert den direkten Ausgleich der Anodengleichspannung.

Die Taſtung erfolgt im Gitterkreis mit Hilfe eines Relais (Re). Beim Drücken der Taſte ſtellt die Zunge des Relais die Verbindung mit dem Gitterkondenſator her, die Röhre ſchwingt; beim Loslaſſen der Taſte ſtellt die Relaiszunge die Verbindung mit dem negativen Pol einer Batterie von 30—100 Volt her, die Schwingungen werden ſofort unterbrochen, der Anodenſtrom wird herabgedrückt.

Der Antennenkreis beſteht aus einer Reuſe (4 Drähte von 15 m Länge) mit Gegengewicht (4 Drähte von 12 m Länge) und kann durch den Kondenſator $C_a$ (400 cm) auf die Sendewelle, welche für die angegebenen Antennenabmeſſungen ca. $\lambda = 60$ m beträgt, abgeſtimmt werden. Durch eine drehbare, gleichfalls aus ſtarkem Kupferdraht hergeſtellte Spule $L_a$ von 4 bis 6 Windungen erfolgt die Kopplung mit der Schwingungskreisſpule L. Statt der auf ihre Eigenwelle abgeſtimmten kleinen Reuſe kann auch eine lange Antenne in der zweiten oder einer höheren Harmoniſchen erregt werden.

Betrieb des Senders. Für das Einſetzen der Schwingungen muß die Rückkopplung durch Verſchiebung der Abgreifklammer K bei ſehr loſer Antennenkopplung richtig gewählt werden. Man erkennt dann das Einſetzen der Schwingungen an dem ſcharfen Zurückgehen des am Hitzdrahtamperemeter angezeigten Anodenſtromes. Die Einſtellung der Welle geſchieht am Drehkondenſator $C_1$ mit Hilfe eines Wellenmeſſers. Beim Abſtimmen der Antenne mittels des Kondenſators $C_a$ kann man bei zu feſter Kopplung häufig ſogenannte Zieherſcheinungen beobachten. Der Ausſchlag des Antennenamperemeters ſteigt dann nämlich bei zunehmender Welle über die Reſonanzlage hinaus, um dann ſprunghaft auf einen kleineren Wert überzugehen und bei weiter wachſender Welle wieder abzufallen. Geht man von großen zu kleinen Wellen über, ſo tritt die gleiche Erſcheinung im umgekehrten Sinne ein. Man

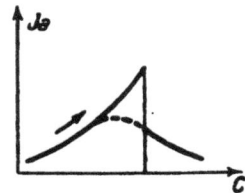

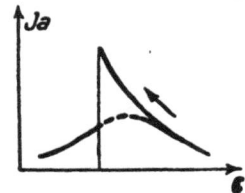

vermeidet diese im Sendebetrieb sehr störenden Zieherscheinungen bei kleineren Sendern durch losere Antennenkopplung oder durch eine geringe Verstimmung der Antenne gegen die Sende- welle, bei größeren Sendern durch Einschaltung einer Steuerröhre in den Gitterkreis der dann als Verstärker wirkenden eigentlichen Senderöhre.

Der Wirkungsgrad des Röhrengenerators ist das Verhältnis der abnehmbaren Schwin- gungsleistung im Anodenkreis zur zugeführten Gesamtleistung, die von der Anodenstromquelle gestellt wird. Ist die Gitterspannung so ein- gestellt, daß der Anodenstrom gleich dem halben Sättigungsstrom $\left(\dfrac{J_s}{2}\right)$ ist, so wird die von der Anodenstromquelle mit der Spannung $E_a$ auf- gewendete Leistung . . . . . . . . . . . .

$$N = \frac{E_a \cdot J_s}{2},$$

sie kann also durch Erhöhung der Anodenspan- nung $E_a$ sowie des Sättigungsstromes $J_s$, also durch Verwendung langer Glühfäden hoher Emission, auf beträchtliche Werte gebracht werden. Praktisch ist sie begrenzt durch die Wärme- menge, die dem Anodenblech durch den Aufprall der Elektronen zugeführt werden kann, ehe es Gase oder Metalldämpfe abgibt. Man muß daher durch Vergrößerung der Oberfläche der Anode bei größeren Röhren durch Wasserkühlung der Anode für eine möglichst günstige Wärme- ableitung sorgen. Bei sinusförmigem Wechsel- strom kann die Hälfte der zugeführten Leistung,

$$\frac{E_a \cdot J_s}{4},$$

nämlich . . . . . . . . . . . . . . . .

als Schwingungsleistung abgenommen werden; der Wirkungsgrad ist dann 50%. Wenn man durch eine negative Gitterspannung dafür sorgt, daß die Anodenspannung klein ist, solange der Anodenstrom fließt — man arbeitet also nicht mehr in der Mitte, sondern am Fuße der Kenn- linie —, kann der Wirkungsgrad auf 60 bis 80% gesteigert werden. Der Anodenstrom verliert dabei allerdings seine Sinusform und damit leider auch seine Einwelligkeit; die auftretenden Ober-

Schwingungen müssen dann durch Sperrkreise herausgesiebt werden.

Die Sendeenergie einer Röhre ist durch Regulierung des Heizstromes und der Anodenspannung bequem zu ändern, ohne daß dadurch die Güte der Schwingungen beeinträchtigt wird. Dies ist besonders von Vorteil bei nahe nebeneinander sich befindlichen Stationen.

Setzen bei einer Röhre die Schwingungen aus, so steigt die Verlustleistung und damit die Erwärmung der Anode auf das Doppelte bzw. Mehrfache; dabei kann die Anode zur Weißglut gebracht werden und leicht abschmelzen. Es muß also entweder sofort die Anodenstromquelle von der Röhre abgeschaltet werden oder durch Anlegen einer genügend niedrigen Gitterspannung eine plötzliche Senkung des Anodenstromes herbeigeführt werden.

In Anbetracht der großen Reichweite der kurzen Wellen genügen für K.W.-Sender Röhren von 5 bis 50 Watt Leistung und ein Antennenstrom von 0,1 bis 0,5 Amp. Für Telegraphie auf mittleren und langen Wellen und ebenso für Telephoniesender werden Röhren von 50 bis 500 Watt, für Großstationen solche von 1 bis 20 KW verwendet.

c) Hochspannungsquellen. Als solche kommen entweder Hochspannungs-Gleichstrommaschinen oder gleichgerichteter hochgespannter Wechselstrom in Betracht. Die Gleichstromgeneratoren sind meist Doppelankermaschinen, die gleichzeitig zwei verschiedene Spannungen abgeben, nämlich 14—15 V bei 7 Ampere für die Heizung und 700—800 V bei 0,1 Ampere für die Anode.

a) Der piezoelektrische Effekt. Ein Quarzplättchen wird senkrecht zur optischen Hauptachse (H) und senkrecht zu einer der drei polaren Nebenachsen (N) herausgeschnitten. Übt man auf die zur polaren Achse parallelen Flächen einen Druck aus, so entstehen auf den zur polaren Achse senkrechten Flächen entgegengesetzte elektrische

Beispiel:
Erzielte Reichweite des Versuchs-Senders D4UAH in München:
Anodenspannung 200 V
Ant.-Leistung 4 Watt
Ant.-Strom 0,1 Amp.
Ant.-Länge 50 m
Reichweite 20000 km.
(Antipoden.)

126. Schwingender Quarz.

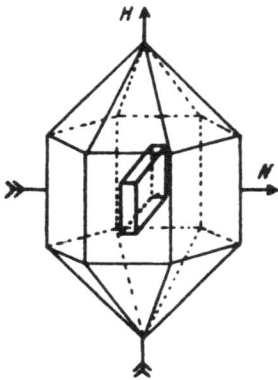

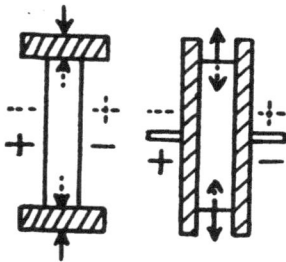

Ladungen. Werden die Ladungen abgeleitet, so
treten beim Nachlassen des Druckes die entgegengesetzten Ladungen auf (direkter Piezo-Effekt).

Führt man den zur polaren Achse senkrechten
Flächen durch zwei Kondensatorplatten eine
positive und negative Ladung zu, so zieht sich der
Kristall in Richtung der polaren Achse zusammen.
Lädt man den Kondensator entgegengesetzt auf,
so dehnt sich der Kristall aus (indirekter Piezo-
Effekt). Jede Längenänderung des Kristalls ist
gleichzeitig mit einer entsprechenden Dickenände-
rung verbunden. Schließt man die Kondensatorplatten eines Kristalls an den Abstimmkondensator eines Röhrenkreises, so führt der sehr elastische Kristall mechanische Schwingungen aus, die
sich durch Resonanz verstärken, wenn die Hochfrequenz des Kreises gleich der Eigenfrequenz des
Kristalls ist.

Die mechanischen Schwingungen rufen nach
dem direkten Piezo-Effekt ihrerseits wieder elektrische Aufladungen gleicher Frequenz hervor.

Die Eigenfrequenz der Dickenschwingungen
des Kristalls hängt hauptsächlich von seiner Dicke
ab, sie beträgt z. B. bei 1 mm Dicke etwa 3 000 000
in der Sekunde, dies entspricht einer elektrischen
Welle von 100 m.

Einer Dicke des Quarzes von 1 cm ent-
sprechen elektrische Wellen von 1000 m. Für
kürzere Wellen arbeitet man auf den Oberschwingungen des 1-mm-Kristalls. für Wellen über
1000 m kommen die langsameren Längsschwin-
gungen des Kristalls zur Anwendung.

b) Wellenkontrolle durch Glimm-
lampe. Bei der hohen Resonanzschärfe 0,05 % der
Quarzschwingungen eignet sich der Quarz vorzüglich zur Kontrolle eines auf eine feste Welle
abgestimmten Senderkreises. Der auf die Sendewelle abgestimmte Quarz (Kr) wird mit einer
Glimmlampe (G) und einer Kopplungsspule (L)
zusammengeschaltet.

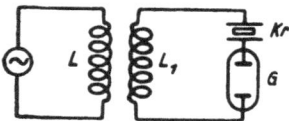

Wird der Kristall durch den angekoppelten
Senderkreis erregt, so gibt er seine Energie an die

Glimmlampe ab und bringt diese im Resonanz-
maximum zu hellem Aufleuchten. Bei der hohen
Resonanzschärfe des Quarzes ist allerdings das
Abstimmen des Senders nicht leicht, weshalb man
neuerdings dazu übergegangen ist, den Quarz mit
einer Röhre zu einem Oszillator zusammenzu-
schalten und durch die konstanten Schwingungen
des Quarzes den eigentlichen Sender zu steuern
(sog. Fremdsteuerung). Hierdurch ist jede Wellen-
änderung während des Betriebes (z. B. beim
Tasten, bei Kapazitätsschwankungen der Antenne, bei Verwendung von Wechselstrom zur
Heizung usw.) ausgeschlossen, da keine andere als
die dem Kristall eigene Welle weitergegeben werden kann.

c) Schaltung des Quarzsenders. Am
Gitter und der negativen Heizleitung der Röhre
liegt als schwingungsfähiges System der Quarzkristall (Kr), während in die Anodenleitung ein
auf die Frequenz des Quarzes abstimmbarer
Schwingungskreis geschaltet ist.

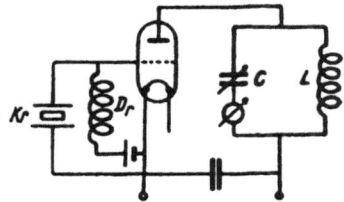

Bei kurzen Wellen ($\lambda = 100$ m) reicht die
innere Röhrenkapazität zu einer Rückkopplung
zwischen Gitter- und Anodenkreis aus, die noch
verstärkt wird, wenn die beiden Kreise aufeinander abgestimmt sind (Huth-Kühn-Schaltung). Zur
Abstimmung des Gitterkreises auf die Kristall-
frequenz muß die Windungszahl der Drossel Dr
entsprechend gewählt werden.

Zum Nachweis der Schwingungen und der
Resonanzlage des Systems dient das im Anodenschwingkreis (C, L) liegende Hitzdrahtamperemeter. Gelangt man durch Einstellen des Kondensators C auf die Welle des Kristalls, so darf
beim Annähern der Hand an die Anodenkreisspule keine Verstimmung eintreten, d. h. die
Resonanzlage bleibt erhalten, nur die Energie darf
sich ändern. Die Schwingungsenergie eines Kristalls ist mit 10—12 Watt begrenzt, bei höherer
Belastung kann der Kristall zersprengt werden.

Die große Konstanz der Welle des Quarzsenders macht ihn besonders im Bereich der

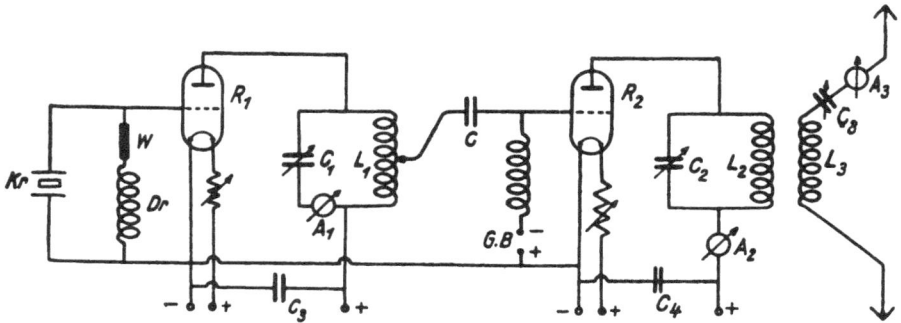

**127. Quarzgesteuerter Kurzwellensender.**

kurzen Wellen zur Steuerung von Sendern not=
wendig.

Dieser enthält folgende Hauptkreise:

1. Den Quarzsteuersender, der den die Welle
(z. B. 80 m) bestimmenden Quarzkristall (Kr)
enthält. Als Röhre kann eine Endverstärker=
röhre (z. B. R. E. 504) für 220 Volt Anodenspan=
nung verwendet werden. Die negative Vorspan=
nung am Gitter wird durch Stauung am Ableit=
widerstand W (ca. 20 000 Ohm) hervorgerufen.
Der Anodenschwingkreis für Welle 80 m be=
steht aus einem Drehkondensator $C_1$ (= 200 cm)
und einer Kurzwellenspule $L_1$ aus 20 Windungen.
Die eintretende Resonanz zeigt das Hitzdraht=
amperemeter $A_1$ an.

2. Den Verstärker oder Hauptsender. Von
der Anodenkreisspule ($L_1$) des Steuersenders
wird eine geeignete Spannung über den Kon=
densator C (500 cm) dem Gitter des Haupt=
senderrohres (z. B. R S 31 mit 1500 Volt
Anodenspannung) zugeführt. Im Anodenkreis
von $R_2$ liegt der Schwingungskreis für Welle 40 m
($C_2$ = 200 cm und $L_2$, bestehend aus 8 Win=
dungen) und ein Milliamperemeter ($A_2$), welches
zur Kontrolle des Schwingungszustandes der
Röhre dient. Zur Überbrückung der Anoden=
spannungsquellen dienen die Kondensatoren $C_3$
und $C_4$ von etwa 2000 cm und entsprechender
Durchschlagsfestigkeit.

3. Den Antennenkreis, der eine Kopplungs=
spule ($L_3$), einen Drehkondensator ($C_3$ = 500 cm)
und ein Hitzdrahtamperemeter $A_3$ zur Feststellung

des größten Antennenstromes enthält. Als An=
tenne wird zweckmäßig ein gerader oder geknickter
Dipol verwendet, oder eine auf einer Harmoni=
schen erregte L-Antenne.

### Abstimmung und Betrieb.

Schwingt der Steuersender auf der Grund=
welle des Quarzes (größter Ausschlag von $A_1$),
dann wird der Abgriff an $L_1$ und der Konden=
sator $C_2$ so lange variiert, bis das Antennenampere=
meter einen größten Ausschlag anzeigt. Durch
Nachstimmen des Antennenkondensators kann
dann die maximale Stromstärke noch etwas er=
höht werden.

Bei der Abstimmung des Hauptsenders kann
infolge der inneren Kapazität der Röhre R Selbst=
erregung eintreten. Um diese zu vermeiden, muß
man entweder die innere Röhrenkapazität neu=
tralisieren, was nicht ganz einfach ist, oder man
verstärkt im Hauptsender nicht die Grundwelle
(80 m), sondern die erste Oberwelle (40 m). Um
die Oberwelle kräftig auszubilden, muß man an
die Steuerröhre eine starke negative Vorspannung
legen. Der Schwingungskreis ($C_2$, $L_2$) in der
Anode von $R_2$ und ebenso die Antenne müssen
nunmehr auf die Oberwelle (40 m) abgestimmt
werden. Durch diese Frequenzverdopplung
werden die Eigenschwingungen des Hauptkreises
vermieden, allerdings ist die Sendeleistung ge=
ringer wie bei Verstärkung der Grundwelle.

Die Tastung bzw. Besprechung erfolgt am
einfachsten in der Gitterzuleitung des Haupt=
senders. Der Wellenwechsel erfolgt durch Aus=
tauschen des in einem Stecker sitzenden Kristalls
und Nachstimmen der drei Kreise.

Die hohe Gleichmäßigkeit der Schwingungen
des Röhrensenders macht ihn als Sender für
drahtlose Telephonie ganz besonders ge=
eignet.

Als Träger des Gespräches tritt hier an
Stelle des Mikrophonstromes in der Draht=
telephonie (vgl. S. 19) der ungedämpfte Wel=

128. Besprechung des
Röhrensenders.

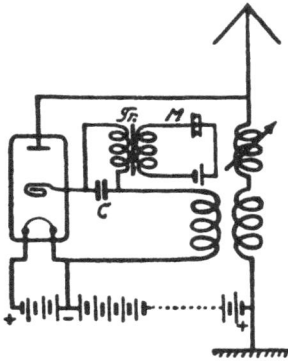

Ungedämpfter Wellenzug des Senders

Mikrophonstrom (Vokal O )

Durch Mikrophonströme modulierter
Wellenzug des Senders

modulierter Wellenzug im Empfänger

Telefonströme Vokal O

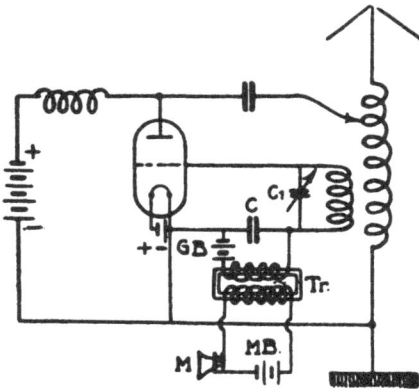

129. Telephoniesender der
deutschen Rundfunkstationen.
(System Telefunken.)

lenzug, der bei ruhendem Mikrophon dauernd zwischen Sende- und Empfangsstation übergeht. Diesem Wellenzug werden die Sprechströme des Mikrophons aufgeprägt, indem man diese z. B. über den Sprechtransformator Tr dem Gitterkondensator C zuführt. Die Schwankungen der Gitterspannung rufen verstärkte Schwankungen des Anodenstromes hervor, womit auch die Amplitude (Schwingungshöhe) der ausgestrahlten Wellen im Takte der Sprachschwingungen moduliert wird.

Der von der Antenne ausgestrahlte, durch die Sprache modulierte Wellenzug wird vom Empfänger aufgefangen und nach Umwandlung der Amplitudenschwankungen in gleichgerichtete Telephonströme durch den Detektor (Audion) im Empfangstelephon wieder als Sprache abgehört.

Um dabei den Gitterkreis möglichst stromlos zu halten, ist den Sprechspannungen eine konstante negative Vorspannung zu überlagern.

Die drahtlose Telephonie läßt sich ebenso wie die Telegraphie auf verschiedenen Wellen durchführen, die im Empfänger durch die Abstimmung wieder getrennt werden können.

Die Reichweite der drahtlosen Telephonie ist infolge der ungünstigeren Energieausnutzung bei gleicher Primärleistung geringer wie bei der Telegraphie mit ungedämpften Wellen.

Die Störung von Sendern auf benachbarter Wellenlänge ist infolge der schwankenden Amplituden bei der Telephonie größer wie bei der Telegraphie, weshalb eine Anhäufung von Telephoniestationen auf engerem Raume möglichst zu vermeiden ist.

Von den zahlreichen Schaltungsmöglichkeiten des Telephoniesenders soll hier nur die bei den deutschen Rundfunksendern meistens verwendete Schaltung beschrieben werden.

a) Die Schaltung. Der zwischen Kathode und Gitter fließende Gleichstrom der Schwingungsröhre wird mit Hilfe einer im

**Telephonie-Röhrenfender.**

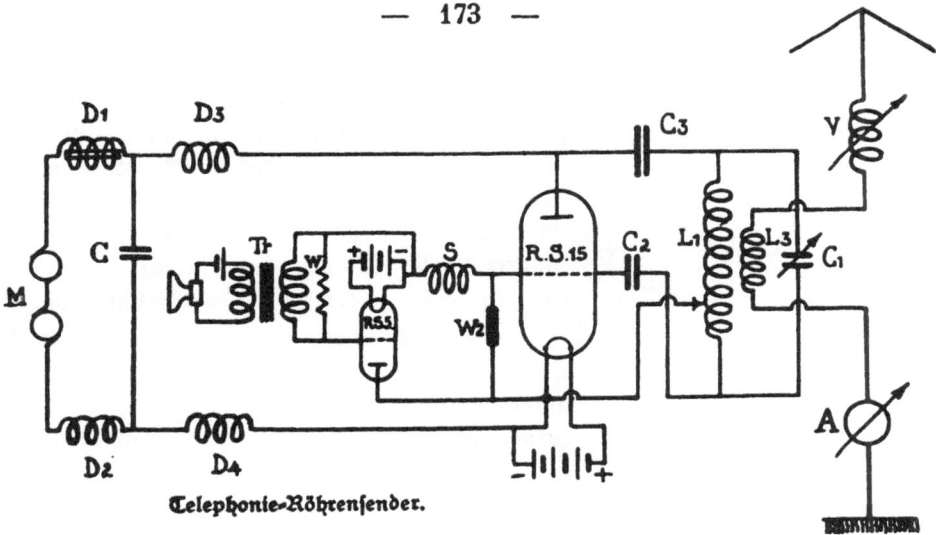

Gitterkreis liegenden Vorröhre durch die Sprech-ströme beeinflußt. Wir unterscheiden folgende Stromkreise:

1. Der Maschinenkreis. Zwei hinterein-ander geschaltete Hochspannungsgleichstrom-maschinen M, die mit einem Elektromotor ange-trieben werden, liefern einen Gleichstrom von 4000 Volt Spannung bei 1 Ampere Strom-stärke.

Dieser Gleichstrom wird über zwei Eisen-drosseln $D_1$ und $D_2$ von 4,5 Henry Selbst-induktion und zwei Hochfrequenzdrosseln $D_3$ und $D_4$ der Anode und Kathode der Schwingungs-röhre R. S. 15 zugeführt.

Die Eisendrosseln sowie der Überbrückungs-kondensator C von 2 Mikrofarad haben den Zweck, die Spannungsschwankungen, die der Kollektor verursacht, auszugleichen, während die Hochfrequenzdrosseln die Maschine vor dem Übergang der Hochfrequenzschwingungen des Anodenkreises schützen.

Da die Röhre den Maschinenkreis meist nur mit 0,25 Ampere belastet, steigt die Anoden-spannung der Senderöhre auf 5000 Volt an. Die mittlere Leistung des Maschinenkreises ist danach ca. 1,25 Kilowatt.

2. Der Zwischenkreis besteht aus der festen Selbstinduktionsspule $L_1$ und dem parallel geschalteten Drehkondensator $C_1$, an welchem die Sendewelle eingestellt werden kann. Das eine Ende der Spule ist über einen Kondensator $C_3$ an die Anode der Senderöhre angeschlossen, während die Kathode der Röhre durch einen Gleitkontakt mit der Spule in Verbindung steht.

3. Die Rückkopplung des Zwischenkreises auf das Gitter ermöglicht der Anschluß des zweiten Endes der Spule $L_1$ über einen Kondensator $C_2$ an das Gitter (sog. Dreipunktschaltung).

4. Der Antennenkreis ist durch die Antennenspule $L_3$ mit dem Zwischenkreis induktiv, und zwar sehr lose gekoppelt und kann durch das Variometer V auf den Zwischenkreis abgestimmt werden. Der durch das Amperemeter A angezeigte Antennenstrom beträgt etwa 8,5 Ampere.

5. Die Telephoniesteuerung erfolgt durch Beeinflussung des Gittergleichstromes der Senderöhre. (Gittergleichstromsteuerung.)

Da nämlich der Kondensator $C_2$ dem Entladungsstrom des Gitters den Weg zur Kathode versperrt, so kann dieser nur über die Steuerröhre (RS 5) abfließen, deren Anode mit dem Glühfaden und deren Kathode mit dem Gitter der Senderöhre verbunden ist.

Die Hochfrequenzdrossel S schützt die Steuerröhre vor schädlichen Hochfrequenzspannungen, während der hohe Widerstand W gleichsam als Sicherheitsventil wirkt.

Er stabilisiert den Vorgang, indem er einen Teil des Gitterstromes aufzunehmen vermag.

Der Widerstand der Steuerröhre wird nun durch Überlagerung der an der Sekundärspule des Telephontransformators auftretenden Sprach- oder Klangwechselspannungen moduliert. Dadurch wird der Ableitungswiderstand des Gitters der Senderöhre und damit die Energie des Schwingungskreises im Rhythmus der Sprache oder Musik verändert, d. h. die Sende-

röhre wird durch den Anodenstrom der Vorröhre gesteuert.

b) Der Wirkungsgrad des Telephoniesenders. Da die Steuerröhre nur den Gitter-
entladestrom der Senderöhre aufzunehmen hat,
kann sie verhältnismäßig klein sein.

Zur Durchsteuerung eines Senderohres von
1,5 Kilowatt genügt daher eine Steuerröhre von
5 bis 10 Watt. Hieraus folgt ferner, daß die
dem Gitter der Steuerröhre zu überlagernden
Spannungsschwankungen der Sprechströme sehr
klein sein können. Es würden die von einem
Mikrophonkreis durch einen Transformator Tr
übertragenen Sprechspannungen allein schon
ausreichen.

In der Praxis verstärkt man indessen die
Mikrophonströme erst durch einen Zweiröhren-
verstärker, um dann durch geeignete Widerstände
den Überschuß der Sprachleistung wieder abzu-
schwächen. Man verschafft sich damit die Möglichkeit, die Stärke der Schallbeeinflussung des
Senders während der Aufnahme zu nuancieren.

Die Verzerrungsfreiheit der Lautübertra-
gung ist durch eine den Sprachschwankungen
genau proportionale Änderung der Antennenstromstärke bestimmt. Diese ist für einen bestimmten Bereich der Gitterspannungsänderung
(von etwa 20 bis 80 Volt) gewährleistet.

Außerdem muß die Energieverstärkung
über den ganzen Sprach- und Tonbereich, also
von etwa 100 bis 5000 Schwingungen gleichmäßig
stattfinden, da das Hervortreten einzelner Frequenzen gleichfalls eine Klangverzerrung hervorrufen würde. Auch diese Bedingung wird bei
den modernen Telephoniesendern gut erfüllt.

In der drahtlosen Telephonie verwendet
man das Mikrophon zur Beeinflussung (Modulation) der Trägerwelle des Rundfunksenders
(vgl. Nr. 123). Um Tonverzerrungen durch die
Resonanzlagen der Membran zu verhindern,
sucht man der Membran entweder eine möglichst

**130. Besprechungs-
mikrophone.**

über der oberen Hörbarkeitsgrenze (20000 Schwingungen) oder unter der unteren Hörbarkeitsgrenze (16 Schwingungen) liegende Eigenschwingung zu geben.

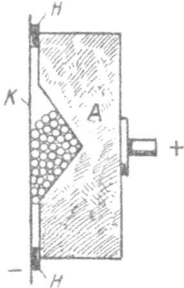

a) Das Kohlekörnermikrophon. Einem Kohleblock mit konischer Ausbohrung A steht eine durch Hartgummi (H) isolierte dünne Kohlemembrane K nahe gegenüber. Die konische Ausbohrung ist zur Hälfte mit Kohlekörnern gefüllt, welche die Kohlemembran berühren. Um eine sehr hohe Eigenschwingung der Membran zu erhalten, macht man die Membran sehr klein (2,5 cm Durchmesser) und sehr leicht. Zur Erzielung kräftiger Aufnahmeströme verwendet man 9—12 derartiger Mikrophone von etwas verschiedener Eigenschwingung und ordnet sie nebeneinander auf einem Brett an.

b) Das Reiß-Mikrophon. In einer quadratischen Vertiefung eines Marmorblocks B von ca. 10 cm Seitenlänge befindet sich eine 1—2 mm dicke Schicht von Kohlepulver S, an welche die Zu- und Ableitung der Mikrophonbatterie bei a und b angeschlossen ist.

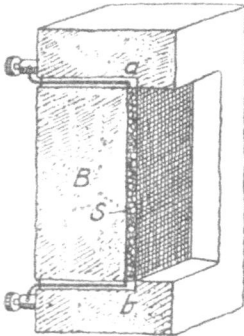

Das lose zusammenhängende Pulver ist aus Körnern der verschiedensten Größe, angefangen von groben Körnern bis zum allerfeinsten Staub zusammengesetzt und durch eine dünne Gummi- oder Gazemembran nach außen abgeschlossen.

Die auf die vollkommen aperiodische Membrane auftreffenden Schallwellen verändern den Druck und damit den Widerstand des Pulvers, wodurch die Änderungen des Mikrophonstromes ohne Bevorzugung einzelner Frequenzen durch Resonanz hervorgerufen werden. Der Ohmsche Widerstand des Mikrophons beträgt je nach der Größe der Ausführung 100—400 Ohm, der durchgehende Strom ca. 80 mA.

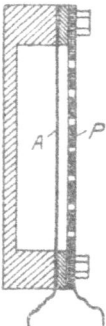

c) Das Kondensatormikrophon. stellt einen Plattenkondensator dar (vgl. S. 31), dessen einer Beleg aus einer Metallplatte P feststeht, während der zweite Beleg in 0,1 mm Abstand aus einer schwingungsfähigen wenige

tausendstel Millimeter dicken Aluminiumfolie A
besteht. Zur Ausschaltung von Resonanzschwin-
gungen der zwischen den Belegen befindlichen
Luftmasse erhält die feststehende Platte eine
Anzahl Löcher oder Schlitze, durch die die Luft
langsam entweichen kann.

Das Mikrophon wird über einen hohen
Widerstand auf einer Spannung von 220 Volt
gehalten. Spricht man durch die Luftschlitze
gegen die Membran, so folgt diese den Sprach-
wellen und ändert damit die Kapazität des
Mikrophons und die Spannung am Gitter einer
in den Stromkreis eingeschalteten Verstärkerröhre.

d) Das Bändchenmikrophon von Siemens. Zwischen den Polen eines kräftigen
Elektromagneten ist ein mit Querriffelung versehenes Metallbändchen AB von 0,05 mm Dicke
angebracht. Die Eigenschwingung des Bändchens
liegt bei etwa 15—20 Schwingungen pro Sekunde, also nahe der unteren Hörbarkeitsgrenze.
Treffen die Schallwellen auf das Bändchen, so
führt dieses feine Schwingungen aus, wobei
in dem Bändchen (nach Nr. 21, rechte Handregel) schwache Induktionsströme entstehen, die
nach entsprechender Verstärkung zur Steuerung
des Senders verwendet werden.

Der Lautsprecher soll die durch den Empfänger aufgenommenen und verstärkten Stromschwankungen wieder in Luftschwingungen von
der gleichen Klangfarbe und Stärke des ursprünglichen Schalles umwandeln.

Ursprünglich ging man vom Kopftelephon aus,
dessen geringe Schallstärke man durch Führung
des Schalles durch einen Schalltrichter in einer
bestimmten Richtung zu erhöhen suchte. Durch
Verbesserung der Schalldose und Verwendung
genügend langer Trichter, deren Öffnung nach
einer Exponentialkurve sich erweiterte, erreichte
der Trichterlautsprecher eine ziemliche
Vollkommenheit.

Ein Nachteil des Trichterlautsprechers waren
die nie vollständig zu beseitigenden Resonanz-

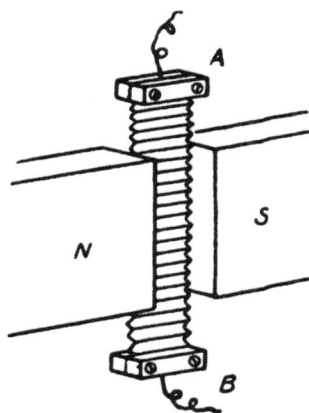

131. Lautsprecher.

lagen der eingeschlossenen Luftmassen, dadurch welche einige Töne übermäßig verstärkt und die Klangfarbe verzerrt wurde. Man bevorzugt daher heute den „trichterlosen Lautsprecher", bei welchem durch das Erregersystem eine größere Membran in Schwingungen versetzt wird, welche direkt kräftige akustische Schwingungen in der Luft erregt. Um eine naturgetreue Wiedergabe zu erlangen, muß die Membran folgende Bedingungen erfüllen:

Die Masse der Membran muß möglichst klein sein, damit sie den vom Erregersystem aufgezwungenen Schwingungen leicht folgen kann. Bei großer Oberfläche muß also die Membran sehr dünn sein.

Die Membran darf nicht in sich schwingen, sondern sie muß als Platte parallel zu sich selbst, also kolbenartig schwingen. Man muß daher weiche und unelastische Stoffe wie Papier, Pappe, dünnes Aluminium, Glimmer, dünnes Sperrholz, Zelluloid, Seide usw. verwenden.

Die Membran muß durch die Formgebung eine genügende Versteifung erhalten, damit die in ihrem Mittelpunkt erregten Schwingungen sich bis an den Rand ausbreiten. Die hiezu geeignetste Form ist der Kegel, auch die Kugelkalotte und das Paraboloid kommen in Anwendung.

Auch durch Falten und Falzen können geeignete Membranen aus Seide als kreisförmiger Fächer oder aus dünnem Karton als Falzmembran hergestellt werden.

Der Rand der Membran muß nachgiebig sein, damit die Schwingungen nicht gehemmt werden. Bei der Membran aus dünnem Karton, der in der Mitte gehalten wird, bleibt der Rand frei. Soll die Lagerung am Rande erfolgen, so kann man die Membran entweder an dünnen Bändern aufhängen oder in Watte lagern. Hinsichtlich des Antriebsmechanismus teilt man die Lautsprecher ein in: 1. elektromagnetische, 2. elektrodynamische, 3. elektrostatische.

a) Der elektromagnetische Lautsprecher hat infolge eines guten elektroakustischen Wirkungsgrades für normale Empfangsanlagen die größte Bedeutung und Verbreitung erlangt.

Auf dem einen Pol eines Stahlmagneten sitzt ein Weicheisenkern mit Spule E, welche von den Sprechströmen durchflossen wird. Dem Eisenkern gegenüber ist eine eiserne Feder F angebracht, welche bei Erregung der Spule die Konusmembran M in Schwingungen versetzt. Da die Bewegung der Feder nicht allein durch die magnetischen Kräfte sondern auch durch die elastischen Federkräfte erfolgt, werden die Schwingungsweiten bei gleich großen und entgegengesetzten Stromimpulsen verschieden; dies wirkt sich auf den Schall so aus, als ob dem Grundton eine Reihe von Obertönen überlagert wären, es tritt eine Verzerrung des ursprünglichen Tones ein.

Bei den sogenannten vorspannungsfreien elektromagnetischen Antriebsystemen wird die Vorspannung der Feder dadurch beseitigt, daß die von der Feder getragene Zunge genau in die Mitte zwischen die Pole (N u. S) des Stahlmagneten gebracht wird. Die Zunge ist hier von einer Spule frei umgeben; leitet man die Sprechströme in die Spule, so gerät die Zunge in Schwingungen, die sie durch den Stößel St auf die Kegelmembran überträgt. Da die magnetische Anziehung hier nach beiden Seiten völlig symmetrisch erfolgt, tritt keine Verzerrung der Schwingungen auf. Praktisch kann die Verzerrungsfreiheit indessen nur bis zu einem gewissen Grade erreicht werden, da es nie möglich ist, die Feder auf Hundertstelmillimeter genau in die Mitte einzustellen.

b) Der elektrodynamische Lautsprecher. Bei diesem ist die Drahtspule oder Drahtschleife im magnetischen Feld beweglich angeordnet, so daß sie sich vollkommen spannungsfrei nur unter dem Einfluß der elektrodynamischen Kräfte bewegt und eine fast obertonfreie Wiedergabe erzielt wird. Je nach der Anordnung des Stromleiters und des Magnetfeldes unterscheiden wir:

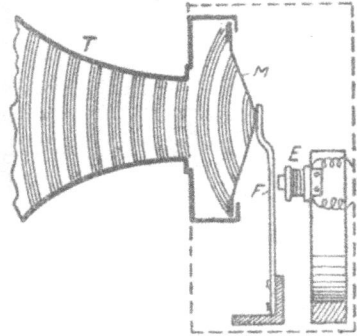

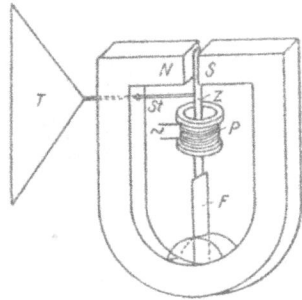

1. Den Bändchenlautsprecher von Siemens, deffen Bau dem eines Bändchenmikrophons in größeren Ausmaßen entfpricht. Der Vorgang ift indeffen gerade der umgekehrte. Fließen die Sprechftröme nach Erregung des Elektromagneten durch das Bändchen, fo gerät diefes (nach Nr. 20: linke Handregel) in Schwingungen, durch welche es die Luft in kräftige Schwingungen verfetzt. Die Wiedergabe der Töne und Klänge ift fehr rein und auch für große Säle lautftark.

2. Den Blatthaller von Siemens. Er fetzt fich zufammen aus einer quadratifchen Fiberplatte M von ca. 20 cm Seitenlänge, auf deren Unterfeite ein mäanderförmig gebogenes Kupferband K befeftigt ift. Die Windungen des Bandes liegen genau zwifchen den Polen eines kräftigen Magnetenfyftems N, S. Durchfließen die Sprechftröme das Kupferband, fo gerät die am Rande zwifchen Filz (F) gelagerte Membrane in Schwingungen, wobei fie fich felbft ftets parallel bleibt und durch die Filzlager eine Dämpfung erfährt. Der Blatthaller vermag die größten Schallenergien auch im Freien bis auf 500 m deutlich und unverzerrt zu übertragen.

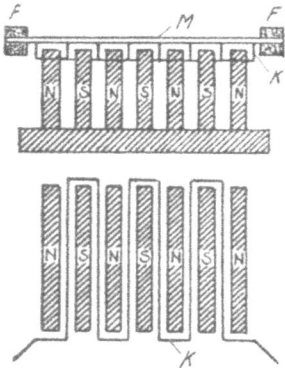

3. Den Tauchfpulenlautfprecher. Hier ift an eine Konusmembran eine dünne und leichte Spule befeftigt, die in dem 2½ mm breiten ringförmigen Luftfpalt eines kräftigen Topfelektromagneten M fenkrecht zu den Kraftlinien fchwingt. Diefe im Prinzip fchon länger bekannte Konftruktion ift neuerdings fehr verbeffert worden, fo daß fie fich auch für Großlautfprecher eignet. Es find dann allerdings Verftärker und Endröhren genügend hoher Leiftung (20—50 mA Anodenftrom bei 200—300 Volt Anodenfpannung) und eine kräftige Erregung erforderlich. Bei größeren Schallftärken empfiehlt es fich den Lautfprecher in einen Schallfchirm aus Holz von etwa 1,5 × 1,5 qm Größe einzufetzen, um einen fog. akuftifchen Kurzfchluß, d. i. eine Interferenz der nach vorne ausgefandten Verdichtungs-

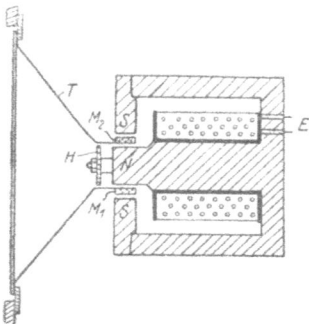

welle mit der gleichzeitig nach rückwärts ausgesandten Verdünnungswelle zu verhindern.

c) Der elektrostatische Lautsprecher
von Reiß. Über einer mit zahlreichen feinen
Löchern versehenen schwach gewölbten Metallplatte von ca. 30 cm Durchmesser liegt eine dünne
Gummimembran, die auf der Außenseite durch
aufgebrachte sich berührende Kohlekörner leitend
gemacht ist. Legt man an den Metallbelag und die
leitende Schicht der Membran eine Gleichspannung von 150 Volt und überlagert ihr die
Wechselspannungen des Verstärkers, so wird die
Membran unter dem Einfluß der Anziehungskraft etwas in die Löcher hineingezogen und dann
wieder durch die Elastizität zurückgerissen, wodurch die anliegenden Luftschichten in Schwingungen versetzt werden.

Da die Dämpfung des schwingenden Belags
groß ist, treten merkliche Resonanzlagen nicht
auf. Die Wiedergabe ist daher innerhalb eines
Frequenzbereiches von 100—10 000 Schwingungen sehr gut.

d) Der Kondensatorlautsprecher von
H. Vogt. Als Membran M wird hier eine sehr
elastische Leichtmetallegierung von nur 0,04 mm
Dicke und 30 cm Durchmesser verwendet. Diese
kann wegen ihrer geringen Masse jedem Impulse
leicht folgen und durch geeignete Ausbildung der
entstehenden Kompressionsräume als Ganzes zwischen zwei Gitterflächen ($P_1$ u. $P_2$) ohne her-
vortretende Eigentöne schwingen. Die Wechselspannungen werden von einem Ausgangstransformator abgenommen und den beiden feststehenden Belegen zugeführt. Der Membran
wird gegen die festen Belege eine negative
Gleichstromvorspannung von etwa 1 000 Volt erteilt, so daß die Amplituden sich beim Anlegen
einer Wechselspannung vollkommen symmetrisch
ausbilden können. Die Größe der Schwingungsweiten und dadurch die Lautstärke hängt wesentlich von dem Plattenabstand und der Größe
der Vorspannung ab.

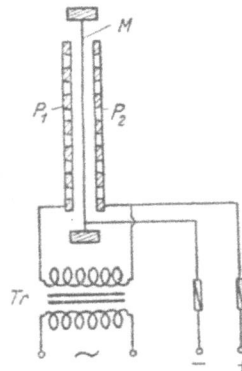

# Morsezeichen.

● (Punkt) = 1 Maßeinheit, — (Strich) = 3 Maßeinheiten.

Zwischen den einzelnen Bestandteilen eines Morsezeichens: Pause von der Dauer eines Punktes.

Nach jedem Morsezeichen: Pause von der Dauer eines Striches.

## 1. Buchstaben.

| | | | | |
|---|---|---|---|---|
| a | ● — | | n | — ● |
| ä | ● — ● — | | o | — — — |
| b | — ● ● ● | | ö | — — — ● |
| c | — ● — ● | | p | ● — — ● |
| ch | — — — — | | q | — — ● — |
| d | — ● ● | | r | ● — ● |
| e | ● | | ſ | ● ● ● |
| f | ● ● — ● | | t | — |
| g | — — ● | | u | ● ● — |
| h | ● ● ● ● | | ü | ● ● — — |
| i | ● ● | | v | ● ● ● — |
| j | ● — — — | | w | ● — — |
| k | — ● — | | x | — ● ● — |
| l | ● — ● ● | | y | — ● — — |
| m | — — | | z | — — ● ● |

## 2. Ziffern.

| | | | | |
|---|---|---|---|---|
| 1 | ● — — — — | | 6 | — ● ● ● ● |
| 2 | ● ● — — — | | 7 | — — ● ● ● |
| 3 | ● ● ● — — | | 8 | — — — ● ● |
| 4 | ● ● ● ● — | | 9 | — — — — ● |
| 5 | ● ● ● ● ● | | 0 | — — — — — |

## 3. Satzeichen.

| | | | | |
|---|---|---|---|---|
| Punkt | ● ● ● ● ● ● | | Binde- oder Gedankenstrich | — ● ● ● ● — |
| Komma | ● — ● — ● — | | Klammer | — ● — — ● — |
| Fragezeichen | ● ● — — ● ● | | Bruchstrich | — ● ● — ● |

# Alphabetisches Sachverzeichnis.

Druck von R. Oldenbourg in München.